『嗚呼！おんなたち・猥歌』（81）

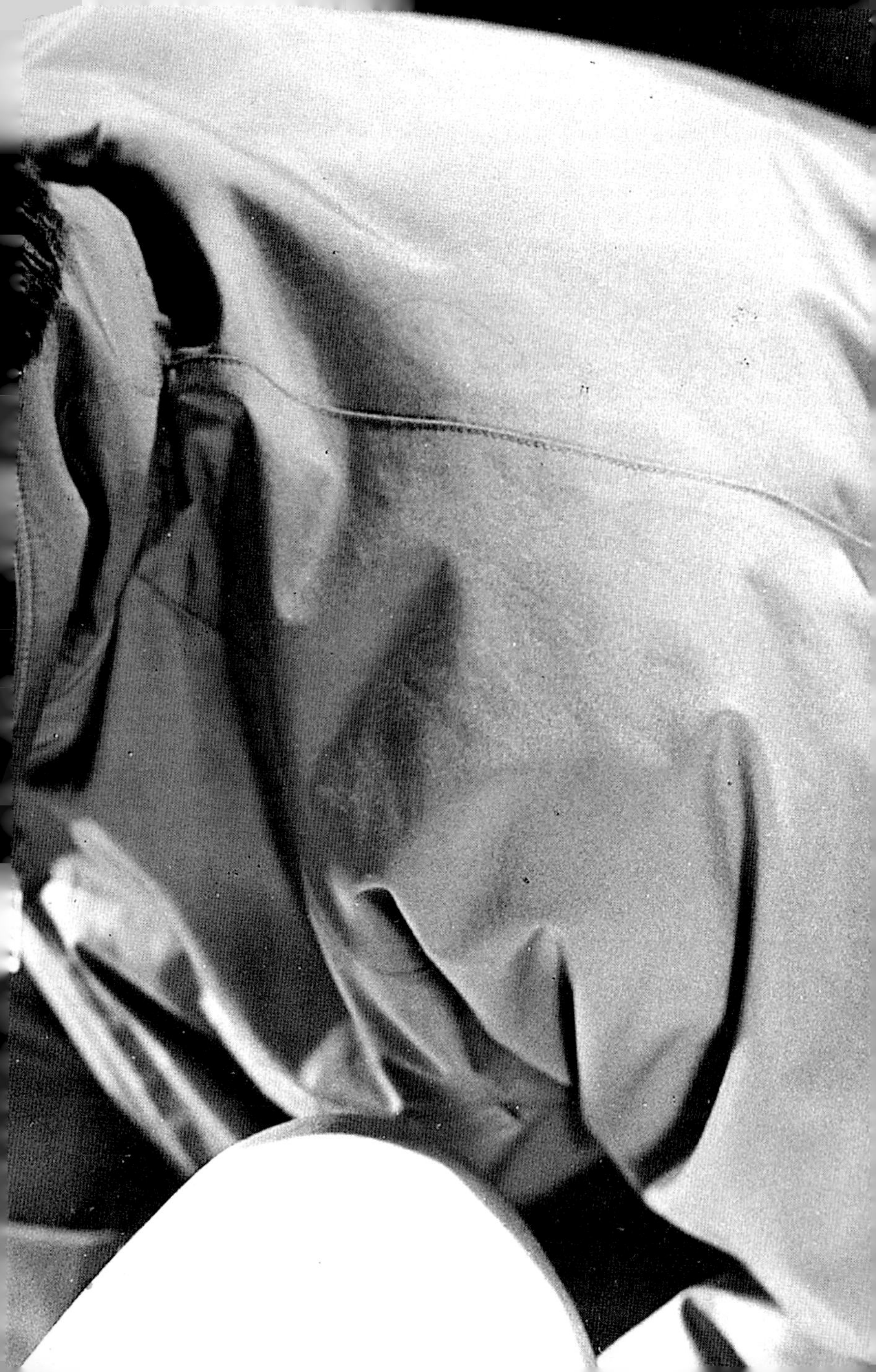

『水のないプール』
(82)

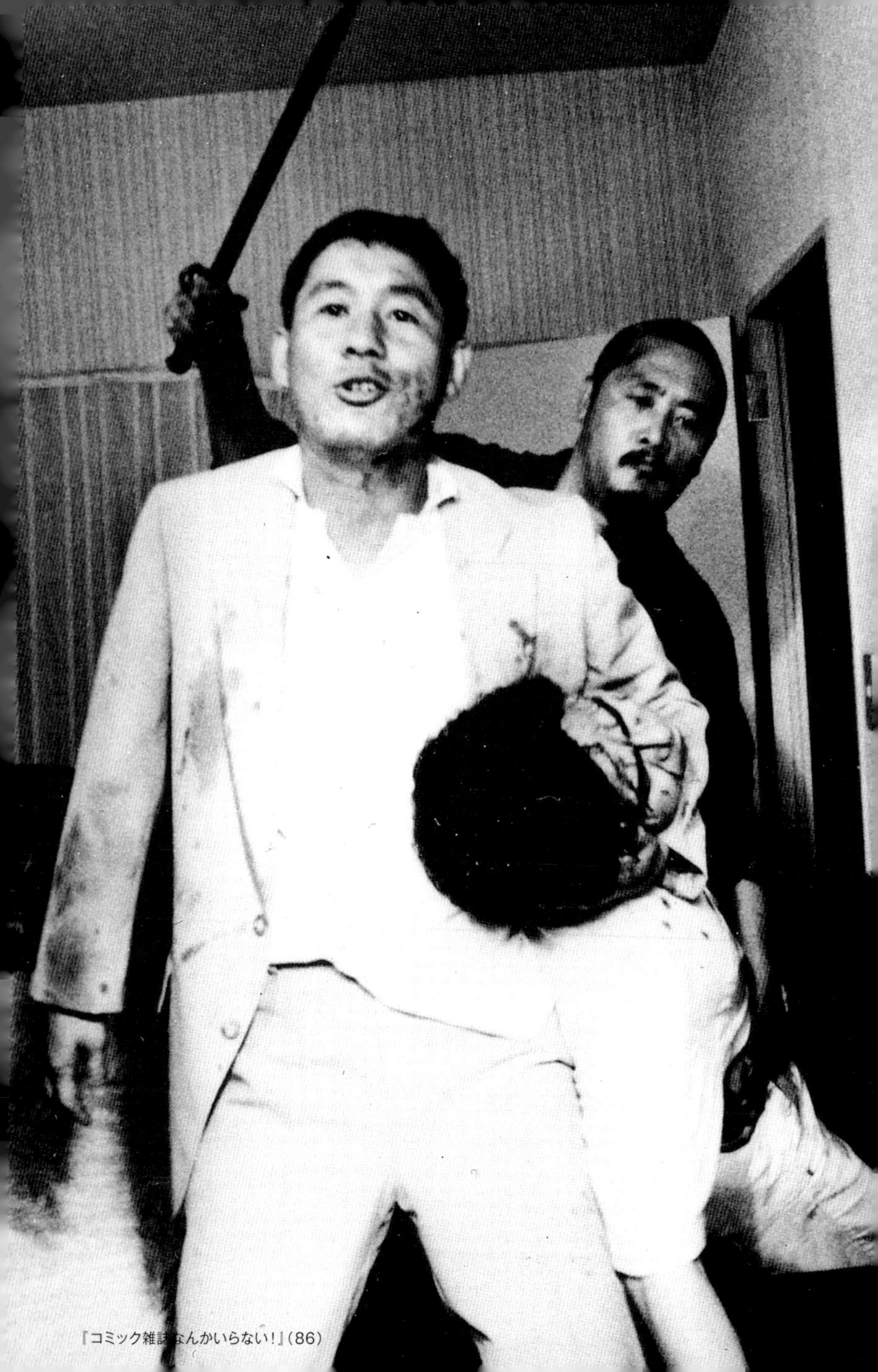

『コミック雑誌なんかいらない!』(86)

『桃尻女　ピンク・ヒップ・ガール』（78）

『戦場のメリークリスマス』（83）

『実録不良少女　姦』（77）

『嗚呼！おんなたち　猥歌』撮影現場より。左から内田裕也、監督の神代辰巳。

『嗚呼！おんなたち　猥歌』俳優とスタッフの記念撮影

『餌食』（79）

『水のないプール』（82）

『魚からダイオキシン！』（92）

『水のないプール』(82)

『魚からダイオキシン!』(92)

『水のないプール』（82）

ショウ・マスト・ゴー・オン！
The Show Must Go On!

インタビュー・構成／キネマ旬報 書籍編集
平嶋洋一

２０１９年3月17日、ロックンローラー＝内田裕也が亡くなった。あの日以来、間もなく訪れるはずだったHappy Endingを見失って、宙に浮いたままでいる。そんな感覚が、身体から抜けない。

はじめての遭遇は２０１２年７月13日、場所は代々木上原の商店街にあるケーキ屋だった。

あの内田裕也がショーケースを前に、熟考している。そして……「お嬢さん、ショートケーキひとつ。ヨロシク！」

こちらもスイーツを、お付き合いをすべきだろうか？　まったく予想していなかったコールに、正しくロックンロールなレスポンスが出来ない。

「じゃあ……」という言葉にかぶせるように「ケーキ食ってる奴には俺、

インタビューされたくねえな」

何となくギクシャクしてしまった空気を和ませようと、『キネマ旬報』１９８７年年２月下旬を取り出す。表紙には見事、主演男優賞を受賞した内田裕也が写っている。

「おおお〜〜、ホッホウ！ちょっと見てコレ、俺だよ俺。分かる？」

相好を崩し、たまたま隣に座ってしまった女性に自慢話を始める、天下のロックンローラー。一等賞に胸を張る、運動会の子どもみたいだ。いきなり童心を目の当たりにしていつの間にか、ファースト・ネームにさん付けで「裕也さん」と呼んでいる、なれなれしい自分がいた。

そんなチャーミングな表情も時折覗かせながらしかし、強盗、強姦、殺人……アクターとしての裕也さんは数多《あまた》の凶悪犯罪を、寡黙に遂行しつづけてきた。その犯罪歴を辿り直したい、そのすべての映画が上げている叫びに耳を傾けたい。そう想って、インタビューは始まった。

ノートパソコンのモニター上に再生されるかつてのロックンローラーを見て笑い驚く、いまの内田裕也。その生オーディオ・コメンタリーを聴いて、さらに質問を重ねていく——インタビューはそんな、あまりに特別なライブ体験だった。

アメリカ黒人のスラングで、ロックンロールは「性交」を意味するという。だから裕也さんとロマンポルノは、運命的に出遭ったのだろう。10分に一回濡れ場があれば、あとは自由な映画。

くり返し何度も女を犯し、法を犯す。脱法に脱法を重ねた先にしかない「本当の正義」を、ロックンローラーは突きつけてくる。『魚からダイオキシン!!』で裕也さんが演じたYUYAにならえば「ファッキン・ジャパニーズ・ジャスティスFuckin' Japanese Justice」を!

神代辰巳、曽根中生、藤田敏八らエース級の監督。姫田眞左久、橋本文雄ら超一級の技師。ロマンポルノを作ってきた映画人でもプロ中のプロたちとセッションし、ゴールデン街で殴る蹴る。若松孝二、大島渚とも取っ組み合った。

ギリギリまで心身を研ぎ澄まして、いつでも臨戦態勢だった。

勝新太郎、松田優作、萩原健一、安岡力也、そして何人もの「おんなたち」と同じ夢を、見てもいた。

ロックンローラーの映画史はそのまま、日本映画がまだ唸りを上げていた時代にオーバー・ラップしていたのだ。

だからLast Man Standing……は、裕也さんのはずだった。

いつもジェントルマンだった裕也さんが、その日は苛立っていた。そしてある瞬間、声を荒げたのだ。

「ジョン・レノンだショーケンだってそれがどういうことか、分かってるのかよ？　その次に優作氏の名前なんて出したら……殺し合いになるぞ！」

俺はロックンローラー一匹で何本も、全力のダッシュを見せてきた。捨身のフィクション（犯罪）はリアル（正義）を抉り出す。そう確信して。でもそんなことみんな忘れちまって、まるでなかったみたいな顔してる。ハナから見てすら、いなかったのかもしれねえ。フザケんなって……。

あの目、『十階のモスキート』のラストでは映画そのものをストップさせてしまったあの目に映った、世界に対する激しい怒り、悲しみ。ことばを失うしかなかった。

それでもHappy Endingは訪れると思っていた。

いつもの「かるめら」で待っている。車椅子の裕也さんがやってくる。刷り上がったばかりの『内田裕也、スクリーン上のロックンロール』を手渡す。

30分、1時間、2時間……読み終わった裕也さんは、ふうっと大きく息を吐いた。

「……意外とやるじゃねえか、オマエ」

苦笑。その表情を見てとった裕也さんはすかさず大声で、遠くのウェイトレスを呼ぶ。「お〜いお嬢さん、ビールふたつ！」

Happy Endingはもう、想像することしか出来ない。それでも――ロックンロールはこの場所から始まる。そう信じてもいるのだ。

光に照らされたスクリーンに、最高にノッてるロックンローラーが現れた！〝Ladies and gentlemen, Boys and girls! This is All YUYA Works on Screen, Rolling..... Action!!〟

内田裕也、スクリーン上のロックンロール

ロックンロールの神様に捧げる

..Action!

ロックンロールなムービースター

※カメラに一回に装填できるフィルム一巻を、1ロールと呼ぶ。ハリウッドの撮影現場ではフィルムが廻るとカメラマンは「ローリング!」と言い、監督の「アクション!」の声で、俳優は演技を始める。

Rolling...

「ブラボー！　ブラボー！」

内田　なんか今の日本映画って、男か女か分からねえヤロウとか単なるカワイコちゃんが主演して、やれ芸人だエッセイストだイラストレーターだミュージシャンだなんて、小器用な奴らが脇を固めてる。

それで製作には映画会社だけじゃなくって、ＴＶ局だ大出版社だ広告屋だがスラーッて並んでてさぁ。人気ドラマのスペシャル版とかベストセラー漫画の映画化で、もうひと儲けしてやろうってハラなんだろ？　でも誰が金とメンツ賭けてるのか、さっぱり分かりゃしねえ。

——（ウェイトレスの女性が）あの、ゆで卵（ポーチド・エッグ）の茹で加減は、いかがいたしましょう？

内田　ハ、ー、ド、ボ、イ、ル、ド、で、よ、ろしく。

……でも俺を育ててくれたロマンポルノなんてね、毎日みんなでメシ食って酒飲んで殴り合っててな。でもいざ映画だってなればその同じ奴らがもう、目ぇ三角にしてなあ。お互いプロとプロとして一歩も譲らないで、張り合ってたんだよ。

俺が高木（功）とホン（脚本）書いて、滝田（洋二郎）が監督した『コミック雑誌なんかいらない！』（86）だってそうだよ。あの映画が公開された時、『映画芸術』の座談会で、それこそ超一流の映画人たちが集まってな、「ロックンローラーがこんな面白い映画を作ってるのに、プロの俺たちは何をしてるんだ」って、大議論になったんだぜ？

でも最初はほとんどの映画館からナメられてなあ、すげぇ腹立ったよ。「滝田？　そんな名前、聞いたことねぇな」って、話も聞いちゃくれねえ。それでも名古屋と池袋の小さな映画館の館主からは連絡があってね。その人たちにはいまでも、感謝してるよ。

それでカンヌの監督週間に招待されて、滝田とふたりで乗り込んだわけ。同じ年に大島（渚）さんはあの、イギリス大使夫人がチンパンジーとセックスする……『マックス、モン・アムール』（86）か。あれでコンペに招待されてたんだ。

で、いよいよ『コミック雑誌なんかいらない！』の上映だよ。向こうの客は退屈だったら途中でも、平気で席立つからさぁ。「覚悟しとけよ」って滝田に言っといたんだ。そうしたら上映が終わって、もうスタンディング・オベーションだよ。「ブラボー！　ブラボー！」って、絶賛の拍手が鳴りやまない。隣に座っていた大島さんなんて「タ、滝田くん。立ち上がりなさい！」なんて、ドモッちゃってなあ。俺も「オマエ手ぇくらい振れよ、コノヤロウ」ってね。その年の監督週間には、スパイク・

リーのデビュー作『シーズ・ガッタ・ハヴ・イット』（86）やアレックス・コックスの『シド・アンド・ナンシー』（86）も招待されてたんだ。その同じ部門での上映で、あの大喝采だぜ？

　それからロンドン、ニューヨーク、ロスアンジェルスでも上映されて、大トリの上映があそこだよ。ニューヨーク近代美術館、ＭoＭＡだよ。そこに（オノ・）ヨーコさんもお忍びで、見に来たっていうんだからさぁ。（マネージャーの石山夕佳さんに）おい、あれ出してくれよ。これ、『コミック雑誌なんかいらない！』がニューヨークで上映された時の、『ニューヨーク・タイムズ』日曜版のコピーだよ。一面トップで、しかも3回も掲載されたんだぜ。「内田裕也はロックンローラーでクレイジーだけど、『コミック雑誌なんかいらない！』はチャーミングな映画だ」ってな。『ロスアンジェルス・タイムズ』にもデッカイ記事が載ってさぁ……お嬢さん。ちょっと！（と再びウェイトレスを呼び止めて）これね、一枚でいいからね。カリカリに焼いたトースト一枚、よく焼いてね！

映画のロックンロール

内田　で、マネージャーからあんまりはっきり聞いてないんだけど、これはどういう本なんだ？

――近田春夫さんが裕也さんに超ロングインタビューした『俺は最低な奴さ』、あれは本当にすばらしい本だと思うんです。

内田　おお、アリガトウ。

――あの本の中で裕也さんは、生い立ちから現在に至るまで、ロックンローラーとしての半生を語っています。そこにはもちろん、映画人・内田裕也としての活動も含まれている。それに対してこの本では、その映画の部分に思いっ切りクローズアップして、裕也さんがスクリーン上で歌ったロックンロールをぶ厚い本一冊分、フル・ボリュームで語っていただきたいんです。

内田　へぇ！

――それで、取材に臨むにあたって、新聞・雑誌に掲載された裕也さんの記事のすべてに目を通しました。阿川佐和子、林真理子、デーブ・スペクターらがホストとなった各週刊誌のインタビュー連載に、裕也さんは何度も登場しています。それらの記事を読んでみて、どうも皆、裕也さんはミュージシャンとしての活動に行き詰まって映画界に転進したと、勘違いしているような気がしたんです。

内田　週刊誌とかスポーツ新聞ってすぐ、そういう表面的で雑な見方するんだ。フザケんなって。

——でもさすがは裕也さんだって思ったのは、そんなマスコミの雑音をも、映画に取り込んでしまうんです。「次の映画のための話題作りだ」なんて嘲笑されもしたあの都知事選の顛末からまさに、『魚からダイオキシン!!』(92)は開巻します。でもそんなシビアな現実から映画は、無人の元炭鉱である軍艦島まで疾走して、遂にはどこでもない場所に漂着する。

内田　音楽と映画だけじゃなくって、俺にとってはフィクションとノンフィクションの間にも、垣根はねえんだ。

——映画でも一貫してエネルギッシュにロックンロールしつづけて、結果的にあらゆるボーダーを取っ払ってしまった。

内田　そう言ってくれると、嬉しいよね。

なぜか受賞、ロックンロールパーティー

——裕也さんのフィルモグラフィーを辿り直してみると、映画界の最重要人物たちと作品を生み出しつづけてきたことに、あらためて驚かされます。70年代には神代辰巳、曽根中生、藤田敏八、長谷部安春、若松孝二……名だたる名匠・鬼才たちと組んでいる。

内田　おお、そうだよ。ありがとう！　ポルノだナンだって差別されてたけどね。ホンモノの映画撮ってるんだってプライドを持って、みんなやってたんだ。

——さらに80年代に入ると工藤栄一、大島渚、勝新太郎、リドリー・スコットまで……映画俳優・内田裕也の活躍の場は広がり、世界にまで打って出ます。

内田　（松田）優作氏やショーケン（萩原健一）、（安岡）力也たちとよお、ハリウッドで映画に出るんだって夢、語ってたからね。

　でも俺が映画やってて一番嬉しかったのは、『コミック雑誌なんかいらない！』で毎日映画コンクールの脚本賞をもらった時だよね。俳優として役を演じることは、もちろん大事だって思うよ。でもこの映画ではやっぱりアーティストとして俺は、脚本《ホン》をゼロから作り上げていったわ

けだから。昔（オノ・）ヨーコさんに、言われたことがあるんだよ。「あなたはプロデュースばかりしているけれど、自分では何も創り出していない」ってね。それで俺、アタマにきてなあ。だから自分で書いたホンが評価された時は、すごく嬉しかったよね。

俺は『十階のモスキート』（83）『コミック雑誌なんかいらない！』（86）のホンを書いて、何もないところからモノを創り出したんだ。

——あのこれ、差し上げます。

内田　（『コミック雑誌なんかいらない！』でキネマ旬報ベスト・テン主演男優賞を獲った、1986年度『キネマ旬報』決算号を手にして）おぉ。ハァ〜〜……（マネージャーに）ちょっと見てコレ。俺さぁ、中々いい男じゃない？　で隣りに映ってる、この……。

——秋野暢子さん。『片翼だけの天使』（86）での演技を評価されての、主演女優賞受賞ですね。

内田　なんかソープランドの……ああ、そう！　この年は植木等さんが助演男優賞だったんだよな。俺はナベプロ時代、クレージー（キャッツ）の前座やったりしてたじゃない？　で表彰式のあとのパーティーでのこの人がもう、最高だったんだよ。パーティー名からして「なぜか受賞、ロックンロールパーティー」っていうんだから。植木さん、びっくりしたらしいんだよ。まさか俺がキネ旬の主演男優賞を獲るなんて、思ってもみなかったみたいでさぁ。

その植木さんがパーティーで挨拶してくれたんだけど、「うぁ、うぉあぁ〜、エライ事になりました！」とか意味不明な奇声を発しながら、壇上に上がってなあ。俺もう、それ見ただけで笑っちゃって。「いやぁ〜、いったい、誰が！　アノ、内田裕也が！　キネマ旬報の、アレを！　獲るなんて、思ってた人は、いますかッ？」、そっから始まってさぁ。……（ページをめくりながら）『ウホッホ探険隊』（86、日本映画3位）、根岸（吉太郎）は俺が出た『実録不良少女　姦』（77）の、助監（督）だったんだよね。

（『火宅の人』が日本映画5位なのを見て）……サクさん（深作欣二）とは一本、やりたかったなあ。話はあったんだけどさぁ。

——それは、いつくらいなんですか？

内田　いやもう、最晩年だよ……新人男優賞は石橋凌か。

——『ア・ホーマンス』（86）『ボクの女に手を出すな』（86）の演技に対してですね。石橋さんが主演した『さらば相棒　ROCK is SEX』（82、宇崎竜童監督）には裕也さんも、出演しています。

内田　シャブに溺れた元ロッカー、力也演じる事務所社長いわく、「ロッ

さらば相棒ROCK is SEX
1982
ロックスターを夢見る青年ラチ（石橋凌）とピサロ嬢・クミコ（太田あや子）、皿洗いの銀次（山根銀次）は一緒に九州から上京してきた仲間同士だ。クミコと銀次からビッグになる夢を託されたラチは、ある音楽事務所からレコーディングの話が舞い込む。監督は宇崎竜童、脚本は宇崎竜童と黒沢清が共同執筆、撮影は長田勇市。

ク乞食」役でな。

――この年に裕也さんが主演男優賞を受賞したのは、スクリーンから匂い立つようなその「反社会性」に、批評家たちがノックアウトされた結果なんでしょうね。

内田　アリガトウ。

――常に狂気を孕《はら》んでいて、それがいつ爆発するか分からないアブナサ……。この本ではそれを内田さん自身のことばで、甦らせたいと思っています。

『俺は最低な奴さ』、これは間違いなく裕也さんの全ロックンロールを網羅《もうら》した、「完本」です。それに対してこの本では、スクリーン上の裕也さんの表現に絞り込んで、一点突破したい。ロックンロールなムービースター＝内田裕也の決定版を作りたいって考えてるんです。

内田　オッケー。俺は5分も喋ればもう、相手のセンスは分かるから。物が分かってる聴き手がいれば、安心だよ。

神戸の文学少年

――映画の話の前に、どう生まれ育ったらそんなカタギ離れした大人になるのかも、お伺いしておきたくって……たとえば子どもの頃、どんな映画を見てきたのか。

内田　まぁガキの頃は、東映のチャンバラ映画だよね。バンツマ（阪東妻三郎）とか（片岡）千恵蔵なんかさぁ。洋画も邦画もあまりこだわりなく、何でも見てたな。

　でも俺はどっちかっていうと、文学好きでね。兄貴や姉貴の本棚から、それこそ手当たり次第にな。最初に読んだのはあれだよ、ゲーテの『若きウェルテルの悩み』。漫画なんかには全然、興味がなかったなあ。

――『若きウェルテルの悩み』を読んだのは、何歳くらいの時だったんですか？

内田　小学生の頃だったかな。でも別に偉大な作家だとかそういうのは、関係ねえんだ。それでゲーテだから当たり前だけど、ドイツ語なんだよ。だからガキのくせして俺、接吻、キスのこと、ベーゼとか言ってたんだ。結構ませてたなあ。

――裕也さんのおじいさんは、大変な資産家だったそうですね。

内田　ドイツやイギリスから最新技術を採り入れて、日本ではじめてパッキングケースの会社を創業したひとりだったんだ。たとえば電球のカバーとか、中身が壊れないように外に巻く紙。あれを自分の会社の中で、一から作ってた。

物心ついた時は俺、正門から玄関まで40メートルくらいあって、門が三つもあるような大邸宅に住んでてな。庭一面に芝生が広がってて、それがいつも綺麗に手入れされてる。お手伝いさんがいて、犬も飼っててね。

俺の父親がどんな仕事してたのか、それはいまだに謎なんだよ。イギリス製の三つ揃えでキメて芸妓《げいぎ》侍《はべ》らしてる写真が何枚か、残ってるんだけどな。ちょっといい男で、「映画俳優みたい」なんて言われてて。馬を何頭も持ってたなあ。家族はみんな紅茶派だったんだけど、父親はコーヒー好きで。タバコは両切りの「光」を吸ってた。酒は、祖父も父親も兄貴も、誰も飲んでなかったね。

――学徒動員で戦争に行ったお兄さんからの影響は、かなり強かったんでしょうか。

内田　それは、凄く大きかった。召集される前に初めて兄貴に、映画館へ連れていってもらったんだ。その日のことは、よく覚えてるよ。『ターザン砂漠へ行く』（43）って映画で、ジョニー・ワイズミュラーがターザンを演じてた。兄貴は経済学を勉強したかったらしかったんだ。それで経済は当時、東京商大（現在の一橋大学）が一番でな。だからあえて東大を受けないで、一橋を選んだ。その兄貴とふたりの姉貴がいて、俺は末っ子。兄貴は一橋、上の姉は兄貴の軍隊時代の上官と結婚してね。下の姉貴は同志社の英文科出て、先生になった。

――あの石原慎太郎は父親から「お前は商売人になれ」って言われて、一橋に進んだそうですね。

内田　テリー伊藤氏のオファーで俺、石原慎太郎とビデオ対談したことあるのよ。都庁舎のホールで収録をしてね。「石原さん、ロックンロールの内田裕也です」「私の兄、清比佐は当時の東京商大、いまの一橋大学から学徒動員で出征しました。だからあなたの先輩に当たります」って言ったら、ブルッちゃってな。いくら右ぶってたって、ホントに戦争に行った兄貴の方がずっと、リアルを知ってるわけだから。

――石原慎太郎は１９３２（昭和７）年生れだから、終戦の年に13歳ですか。元軍国少年でお国のため、天皇のために死にそびれた男ですからね。

内田　その兄貴が復員して、英語は喋れたしあとは、給料も良かったんだろうね。ＧＨＱで働くようになったんだ。でも戦争で、もう別人みたいになっちゃって。毎日外で喧嘩しちゃあ、血だらけで帰ってきてなあ。家の中でも荒れててさぁ。

「お前、音楽の才能ないな」

内田　それが、小学校六年生の時だよ。いきなりお屋敷から四軒長屋に、引っ越すことになったんだ。物凄い転落だよね。

　高校入ってからも家を転々としてて、だから生活環境が安定しなくってなあ。それも関係してたのかな、ロックンロールにのめり込んでいった。まだその頃は勉強はわりと、真面目にやってたんだけどね。

　でも神戸からミナミやキタの盛り場まで遠征するようになったらもう、勉強はピタッとやめちゃった。そうしたら兄貴に「大学行く気がないんなら出てけ！」って、もうボコボコに殴られてなあ。

　何しろあっちは軍隊仕込みだから、もう全然歯が立たねえんだ。それで、あの日だよ。兄貴に縛られて無理矢理、脳病院に連れていかれてな。堺脳病院（現・浅香山病院）、関西ではみんな知ってるよ。鉄格子の隔離病棟があって、あそこに入れられたらもう終わりだって言われてた。

狭い検査室があって、そこでロールシャッハテストなんか受けさせられてね。「とにかく帰らせてくれ！」って頼み込んで、何とか解放してもらったけどさぁ。

それからは鉄パイプの問屋、屠殺場なんかで働いてね。

懐にいつもジャックナイフをしのばせて、大して強くもない喧嘩に明け暮れてた。『理由なき反抗』(55)のジェームズ・ディーン気取って、真っ赤なマックレガーのジャンパーでキメたりしてな。背も高かったし俺、結構目立ってたんだ。その頃家の近くに遊郭があってね。「かわいいわねえ」なんてお姉さん方に言われて俺、舞い上がっちゃってさぁ。調子よくスクーター走らせてたら、そのまま遊郭の塀に突っ込んじゃったりして。これ、笑えるだろ?

そんな生活しながらある日、「ナンバ一番」ってジャズ喫茶に、あるバンドのオーディションを受けに行ったんだ。「一曲歌わせてくれよ」ってな。それが１９５７年、俺のロックンロールの始まりだよ。

楽屋に通されて「じゃ、歌ってみろ」って言われて、〈ダイアナ〉歌ったんだ。「君は僕より年上と まわりの人は言うけれど♪」、サビは「おお、おお♪」、それ聴いてたヤツが、「お前、音楽の才能ないな」だって。「分かりました。じゃあどうも」って捨てゼリフして俺、そのまま帰ってやったよ。

その「ナンバ一番」での一件があった直後に俺、他のバンドのボーカルに決まってな。その頃「ナンバ一番」でバンドボーイやってた上條（英男）さんは、「裕也ちゃん、もうアッという間に人気が出ちゃってね」なんて驚いてた。

――その上條さんは「サングラスをかけてステージに立つなんて、裕也ちゃんがはじめてだった。あの頃はサングラスなんて、簡単に手に入らなかったからね。日本の常識ではそんなの、考えられなかったよ」と証言しています。

内田　歌い終わるとポーンって俺、客席に投げるんだ。それでステージが終わったらスタッフと一緒に探してね。なにしろ金がねえんだから。神戸だと「コパン」、「月光」、大阪の「銀馬車」「ナンバ一番」、京都の「ベラミ」「田園」、それをグルッと1ヵ月かけて回ってさぁ。その頃はもう家を追い出されてて、神戸の山の手にあった四畳半を間借りしてたんだ。ジャズ喫茶で稼いだ金と、あとは母親からたまに小遣いもらったりしながらね。それで何とか食いつないでた。

そうこうしているうちに俺、どんどん名が知れ渡ってきてさぁ。ある日渡辺プロの関西支社長から呼ばれて、事務所まで行ったんだ。なにしろ東京からこっちに遠征してきた奴らにも全然、負けてなかったからね。

それで「東京に来ないか?」って話になったんだ。俺、ロカビリーの殿堂だった日劇ウエスタンカーニバルのステージに、憧れててね。それで上京して、『ザ・ヒットパレード』とか『森永スパーク・ショー』なんて音楽番組に出演したりしてた。

ジョンはまだ、生きてる気がする

その頃は俺、ジェームズ・ディーンとエルヴィス・プレスリーを合わせたような存在になりたいって思ってたんだ。『理由なき反抗』と『監獄ロック』（57）。そりゃあ誰でもなりたいよね。

でもやっぱり俺にとってロックンロールを超越した存在って言えるのは、ジョン・レノンだけだよ。１９６６年６月30日のビートルズ来日公演に、俺は前座で出演したんだ。

武道館はまさに、興奮のるつぼだった。とにかく厳戒態勢で、前座でステージに上がった俺たちでさえ、「楽屋を出るな、ビートルズと話をするな」なんて言われてたな。フザケんなって俺、ステージの真下に陣取って5回、全部見たんだ。1曲目は〈ロックンロール・ミュージック〉。いきなりチャック・ベリーのカバーから入って、意表を突かれた。で2曲目が〈アイム・ダウン〉、あれなんかリトル・リチャードのパクリだよ。「ザマアミロ！　ルーツは同じなんだ！」って思ったね。曲の斬新さといいハーモニックスといい、「スゲえ！　カッコいい！」ってもう、大興奮だよ。シンプルな曲をキメるスゴさ。楽器もアンプも最高だったね。

　そういえば俺がニューヨークに行ってる時、ジョンに「いま《ロックンロール》って新しいアルバムをレコーディングしてるんだけど、遊びに来ないか」って言われて、スタジオまで行ったことがあってね。あれはジョンが、ロックのスタンダード・ナンバーをカバーしたアルバムだろ？　ベン・E・キングとかチャック・ベリーとか、もちろん全曲知っててな。だから一緒に歌ってたんだ。そうしたらミキサーに、「オマエ、一体なんなんだ？」って驚かれた。でもジョンと俺は同い年だし、音楽のバックボーンは同じなんだよ。

　でもあの来日公演のステージを見た時にもう俺、「ビートルズはつづかないな」って思ったんだ。あまりにも鋭角的で、だから脆《もろ》さも孕んでた。とにかく進化のスピードが尋常じゃなかった。常に時代の先を行ってたんだ。歌詞を変革したっていうのも、すごく大きい。

73年に初めてヨーコさんにインタビューしに、ニューヨークに行ったんだよ。自分なりの感性をぶつけて、でインタビューも終わりに入った頃だよ。メガネをかけた男が「マイ・ネーム・イズ……」って入ってきた。あのジョン・レノンだよ！「１９６６年、あなたが来日して武道館でコンサートをしたとき俺、サポーティング・アクトしたんだ」って伝えたら、「Ｏｈ！」ってね。

ジョンはシニカルで、心を許した人間じゃないと絶対に口をきかなかった。だけど俺とは不思議と波長が合ったんだ。

来日した時もよく会った。ホテルオークラの「カメリア」ってコーヒーショップとかでね。ある時ジョンが「僕の仲間の新しいアルバムを、買ってくれないか」って言ってきたことがあったんだ。（ローリング・）ストーンズ、ボブ・ディラン、クルセイダーズ、ウィリー・ネルソンだった。アルバムのタイトルを読みかけの本の余白に書いて、ピッと切って渡してくれた。あの仕草はいまでも、目に焼き付いてる。

ジョンがああいう悲劇的な死を遂げたから、ビートルズは永遠に残るグループになったって思ってる。四人のルックスと、フォーメーションのバランスだよな。これはヨーコさんから聞いたんだけど、ビートル（甲虫類）はエジプトで、「神の使い」って意味なんだってさ。

ジョンが射殺されたってニュースを聴いたのは、ワーナー・パイオニアの洋楽部でだった。テレックスを送ってその死が間違いないって確認して、俺は吐いたよ。それからひたすらビールを飲みまくって、文壇バーに流れたんだ。そこにニッポン放送が来て、泥酔してたけど俺、生放送に出演した。でも何を喋ったかなんて、まるで覚えてねえよ。

ヨーコさんの目の前で撃たれたって、ジョンの死に方――俺はそれをいまだに、認識できないんだよ。まだジョンは生きてるような気がして、だから彼の歌も痛くて、あまり聴けないんだ……。

セルリアンタワー東急ホテル　ガーデンキッチン「かるめら」にて

Rolling 01

東宝、東宝ってコノヤロウ!

『素晴らしい悪女』
『クレージーだよ奇想天外』

素晴らしい悪女（1963）

1963年2月16日公開　製作・配給：東宝　89分

監督：恩地日出夫　**脚色**：白坂依志夫　**原作**：石原慎太郎　**製作**：森田信　**撮影**：内海正治　**照明**：大野晨一
美術：阿久根巖　**録音**：藤好昌生　**音楽**：武満徹　**スチル**：秦大三

出演　団令子、久保明 、田村奈己、内田裕也、鹿内タカシ、神山繁、木村俊恵、藤原釜足、武智豊子、
山田竹子、上原ゆかり、宮口精二、小池朝雄、タロー関本、小松方正、小栗一也

「世の中は何をするにもまずお金」「人を信じない、だって自分の自由が失われるから」——徹底した拝金主義者だけれども、どこか憎めない。ミカ（団令子）はそんな、不思議な女だ。三人のパトロンに貢がせ1000万円も貯め込みながら、プエルトリコのラブリホ（鹿内タカシ）、元ボクサーのポパイ・豊田（小池朝雄）といった男たちと、肉体関係でつながってもいる。ミカと同じアパートに住む大庭葉介（久保明）は、一流企業に入って堅実な人生を歩もうとしている大学生だ。しかし葉介はミカの奔放で自由な生き方を知り、自分の退屈な人生プランに疑問を抱くようになる。そして就職試験に失敗した葉介は、2000万円の密輸宝石を狙うミカの計画に乗ることを決める。

クレージーだよ　奇想天外（1966）

1966年5月28日公開　製作：東宝＝渡辺プロ　配給：東宝

監督：坪島孝　**脚本**：田波靖男　**製作**：渡辺晋　**撮影**：宇野晋作　**照明**：小島正七　**美術**：村木忍　**録音**：伴利也
音楽：広瀬健次郎、萩原哲晶　**編集**：武田うめ

出演　谷啓、藤田まこと、植木等、星由里子、吉田次昭 、野川由美子、内田裕也、桜井センリ、ハナ肇、
塩沢とき、進藤英太郎、山茶花究 、藤木悠、二瓶正也、緒方燐作、高橋紀子、安田伸、犬塚弘、柳谷寛、
石田茂樹、草川直也、桐野洋雄、大村千吉、佐田豊、石橋エータロー

原水爆実験やロケット打ち上げのせいで、α星は大打撃を受けていた。地球人の暴挙を止めるため、α星長官は決意する。そしてM7（谷啓）とその監視役・零八（藤田まこと）は、遥か地球へと派遣したのだった。M7は大聖化学の新入社員「鈴木太郎」の身体を借りて、勝手が分からない日本での生活を始める。大聖コンツェルン会長秘書城山和子（星由里子）と鈴木太郎の恋人・ゆかり（野川由美子）、ふたりの「女の争い」に巻き込まれ、M7は困り顔だ。M7はα星長官から与えられた超能力を使って、パチンコ屋で大フィーバー、性悪社員を投げとばしたり……しかしそんなある日、戦争ビジネスにも手を染めていた大聖化学製の大砲の弾を、M7は花火に変えてしまった。その事が大問題になり、責任を問われM7は会社をクビになってしまう。

チャップリンだよ、チャップリン

内田　俺の映画デビュー作は『素晴らしい悪女』（63）っていうんだ。その時俺はまだ24だった。

渡邊晋（渡辺プロダクション創業者）さんから突然「映画の方に行ってみないか」って言われてな。冗談じゃねえ、俺は日劇のステージに立つために頑張ってきたんだって、最初は思ったんだ。でも金持ちの悪い大学生って、ちょっといい役でさぁ。だから「一回くらい……」ってつもりで出ることにしたんだよ。

共演は団令子、久保明、宮口精二、藤原釜足……スゲえだろ？　原作・石原慎太郎、脚本・白坂依志夫、監督は恩地日出夫。「なんて読むんだこの字は？」みたいな名前だ。

主人公の団令子は徹底した拝金主義者で、３人もパトロンをかこってる。その女が２０００万円の密輸宝石を狙うって話なんだよ。俺はレーサー役で、ポルシェのギアを６段に入れて富士スピードウェイを時速１５０キロで、ブッ飛ばすんだ。

あと、忘れねえ。あの撮影だよ、今でも覚えてるよ。本郷三丁目から春日の交差点まで下っていく坂があるだろ？

――真砂《まさご》坂。南を走る地下鉄丸ノ内線に沿った、幅の狭い急坂ですね。

内田　女優さんを乗っけた俺が車でその坂を下まで、ガーッて走っていくんだ。その車と真っ赤な丸ノ内線が、夕陽を背景にクロスする。その瞬間をカメラは狙っててなあ。

――裕也さんの運転する車、丸ノ内線の発車、そして日没。その三つのタイミングが合わなければいけないわけですね。

内田　車はドイツのDKW《デーカーヴェー》社のヤツ。東宝のディーラーが手配した、特別仕様だとかってさぁ。

　恩地氏の「よーい、スタート！」の声がかかる。それを合図にパッと、女を乗っける。クラッチを踏んでギア・チェンジ、アクセルだよ。完璧なタイミングだった。俺の車と地下鉄が走ってて、そこに夕日がグワーッて。

　そうしたら突然ギアがバックに入って、車が逆走しだしたんだ。それを見た恩地氏、「カーーット!!」って叫んで、こうだよ。「チャップリンの映画を撮ってるんじゃありません！」。フザケんなって。「俺の責任じゃねえ！　このギアがイカレてんだ!!」。俺、運転には自信あるからよお。でも「そんなことはない！」って恩地氏のヤロウ、頑として認めねえ。でディーラーが点検にきたら、やっぱりクラッチの故障だった。「ザマアミロ、東宝！」「チキショー、恩地氏の野郎!!」って、腹立ってなあ。でさぁ俺、アラン・パーカー監督のＴＶ映画のオーディション、受けたことがあったんだよ。

キャスティング・ディレクターと話したら、「３日後にカメラ・テストしたい」って言うんだ。もちろん全部英語で演じなきゃいけないし、それからの３日間、全然眠れなくってね。それで、カメラ・テスト当日だよ。俺もう、セリフ読むのもいやでさぁ。「申し訳ないけどできない」、それからカメラに向かって言ってやったよ。「Mr. Alan Paker, my name is fuckin' YUYA UCHIDA」

それがだよ、こっからが面白えんだ。そのアラン・パーカーが『ザ・コミットメンツ』（91）で東京国際映画祭に招待されて、監督賞を獲ったんだ。その同じ年に恩地氏が『四万十川』（91）で、芸術貢献賞とかいうのをもらってなあ。シメたってすぐ電話して俺、Ｂｕｎｋａｍｕｒａのオーチャードホールに乗り込んだわけ。それでアラン・パーカーに挨拶したんだよ。“Remember me?”なんて。そうしたら“Of course!”ってあのアラン・パーカーが、立ち上がったんだ。隣の恩地氏はもう、ビックリしてやがる。で俺、言ってやったよ。「監督、久し振りだね。俺、覚えてる？　チャップリンだよ、チャップリン」。

強い女

――『素晴らしい悪女』の後も東宝映画がつづきます。

内田　この頃の東宝ってもう、気に食わない野郎ばっかりでな。とにかく加山雄三オンリーみたいなさぁ。

でもそれこそ俺、若大将からコント55号、（ザ・）ドリフターズまで、やたら東宝映画に出てたんだ。

なんか俺、半分ヤケクソみたいになってたんだよね。クレージーキャッツや中尾ミエ、伊東ゆかりとかにくっつけられて、地方公演にばっか行かされて、それで田川譲二とダブル・ビーツって組まされてな。

――『俺は最低な奴さ』の中で近田春夫さんが指摘されてましたが、『嗚呼！おんなたち　猥歌』（81）で裕也さんが演じたロック歌手の名前も、田川譲二でしたよね。

内田　『コミック雑誌なんかいらない！』のキナメリもそうだけど俺、そういうひそかな遊びが好きなんだよね。

で、そんなポップシンガーのステージで、俺と田川さんが司会だよ。客と喧嘩ばっかりしてなあ。一杯飲んで俺、「コノヤロウ」って、必ず揉めるんだ。

それからずいぶん後だけど俺、「コマーシャルばっか出やがって！」って、希林さんに怒鳴ったことあるのよ。そうしたら希林さんに、「アナタだって『エレキの若大将』（65）に、しかも司会役で出てたじゃない！」って言われちゃった。ちょうどその時『エレキの若大将』が、TVで放映されてたんだよ。間が悪いよなあ。「よく恥ずかしげもなくこんなこと、やってたわね！」だって。さすがに俺、返すことばなくってな。でもアタマきて、それから大乱闘だよ。結局パトカーまで来る騒ぎになっちまった。

あれもヤバかったな。（内田）也哉子と本木（雅弘）に子どもが出来て、それで希林さんが代官山に、二世帯住宅を建てた。その時も俺、何もかも上手く行ってなくってね。ハルシオンと酒を一緒に、5～6年やってたんだ。それで俺、ちょっとおかしくなっちゃっててなあ。「キャンティ」で、まだ真っ昼間だってのにテーブル・ナイフ握ったままブッ倒れて、天井見上げてたなんてこともあった。

それでだよ、バッド・トリップすると希林さんの新居に突撃して、「ファック・ユー！　これから俺はどうなるん、ダーッ!!」なんて、叫んでたんだ。

で、ある日、また例によって俺、ハルシオンと酒でボロボロになって、

エレキの若大将
1965

若大将シリーズ第六作。若大将こと田沼雄一（加山雄三）はアメラグ部の次期キャプテンに任命される。雄一の実家が営むすき焼き店「田能久」で開かれた祝宴の帰路、青大将こと石山（田中邦衛）は飲酒運転で交通事故を起こしてしまう。その被害者が、星山澄子（星由里子）だった。若大将と青大将のふたりはエレキ合戦に出場、賞金10万円をお詫びの気持ちとして澄子に送ろうとする。そのエレキ大会の司会者として、内田裕也は登場。1965年12月19日公開。監督・岩内克己、脚本・田波靖男。加山雄三の代表曲〈君といつまでも〉〈夜空の星〉が挿入歌として使用され、シリーズ中でも特に人気の高い一本。

代官山の家に行ったんだ。なぜか玄関の鍵が開いててさぁ。一瞬「アレ?」とは思ったんだよ。でもこっちはラリってるからね、土足のままガーッて乗り込んだ。そうしたら本木の奴が待ち構えてて、「僕たちが何か悪いこと、したんですか?」って言うから俺、「こんな家建てやがって、俺なんか今でも地下鉄に……」「俺の方がスゲえことやってんだ、コノヤロウ!!」なんて、グワーッて喚《わめ》いてたんだ。そうしたら廊下の奥の暗がりから、「やっちゃいなさい」って声が聞こえたんだよ……希林さんだよ、鉄パイプ持ってるんだよ。

そこから希林さんと本木に俺、タコ殴りにされちゃってよお。最後は本木がタクシー呼んでくれたらしいけどな。

あのジョンに、「お互い強い女と結婚したな」って言われたことあるのよ。「We are very tired...」って俺、溜息ついたらジョンも、笑ってたけどね。

ナベプロ帝国の迫力

内田　でも、そんな中で、谷（啓）さん主演の『クレージーだよ　奇想天外』、これは面白いんだ！　もう設定からしてデタラメでさぁ。愚かな人類の原水爆実験やミサイル打ち上げで迷惑してる、αって星があってね。そこから二人の宇宙人、Ｍ７とその監視役・零八が地球に派遣されてくる。そのＭ７が谷さん、零八が藤田まことっていうんだから、つまんねえわけねえだろ？

――他にもクレージーキャッツの面々に加えて星由里子、寺内タケシとブルージーンズ……とてつもなく豪華な俳優陣です。

内田　ブルージーンズ、ステージでは全員ブルージーンズの上下でブーツ履いて、バック転なんかしてた。寺内さんは「裕也と田川、どっちか引き受けてくれ」って渡辺プロから頼まれて、「悪い方を引き受ける」って俺をメンバーにしたなんて、カッコつけて言ってるみたいだけどな。

寺内さんとは結局、喧嘩別れしちゃってな。あるステージで俺、必死で覚えたボビー・ダーリンの〈キャラバン〉を歌ったんだ。そうしたらあとから出た寺内さんが、同じ曲を歌いやがった。それはプロとして、ルール違反だろ？　俺、カッとなっちゃってさぁ。「ちょっと来い！」って呼び出したら寺内さん、「俺はギター埋める！」なんて大袈裟な啖呵《たんか》、切りやがって。だからビートルズの前座で出たのは、寺内タケシのいないブルージーンズだったんだ。

そのブルージーンズで関西に遠征した時、心斎橋の「ナンバ一番」のステージで偶然、ファニーズっていうバンドを見つけたんだ。メンバーはみんな若い、ルックスもいい。これはスターになる素質があるって、ピンときたんだよね。それで俺が泊まってたロイヤルホテルに呼んで、「東京に来ないか」って誘ったんだ。それがザ・タイガースだよ。当時、俺が26〜27、沢田（研二）なんてまだ、17歳だよ。「沢田、俺に全部任せるか?」って言ったらアイツ、「任せます」ってな。

Ｃ調のチンピラ

——谷さん演じるα星人・Ｍ７は地球に飛来した瞬間、サラリーマン・鈴木太郎が車に跳ね飛ばされる現場に鉢合わせします。その鈴木太郎の身体を借りたＭ７が翌日出社する会社の社長が、いきなりハナ肇です。

内田　そのハナさんの浮気を疑ってる妻役が塩沢ときってんだからもう、笑うよなあ。

——裕也さんはパチンコで大当たりした谷さんにたかるチンピラ役で、登場します。

内田　谷さんは宇宙人で、超能力を使って大フィーバーしちゃうんだ。それを見てた俺は谷さんを尾《つ》けていって、路地裏の暗がりでカツアゲしようとする。革ジャン羽織って、腹巻きなんかしてなあ。

――裕也さんは三の線といいますか、思いっきりコミカルな芝居で楽しませてくれます。寄り目まで披露して。

内田　しかし、下手クソだよねー。

――見事なコメディ・リリーフぶりですよ。

内田　谷さんから頂いた金を元手に俺は、まんまと芸能界で成功してさぁ。「ハーイ！　いつかはすまなかったな」とかって再会したときはもう、調子いいわけ。ド派手な開襟シャツにパナマ帽なんか被っちゃってな。で「自分のマネージャーにならないか」って谷さんを誘うんだけど、この俺のセリフがまた、笑っちゃうんだよ。

――とにかく業界用語を連発するんですよね。

内田　「俺はよぉ、あのあとドンバボー（バンドボーイ）に拾われてよ。ゴトシ（仕事）の間にトリヒ（一人）で歌ってたらよ。なんだか知らねえけどこれが大当たりでよ。いまじゃジミー・ゲンっていや、ちったぁ有名なんだよ。大体ユーにネーカー（金）借りたのが、運のつき始めだったんだ」。俺の言ってることがまったく理解できない宇宙人の谷さんが

「……それどこの国の言葉だい？」。

　つづけてこうだよ。「あ、そーかぁ。ユーはトーシロ（素人）だったな。世話になったユーに恩返しもしないんじゃ、俺の顔が立たねぇや。これ少ねぇけど取っといてくれよ。ユーに借りたネーカーだよ」「……何もしてないのにこんな金、貰うわけにはいかないよ」って断ろうとする谷さんに「じゃあ俺の付き人になれよ」。

　このあとのステージの俺がまた、スゲえんだ。ポマードでビシッと七三に撫でつけてさぁ。身体の線がはっきり出てる細身のスーツにフリルのシャツ着て、ケツ振ってるんだから。

　そんな格好で歌ってる最中に俺、「活性ビタミンだ」とかって飲んでた下剤で腹壊して、ステージ降りてトイレに駆け込んじゃう。

――マネージャーの谷さんは事の次第を伝えようと、ステージに上がります。でも観客の興奮はおさまらず、もうヤケッパチみたいに歌い出す。

内田　その歌があまりにすばらしくって、谷さんはあれよあれよとスター街道を驀進して、遂には政界にまで進出しちゃう。それで国会で侃々諤々《かんかんがくがく》の議論を交わしてるってんだから、デタラメ過ぎて笑うしかねえよ。

植木さんはあの声と、存在自体がもう面白かった

内田　で、ここからがまた面白いんだよ。出たよ、千両役者・植木等だよ！ジャケットの下に着てるチョッキにびっしり勲章をぶら下げちゃって、「正義の味方だ！」なんて言ってなあ。

　植木さんはあの声と、あと存在自体がもう面白かった。で議員たちが植木さんの権幕にビビってるところに、救急車のサイレンが近づいてくる。

――駆け付けた救急隊員の説明で植木さんは、精神病院から脱走してきた患者だったと分かります。

内田　ついさっきまで「平和なんてナンセンス！」なんて息巻いてた植木さんが、総理大臣だって思い込んでる、ただのキチガイだった。しかもその妄言を議員先生たちはクソ真面目に聞いてたっていうんだからこれ、シャレがきつすぎだろ？

　しかも植木さんが脱走してきた病院の名前が、「松田病院」だぜ？精神科の専門病院として有名な、松沢病院ってあるだろ？

――京王線の八幡山駅を降りて、すぐの場所にある。

内田　それをモジってるんだからこれ、いまだったら絶対できない、キケンなギャグだよ。
　でもこれはさぁ、悲しいお話でもあるんだ。難病で苦しんでる星由里子の弟のために谷さんは、最後の超能力で綿菓子を作ってあげる。で「鈴木太郎の身体」と別れて故郷のα星に帰るんだ。でもどうしても想いが断ち切れなくって、地球に戻ってくる。そこで遊園地で幸せそうにしている星由里子と元気になった彼女の弟、そして「本物の鈴木太郎」を見ちゃう。

――谷さん演じるＭ７は鈴木太郎の身体を借りて、彼女たちに奇跡をもたらしてきたわけです。つまり地球でのＭ７の善行はすべて、鈴木太郎の手柄になっている。

内田　だから目の前で綿菓子を作ってる谷さんが「本当の恩人」だって、星由里子はまったく気付かないんだよ。

――それでも綿菓子を作る、谷さんの表情……。

内田　それでエンディングだよ、谷啓の歌うダニー・ケイ〈虹を掴む男〉。谷啓って、ダニー・ケイにちなんでつけた芸名だもんな。

セルリアンタワー東急ホテル　ガーデンキッチン「かるめら」にて

Rolling 02
型破りの犯罪者

『不連続殺人事件』
『実録不良少女　姦』
『スーパー GUNレディ ワニ分署』

不連続殺人事件(1977)

1977年3月12日公開　製作:タツミキカク=ATG　配給:ATG　144分

監督:曽根中生　**脚本**:大和屋竺、田中陽造、曽根中生、小林恒雄、荒井晴彦　**原作**:坂口安吾　**企画**:西村隆平
製作:木石巖、麻生誠　**撮影**:森勝　**照明**:三尾三郎　**美術**:坂口武玄、小林恒夫　**録音**:橋本文雄
音楽:コスモスファクトリー　**編集**:鍋島惇　**スチル**:瀬戸山修一

出演　瑳川哲朗、夏純子、水原明泉、福原ひとみ、金田龍之介、泉じゅん、田村高廣 、桜井浩子、内田裕也、内田良平、小坂一也、殿山泰司、初井言栄、伊佐山ひろ子、石浜朗、楠侑子、神田隆、絵沢萠子、江角英明、根岸とし江、木村元、内海賢二、松橋登、宮下順子、粟津號、岡本麗、梓ようこ、谷本一、浜村純

昭和二十二年、敗戦の後の混乱もおさまらぬ夏。N県きっての財閥·歌川多門(金田龍之介)の豪邸で、流行作家·望月王仁(内田良平)が殺された。人里離れた「密室」にはその時、二十九人の男女がいた。そこでは招待客、使用人、家族……の愛憎が、渦巻いていたのである。望月殺害の凶器となった短刀からふたりの女の指紋、さらにもう一人の女のものと思われる小さな鈴が発見された。屍体が解剖のために病院へ送られた夜、珠緒(水原明泉)とセムシの詩人·内海明(内海賢二)、千草(伊佐山ひろ子)が次々に殺されていく。動機に一貫性がない、犯人が単独か複数かさえ判然としない——謎が謎を呼ぶ中、そこに犯人の「心理の足跡」を見出すべく、探偵·巨勢博士(小坂一也)が事件に挑む。内田裕也はバサラな画家·土居光一として登場。人里離れた屋敷でキャスティングボードをまさに握る、真犯人を演じている。

実録不良少女　姦 (1977)

1977年7月9日公開　製作·配給:日活　77分

監督:藤田敏八　**脚本**:出倉宏、藤田敏八　**原作**:港マコ　**企画**:成田尚哉　**製作**:岡田裕、栗林茂
製作補:服部紹男　**撮影**:萩原憲治　**照明**:新川真　**美術**:菊川芳江　**録音**:神保小四郎　**編集**:井上治
音楽:クリエーション　**助監督**:高橋芳郎　**スチル**:目黒祐司

出演　日夏たより、内田裕也、小川恵、積千恵美、平井元、岸部一徳、江角英明、渡辺とく子、中島葵、福原秀雄、青木和子、木島一郎、橘田良江、清水国雄

大型タンカー、中華街、外国人墓地。ここは港町·横浜。ロックのリズムにのって、自由を謳歌しながら生きる若者の町でもある。

15歳で初体験、退学、家出、十六歳で妊娠·出産……横浜の裏通りでマコ(日夏たより)は、すさみきった生活を送っていた。同棲相手の時夫(内田裕也)は失業中で、スナックで働くマコにヒモっている。そんなマコを気に掛けて、元担任教師の矢崎(岸部一徳)は、たびたび彼女の部屋を訪ねてくるのだった。毎日のようにののしり合い、平手打ちを交わし、獣のように性を貪る。そんな先の見えない日々を、マコは送っていた。ある日マコの部屋に、父親·源一(福原秀雄)がやってくる。孫を引き取り田舎で育てるつもりの源一を、時夫は別に引き止めもしなかった。帰宅したマコは、ベビー·ベッドが空っぽになっていると気付く。マコと時夫の同棲生活は終わった。たった一人になったマコを矢崎は訪ね、遂に彼女の肉体を手に入れる。

スーパー GUNレディ ワニ分署（1979）

1979年8月18日公開　製作・配給：にっかつ　96分

監督：曽根中生　**ガンアクション**：トビー門口　**脚本**：荒井晴彦、高田純、曽根中生　**原作**：篠原とおる
企画：奥村幸士　**製作**：三浦朗　**撮影**：水野尾信正　**照明**：直井勝正　**美術**：渡辺平八郎　**録音**：橋本文雄
編集：山田真司　**音楽**：松本健　**助監督**：斉藤信幸　**スチル**：目黒祐司
カー・スタント：三石尋とマイクスタントマン・チーム

出演　横山エミー、ジャンボかおる、岸田森、山谷初男、河村弘二、入江正徳、高瀬将嗣、檀喧太、風間健、益富信孝、深見博、安岡力也、佐藤慶、今井健二、内田裕也、深水龍作、古尾谷雅人、遠藤征慈、坂田金太郎、川島めぐ、織田俊彦

警察庁資料調査分室、主として公務員の犯罪摘発及び防止に当たる秘密捜査組織、内線番号82、通称ワニ分署。そこに所属する火野三夏（横山エミー）は、航空機購入にまつわる不正が疑れている大和商事の田島常務（入江正徳）をマークしていた。しかし謎の二人組に襲われた田島はビルから転落して死んでしまう。遺書が発見され、田島は自殺だと認定される。任務遂行に失敗した三夏は、沈んでいた。「ワニ分署」にあたらしく配属された加倉リン（ジャンボかおる）と共に、事件の真相究明に乗り出す三夏。田島の恋人だった英二（高瀬将嗣）という男が、田島と副社長武部（河村弘二）の肉体関係を知り、それをネタに武部をゆすっていたことが分かる。しかしマークし始めた矢先、例の二人組に追われ英二は、ダンプにハネられて即死してしまう。

ゴールデン街で見た夢

——さて、いよいよ俳優・内田裕也の本格的なデビュー作となった曽根中生監督『不連続殺人事件』(77)について、聞いていきたいと思います。裕也さんは破天荒な画家として、いきなり映画冒頭から登場です。

内田　よく完成したってビックリするくらい、この映画の舞台裏はバタバタでな。

最初、荒井晴彦と齋藤博が、俺のとこに来たんだ。第2回のニューイヤーズワールドロックフェスティバルの時にさぁ。

——齋藤さんはその後脚本家になって、ロマンポルノのホンを何本か手掛けてもいますね。

内田　アイツは早く死んじまったよなあ。

——『不連続殺人事件』のホンを連名で書いている田中陽造さんが、斎藤さんへの追悼文でこんなエピソードを記しています。ある日新宿のバーで齋藤さんが、深作欣二監督に絡んでいたそうです。『いつかギラギラする日』(92)がヒドいって。最初は適当にあしらっていた深作さんも、あんまりにしつこいので「どこが悪いか、言ってみぃや」って、本気になった。「話にならんよ、あんな映画……」って息巻く齋藤さんを、東映の人間がブッ飛ばす。床に崩れ落ちた齋藤さんは目をつぶって、グッと歯を食いしばっていたそうです。

内田　ああ……でその齋藤と荒井がさぁ、俺んとこに来たんだよ。これ笑っちゃうからさぁ、よく聞いてくれよ。「何の用だよ」「映画に出ていただけないか」「どんな映画だ？」そうしたらまたこれが、うまいこと言うんだよ。「あの無頼派・坂口安吾原作で」とかってなあ。でも調子いいこと言ってても人間、すぐ本音が見えるからさぁ。これ笑うから、今から話すから。

「誰に断られて俺のとこ、来たんだ？　全員の名前言わなきゃ俺、受けないよ」って脅したんだ。それから六本木のイタリアン連れてって、もうしこたま飲ませてよお。

「最初、小林旭さんに声を掛けました」「まだ他にもいるだろ？」「若山（富三郎）さんにも」「まだいるな」「（二代目）中村吉右衛門にも」

それで「これはマズい。根本から発想を変えなきゃいけない……そうだ、ロックンロールだ！　ロックンロールと言えばもちろん……裕也さんしかいない!!　そう思って来ました」だって。で、「そうかよ。言っとくけど俺、芝居なんてやったことないし、下手クソだぞ」ってさぁ。あとまあ、情にもほだされてね。

それでこっからがまた、笑い話だよ。「実はもう、クランクインしてるんです」って、荒井がよお。「オイ、ちょっと待てよ！　おかしいじゃねえかオマエ、俺が犯人役なのにもう、クランクインしてるって？」

――荒井さんの脚本家デビューは同じ七十七年、曽根中生監督の『新宿乱れ街　いくまで待って』(77)ですね。ゴールデン街を根城に夜通し夢を語る、若者たちを描いていました。

内田　俺がロマンポルノに出てた頃はもう毎晩みんな、ゴールデン街にたむろして、喧嘩ばっかりしてたよ。酒飲んで揉めてって、その繰り返し。あの頃は荒井も、夢追っててなあ。

　それがあのヤロウ、いつの間にか『映画芸術』の編集長なんて、小さな椅子に納まりやがって。しかもいまだにゴールデン街であぁだこうだ、やってるっていうんだからなあ。そのくせ、何だっけ？　日本映画大学の……

――特任教授です。

内田　フザケんなって！　でもやっぱり、喧嘩しないやつはダメだって思わない？　T・REXからデヴィッド・ボウイ、ピンク・フロイドからチャック・ベリーまで、俺はひと通り外タレとも、殴ったり蹴ったりしてきたからね。

『水のないプール』の完成パーティーの四次会を四谷三丁目の「W」でやったときなんて、壮絶だったよ。「君は主役のタイプじゃない！」って大島さんに絡まれて、俺がブチ切れる。根岸が割って入る。ゴジ（長谷川和彦）は喚《わめ》くし崔（洋一）さんは激怒する、力也は止めてんのか煽ってんのか分かんねえ……。

これは本物のヤクザから教わったんだけどさぁ、その頃は飲み屋に入ったらまず、包丁の場所を確認してた。あとアイスピックとか、凶器になるものをね。

おぉーい……ロックンロール！

内田 『不連続殺人事件』は瑳川哲朗さんや殿山泰司さんって新劇系の名優が、ばっちり脇を固めてるって聞いてさぁ、それでロケしてた新潟まで行ったんだ。そうしたらみんな旅館で雑魚寝してて、弁当は握り飯と豚汁だけって貧乏な現場でな。

で、ファースト・カットだよ。「いいか、俺は下手クソって言ったよな、笑うなよ」って釘刺してね。で、曽根さんの「よーい、スタート！」の声で俺、セリフ飛んじゃったんだ。それで「ちょちょ、ちょっと待てよ。おぉーい……ロックンロール！」なんちゃって。

――裕也さん演じる画家のアトリエには、荒々しいタッチで描かれた絵が散乱しています。その空間に、上半身裸で片方のサスペンダーを垂らした裕也さんが立っている。無駄なものがそぎ落とされた身体が〝飢え〟を感じさせて、スゴくカッコいい。

内田　岡本太郎をモデルにしてるっていうから、そこからイメージを膨らませたんだ。

――赤や白のスカーフを巻いたり、パナマ帽をかぶったり。あるいは開襟シャツの上に、ストライプのジャケットを羽織ったりもしています。型に捉われないファッションからも、世間の枠組みから逸脱した存在だと分かる。

内田　役を解釈する上で何を着てるかって、すごく大切だって思うんだ。それと「演技指導はしないでくれ」ってことはいつも監督に言ってる。

――映画スターを配役しようとしていたのを発想転換して、ロックンローラーに賭けた。それが見事にハマったわけですね。

　この映画は人里離れた場所に建つ財閥家の豪邸を舞台にした、ミステリー劇です。その場所で血縁と愛憎が入りまじった殺人劇が展開していく。その真犯人が、裕也さんです。

内田　それで俺と共謀する財閥夫人を演じているのが、夏純子だよ。夏純子、若松孝二の『犯された白衣』（67）でデビューしてるんだ。いきなりオッパイ見せてさぁ。だから若松のオヤジとはなんか、因縁があるんだよね。

――ロマンポルノの常連女優たちも出演して、華を添えています。

内田　宮下順子、伊佐山ひろ子、岡本麗、それと絵沢萠子もな。

製作・配給は、ATG（日本アート・シアター・ギルド）。当時「一千万円映画」なんて言われててさぁ。でも予算はないけどツッパった映画を作ってたよ。

――60年代末から70年代にかけて、日本映画の先鋭的な部分を支えたことは、間違いありません。

内田　ロックンロールしてたよな。

男女の戦場

内田　で次があれだよ、『実録不良少女　姦』（77）。監督は藤田敏八、東大の仏文出身でな。みんなから「パキさん」って呼ばれてた。

——文芸映画の名匠・西河克己監督が名付け親なんですよね。新聞で見たパキスタンの皇太子に似てるって、西河監督が言い出した。それでパキさんってあだ名になったんですよね。

内田　そのパキさんが撮った『八月の濡れた砂』(71)、あれは日活がロマンポルノ路線になる前の、最後の映画だったんだよな。

でこの『実録不良少女　姦』、オープニングは俺の〈コミック雑誌なんかいらない!〉だよ。

——いきなり掴まれます。

十五歳で初体験、家出、売春、同棲、十六歳で裕也さん演じる時夫の子どもを出産……主人公・マコは駆け足で、転落人生を歩んできた少女です。

内田　そのマコを演じたのが、新人だった日夏たよりだよ。

——赤ん坊が火がついたように泣く中、裕也さんと凄まじいビンタ合戦を繰り広げます。

内田　また日夏が、男に媚びない挑発的な目ぇしててな。もうバッチンバッチンくるんだ。

——畳の上をもんどり打つように、二人は転がる。

内田　キスでごまかそうとした俺の唇を、噛み切りやがってな。あの現場はもう、戦場だったよ。でようやく俺は、マコを組み敷いてな。

――それから殺伐としたセックスをする。

内田　絡みの芝居は何度もやってきたけどね。あれは相当、ハードな部類に入るよ。

――それと、裕也さんをめぐって日夏さんと鑑別所帰りの直子（小川恵）が、タイマンを張る場面がありますよね。

内田　日夏は脱いだパンプスのヒールで、相手のアタマをカチ割るんだ。それから丸太で殴り倒してなあ。

――さらに枯れ枝を、局部へブチ込んで……とどめを刺すまでトコトンやる。

内田　ちょっとあれは、異常だよなあ。この喧嘩で直子はアタマおかしくなって、学校辞めて精神病院に入ったってオチまでついてるしよお。

――日夏さんは果物ナイフを手に、裕也さんに迫ったりまでしています。

内田　そのナイフでリンゴをブッ刺したりしてな。そういえば『少女娼婦　けものみち』（80）の吉村彩子は俺の血の付いた包丁で、キャベツ切ってたなあ。

――包丁が台所用品から凶器に転じる……何か女の凄みみたいなものを

感じてしまいます。この映画ではさすがの裕也さんですら、常識を説く側に回っている。

内田「俺たちはもっと、現実的になる必要があるんだよ。意地やツッパりだけで生きてけんのかよ、バカヤロウ！」なんてね。

　この映画では俺、日夏と同棲してる部屋では青と白のストライプのパジャマで通してるんだ。外出する時は赤のボーダーＴシャツにスエードのジャケットでね。

――そしてマコを気に掛ける元担任・矢崎役で、岸部一徳さんが出演しています。

内田　これが岸部一徳の、映画初出演作だよ。最初、助監の根岸が俺に持ってきた役があってさぁ。「冗談じゃねえ。こんな役、俺は出来ねえよ。ただ、ピッタリな奴がいるから」って、岸部を紹介したんだ。そうしたらこの映画の岸部を見て「面白い」って思ったＮＨＫの人間が、アイツを使いだした。それから売れたんだよね。

――日夏さんとやたら粘着質なセックスをしています。

内田　一徳って名前、あれは希林さんがつけたんだよ。「岸部修三って、そんな名前じゃ大成しないわよ」って。それで「一徳」になったんだ。最初は嫌だったと思うよ。何かオヤジ臭い名前でな。でもあとで、「一徳って名前もらって、本当に感謝してる」って言ってたよね。昔タイガースでベース弾いてたなんて、もう誰も知らねえよな。

――元担任教師としてマコを気に掛けてる振りをして、その実ずっと、女として見ていた……そんなむっつりスケベな雰囲気がよく出ています。

しゃべらない強盗

――つづく『スーパーＧＵＮレディ ワニ分署』（79）も、曽根中生監督です。この映画の裕也さんも、あまりにアブナイ……。

内田　おいおい、カンベンしてくれよ。

――人知れず警察庁内に存在し、主に公務員による犯罪を調査摘発する「ワニ分署」。そこに所属する二人の女刑事、心野三夏（横山エミー）と加倉リン（ジャンボかおる）は、航空機疑獄の捜査に乗り出す。それを阻もうと政財官の大物たちは、横山さんを捕縛します。

内田　窓一つない部屋に監禁されてなあ。横山はシャブ漬けにされて、強姦されまくりでよお。

　その横山を陵辱するのが、力也だよ！　こいつもヤク中で、組織に飼われてる。「グワーッ、ハハァ!!」なんて叫びながら手足ブラブラさせて、アタマ掻き毟《むし》ったりしてよぉ。それで禁断症状が出てる横山に、ヤクを注射する。

で喉が渇いてしょうがない横山に「俺が……俺が!!」ってズボン下ろして、豪快にションベンをブッかけてな。「ホレ水だ、水だ水だ!!」って、笑いながらさぁ。

――力也さんの底知れない、闇の部分を覗いてしまったような気がしました……。

その監禁部屋から救い出され、麻薬を断ち切った横山さんを今度こそ潰そうと、服役中の凶悪犯三人が野に放たれる。そのリーダー格・戸田を演じるのが、われらが裕也さんだという。

内田　おお、そうだよ！

――この戸田が不気味なのが、まず襲撃する銀行に向かう護送車の中で、ひと言もしゃべらないんですね。

内田　俺、なるべくセリフはカットしてくれってね。

――強盗グループを組まされた兄弟から、「陰気なヤロウだねえ」「コノヤロウ、唖《おし》かツンボなんだぜ」なんて言われている。

内田　逆に物凄く頭脳明晰なんじゃないかって、想像させようと思ってな。それで「ハジキは……いつくれるんだ」って初めて俺が口を開いたら、ネジ外れたみたいな弟の方が、「ああ、唖が喋ったァアハハハハ！」なんて、バカ笑いする。

――戸田たちは銀行を襲撃し、立て籠もります。彼らがとった人質の中に「ワニ分署」の二人も潜入していて……。

この場面ははっきり、あさま山荘での攻防を意識してますよね。

内田 それはそう、絶対に。

――銀行のカウンターに置かれているカップヌードルを発見して、確信しました。あと強盗犯の親たちが現場に連れてこられて、拡声器で情に訴えるところも。

内田 ロマンポルノって、学生運動崩れみたいな奴らが作ってたんだ。だから政治の季節で挫折した怒りとか絶望とかが、映画の大事な部分だったりするんだよ。でもあまり露骨に政治的なのは、ちょっとね。そこはまあ、オブラートに包んでさぁ。

――そして政界のフィクサー的な人物として、佐藤慶さんも出演しています。黒幕を演じたら、佐藤さんほど説得力ある俳優はなかなかいません。

内田 『十階のモスキート』（83）『エロティックな関係』（92）『魚からダイオキシン!!』にも出てもらったけど佐藤さん、やっぱりスゲえ役者だよ

……お嬢さ〜ん！（とウェイトレスを呼んで）　ビール、一杯ください‼

帝国ホテル　ランデブーラウンジ・バーにて

Rolling 03

神代辰巳と姫田眞左久
二人の天才

『少女娼婦　けものみち』

少女娼婦　けものみち　（1980）

1980年3月29日公開　**製作・配給**：にっかつ　71分

監督：神代辰巳　**脚本**：岸田理生、神代辰巳　**製作**：三浦朗　**撮影**：姫田眞佐久　**照明**：新川真　**美術**：渡辺平八郎
録音：橋本文雄　**編集**：井上治　**音楽**：新井英一　**助監督**：伊藤秀裕　**スチル**：井本俊康

出演　吉村彩子、内田裕也、無双紋、水島美奈子、珠瑠美、高橋明、三谷昇

カモメの泣き声が降っている、九十九里の砂浜。16歳のサキはボーイフレンドの外男（無双紋）と、無為な遊びに耽っていた。そのまま漁師小屋に移って、ままごとみたいに初体験を済ますサキ。ダンプカーの運転手のアタル（内田裕也）は、くされ縁の遊子（水島美奈子）を乗せて、国道を走っていた。自転車を転がしひとり歩くサキの姿を見つけたアタルは、遊子を捨ててサキを拾う。「俺、お前とキメられたらよぉ、もう死んでもいいって思ってるんだよぉ」初体験を終えたばかりの少女を、口説くアタル。翌日のホテル、アタルに激しく突かれてサキは、セックスの快楽に知るのだった。サキは外男とアタル、どちらが父親か分からない子どもを宿す。「俺の子かよお」と迫るアタルに、「アノ時、そう感じたもん!」と答えるサキ。「産めよな」、そのまま二人はまた、セックスになだれ込む。同棲を始めたサキとアタルの部屋に、外男がやってきた。「一緒になってくれなければ死ぬ」外男は真冬の海に入って沖へ沖へと遠ざかっていく。溺れかけた外男を助けたアタルはあの漁師小屋で、またサキと交わるのだった。

吉村彩子、綺麗なコだったぜ

――本人役で1シーンだけ出演した『赤い暴行』(80)を挟んで同じ年に裕也さんは、いよいよ神代辰巳監督の『少女娼婦　けものみち』(80)に主演します。カメラマンは姫田眞左久さん。ロマンポルノ史に残る数々の映画を撮影した名匠です。

内田　姫田さん、大カメラマンだよ。今村昌平監督の映画も、何本も撮ってる。

――その『少女娼婦　けものみち』冒頭のシーンですが、主人公の高校生・サキを演じる吉村彩子さんが、薄暗い蔵に入ってくる。梯子階段を昇って天井裏に横になって、股間をまさぐりだす……それを姫田さんのカメラは真下から見上げるように撮影しています。

内田　姫田さん、天才の上に変態なんだよな。カットを割らないでいきなり16歳のオナニーを、ジーッと見てるんだから。

――問答無用の開巻です。姫田さんの異常な凝視から、身を焦がすような少女の性、その昂まりが伝わってきて。

内田　いきなり、真下からの長廻しだよ？　さすがは変態、カマしてくれるよなあ。

赤い暴行
1980
ロック・グループ「デビル」のフジト（高橋不二夫）、アキ（伊藤達明）、ハント（ジェームス・ハント）、サガラ（相良光紀）の四人のメンバーは、一向に芽の出ない日々に焦りを覚えている。そんな憂さをグルーピーと関係することで、彼らは紛らわせていた。フジトは腐れ縁の女子大生・ひとみ（山科ゆり）に捨てられてしまう。アキは水商売の女・志津（芽樹あやこ）にヒモッている。ハントは次第に世帯じみてきた美奈（岡本ひろみ）に、辟易気味だ。女との関係、陽の目を見ない苛立ちから喧嘩を繰り返す毎日に、「デビル」の面々はウンザリしていた……。1980年1月5日公開。監督・曾根中生、脚本佐治乾。撮影は『桃尻娘　ピンク・ヒップ・ガール』(78)『十階のモスキート』(83)の森勝。内田裕也は本人役でワンシーン出演している。

――「事後」の吉村さんは、何羽ものカモメが舞う寒々しい砂浜で、自転車を転がしています。連れ立って歩いているボーイフレンドは「チキショー！」って、カモメに石を投げつけている。それから逆立ちしてる吉村さんの脚を掴まえてそのまま漁師小屋になだれ込み、物の弾みみたいに処女を奪う……一連のスラップスティックな演出が、神代監督っぽいなって思います。

内田　吉村彩子、綺麗なコだったぜ。ちょっと陰のあるかんじがまた、艶《なま》めかしくってな。男心をくすぐるっていうかね。吉村、いまどうしてんのかな。結婚して、もうガキとか孫とかいんのかね……。

――デビュー作でいきなり裕也さんにヒドいことされたから、映画がイヤになっちゃったんじゃないですか。

内田　そういう言い方はねえだろ、オマエ！　俺はいつも、自分より女優を綺麗に見せてやらなきゃなって思いながら、演じてたんだからよお。

それで俺だよ、ダンプの運ちゃん役で登場だよ。助手席にくされ縁の水商売の女を乗っけてさぁ。その時、自転車転がしながらトボトボ歩いてる吉村を見つけて、その女をたたき出す。それで吉村を拾うわけだ。

――ここからの裕也さんと吉村さんの会話は、トラックのフロントガラス越しの長廻しで撮影されています。この雨は、降らせているんですよね？

内田　そうそう。ここからがカメラの真正面で、運転しながらの芝居だよ。「明日よお、俺とデートしてくれよお」「母さんがアンタのこと、女のことしかアタマにない奴って言ってたわ」「ハハ……当たってるよ。俺よお、お前とキメれたらもう、死んでもいいって思ってんだよ」「大げさね」とかって。うまく見せなきゃとかカッコつけようなんて気は俺、さらさらなかった。とにかく持ってるアイディアは全部、投入してたよね。

――ここでカーステレオから流れているのが、小林旭の〈自動車ショー歌〉。男女の性的な駆け引きに、絶妙な滑稽味をブレンドしています。

内田　あんまりロックは分かんなかったけどさぁ。でも神代さん、センスは良かったよ。歌謡曲、猥歌、浪曲って、ジャンル関係なくね。

セックスと暴力

内田　俺は急ブレーキ踏んで吉村を、ホテルに連れ込むじゃない？　で、先にシャワーを浴びてるところにスッと吉村が、服を着たまま入ってくる。それをシャワーで顔からブラウスまで俺、ズブ濡れにして、そのまま脱がしちゃう。「脱げよ。脱いでこっち来い」ってなあ。

――「洗って……全部洗ってよ、キレイにして！」、そう吉村さんは訴えます。ここでの一連のやり取りを見ていて『十階のモスキート』の、スナックでの乱闘シーンを思い出しました。

内田　ああ。俺が常連客に、飲みかけの水割りをぶっかける……。

――水をかけるとか殴るとか、いつも裕也さんは間を取らない。いきなりドンッていきますよね。

内田　だってつまんねえじゃん。なんかこう、「やってやるぜ」みたいなのが見えちゃうとね。計算とか、間合いとかな。

――セックスの時もひと突きで、いきなり奥まで挿《い》れる。もちろん前戯なんてナシ。喧嘩に喩《たと》えるならば先手を取って、あとは殴る蹴るの連打のような。射精までとにかく突きまくる。荒々しい、セックスが暴力とイコールに見える。

内田　俺の場合狂気っていうか、身体ごとブチ壊してやるってセックスだよな。

――快楽が目的に、まったく見えないんですね。射精して脱力した裕也さんなんて、想像出来ない……。

内田　（ウェイトレスを呼び止めて）お嬢さん、もう一杯ちょうだい！

焼酎、同じやつね。芋だよ。あったかく、お湯と焼酎を50／50（フィフティー・フィフティー）で、ヨロシク！

飛翔と墜落

——シャワーからベッドに移ってのセックスでは、吉村さんの身体の火照《ほて》りに合わせて、カモメの鳴き声が近づいたり遠ざかったりします。

内田　この映画は全編、カモメが鳴いてるんだよ。

——裕也さんと吉村さんは、夜明け前の港に停《と》めたトラックの荷台でもセックスしますよね。真っ白な息を吐きながら。

内田　マジで寒かったよ、あれは。

——激しくバックで交わる二人の向こうで何艘もの船が、出航していく。「好きよ、アンタ好き。結婚式、36万５０００回、突いてーーッ!!」って叫ぶ吉村さんの手の動きが、羽ばたこうとして、でも羽ばたけない、カモメに見えるんです。飛翔と墜落というのははっきり、この映画のテーマなんだって思いました。

内田　なるほどね。でもそこまで説明しちゃったら、監督はＴＡＫＯになっちまう。だからやっぱりそこは、以心伝心ってやつでさ。何を望んでんのかって、こっちが察しなきゃならないんだ。

神代辰巳の耳、橋本文雄の耳

内田　この映画の録音（技師）、誰だっけ？

——橋本文雄さんです。

内田　橋本さん！　そうだよ、超一流の録音技師だよ!!

　橋本さんはもちろんだけれど神代監督自身も、音に対する感覚が鋭かった。冒頭の蔵の中でのオナニーシーンから、吉村がボーイフレンドと自転車で走る場面につづくだろ？　トンネルを入って抜けて、抜けて入ってってっていうね。そこに新井英一の〈カラス〉が入ってくる。

——その〈カラス〉がスローテンポだったりシタールのソロだったり、変奏されながらくり返し、流れるんですね。

内田　神代さん、新井英一好きだったんだよ。

——映画の中の人間には聴こえていないはずの、つまり編集段階で入れられるサントラに合わせて、ヒロインが〈カラス〉をハミングまでしている。かなりトリッキーな音の演出をしています。

ロックンロールなロマンポルノ

内田　母親の引いているおでんの屋台で吉村が飲んでる場面、あるだろ？　酔っ払った母娘《おやこ》が屋台を置いて、河川敷の斜面を転がり落ちてく。それで吉村は母親の上に覆いかぶさって、オッパイ吸いだすじゃない？「母さん、母さん」って、赤ん坊に戻っちゃってなあ。でもこれ……レズで近親相姦だぜ？　ド変態だろ？

　神代さんはあの風貌でしかも、ギョロ目だろ？　姫田さんだってかなりのご面相でファインダー覗いて、グワーッてくる。そんな二人に凝視されて、それこそ吉村は変態に、しかも二人がかりで視姦されてるようなもんだぜ？

――吉村彩子ってちょっとイッちゃってる女優なのかなと思ってたんですけど、カメラの手前にいる人間の方がよっぽど、異常だったと。

内田　で、吉村と同棲し始めたアパートでのファック・シーンだよ。くされ縁の女がしつこいもんだからさぁ、気乗りしない感じで「俺がやるんじゃねーぞ、俺のマラがやるんだぞ」とか言いながらね。
そうしたら吉村が帰ってきて包丁で、俺の足の裏を刺すんだ。

――『嗚呼！おんなたち　猥歌』でも裕也さんは足を、刺されてますよね。

内田　神代監督の映画では俺、よく刺されてるんだよ。でもこういう場面の撮影って役者も興奮してるから、危ないんだ。しかも『実録不良少女　姦』の時も話したけど、俺の血が付いたままの包丁を持って台所にいった吉村が、俎板《まないた》でキャベツ切るんだから。それもワンカットでだよ。やっぱり変態だよ神代さん。変態で、しかもあの顔だよ。

あとさぁ俺、神代さんの映画で首締めるっていうの、やたら多いんだよね。この映画でも『嗚呼！おんなたち　猥歌』でも俺、首絞めてる。もう絞めるわ絞められるわで。アレ、なんなんだろう……やっぱり変態なんだろうな。ショーケンは『青春の蹉跌』(74)で神代さんと、もうやってたじゃない？　で、聞いたらやっぱり「あの人は、アタマおかしい」って言ってたよ。でも神代さん、九州男児でモテるんだ。奥さんは島崎雪子、元東宝の女優さんだよ。

あとこの映画での俺の部屋着って、アディダスのジャージの上下だろ？　プライベートでは前から、愛用してたんだけどね。これ着て映画出ようってアイディア思い付いたとき俺、「ヤッター」って思ってさぁ。

そんなことしてる奴はまだ誰も、いなかったからな。

――それが今や、名だたるハイブランドがコレクションに、アディダスのジャージを採り入れている。ファッションに関しても裕也さんは、先端を行っていたわけです。あと日本ではダンディーに杖をつくっていうのも、裕也さん以前はなかったと思います。

内田　ああ、これ。「ロックンロール・ウェポン」ね。

――ネーミング・センスもまた、すばらしい。

内田　これはすごいよ。急所に当てたら死ぬからね、マジで。

セルリアンタワー東急ホテル　ガーデンキッチン「かるめら」にて

ケベ
3:26

Rolling04
優作と力也

『ヨコハマBJブルース』
『ブラック・レイン』

ヨコハマBJブルース(1981)

1981年4月25日公開　製作:東映セントラルフイルム　配給:東映　112分

監督:工藤栄一　**脚本**:丸山昇一　**原案**:松田優作　**企画**:黒澤満、岡田裕　**制作補**:青木勝彦、田中雅夫
撮影:仙元誠三　**照明**:渡辺三雄　**美術**:今村力　**録音**:宗方弘好　**音楽**:クリエイション　**主題曲**:松田優作
歌:松田優作　**編集**:田中修　**助監督**:小池要之助　**記録**:今村治子　**スチール**:関谷嘉明　**色彩計測**:仁村秀信

出演　松田優作、辺見マリ、蟹江敬三、田中浩二、山田辰夫、山西道広、鹿沼えり、岡本麗、吉川遊士、財津一郎、安岡力也、堀礼文、貞永敏、トビー門口、殿山泰司、馬渕晴子、宇崎竜童、内田裕也

BJ(松田優作)は元刑事で売れないブルース・シンガー。探偵稼業で何とか食いつなぐ日々だ。その日もBJは家出少年・近藤明(田中浩二)を捜して、横浜を支配する「ファミリー」のボス・牛(財津一郎)のところに来ていた。「もう捜さないで」、明はそう伝えてくれとBJに話した。翌日BJは、親友の刑事・椋(内田裕也)とその部下の紅屋(山西道広)と待ち合わせていた。そのBJの目の前で椋は、何者かに狙撃される……。椋の妻・民子(辺見マリ)は以前、BJの恋人だった。民子を奪われた腹いせにBJが誰かに依頼し、椋を狙撃させた。そう睨んだ紅屋はBJに詰め寄る。BJは自らの足で、狙撃事件を追い始める。「ファミリー」の内部を知り過ぎた椋は、警察・組織双方から煙たがられる存在だったようだ。そんな中BJは、牛の片腕・蟻(蟹江敬三)が、椋が撃たれたのと同じ銃を持っていたことを思い出す。

ブラック・レイン(1989)

1989年10月7日公開
製作:ジャッフェ／ランシング・プロ作品　配給:ユニバーサル映画=UIP映画　125分

監督:リドリー・スコット　**脚本**:クレイグ・ボロティン、ウォーレン・ルイス
製作総指揮:クレイグ・ボロティン、ジュリー・カーカム　**製作**:スタンリー・R・ジャッフェ、シェリー・ランシング
撮影:ヤン・デ・ボン　**美術**:ノリス・スペンサー　**音楽**:ハンス・ジマー　**編集**:トム・ロルフ　**字幕**:戸田奈津子

出演　マイケル・ダグラス、アンディ・ガルシア、高倉健、ケイト・キャプショー、松田優作、神山繁、ジョン・スペンサー、ガッツ石松、内田裕也、若山富三郎、小野みゆき、國村隼、島木譲二、安岡力也

ニューヨーク市警のニック・コンクリン部長刑事(マイケル・ダグラス)はある日、同僚のチャーリー・ヴィンセント(アンディ・ガルシア)と昼食をとっていた。その時、日本人の二人組がレストランを襲撃し、彼らの目の前でマフィアのボスを惨殺する。激しい格闘の末、襲撃犯を逮捕。佐藤(松田優作)という名のその男を護送するため、ニックとチャーリーは日本へと向かう。ところが大阪空港での犯人引き渡しの際、ふたりは偽装警察官ふたり(内田裕也、ガッツ石松)に佐藤をだまし取られてしまう。大阪府警の松本正博警部補(高倉健)の監視下、銃を所持しないという条件で、ニックとチャーリーは佐藤の捜索に乗り出す。

「俺も賞を獲ってやる」「絶対獲れますよ」

——『ヨコハマＢＪブルース』（81）は、松田優作さんとの共演作になります。

内田　優作氏と初めて会ったのは、日活撮影所でだった。俺が神代さんのロマンポルノ撮ってて、優作氏は隣のセットで『人間の証明』（77）を撮影してたんだ。

ジョー（山中）から紹介されて、それで優作氏も、ロマンポルノに興味を持ってたんだろうね。「一杯飲みに行きますか」って、そのまま新宿のションベン横丁に流れてさぁ。それからはゴールデン街で、ベロベロになるまで飲んだりしてね。

——原作・大藪春彦、監督・村川透、主演・松田優作の「遊戯」シリーズの第一作『最も危険な遊戯』（78）に裕也さんは、出演していますね。

内田　ノンクレジットにしてくれって、頼んだんだけどね。どてら羽織った優作と卓を囲む、冒頭近くの雀荘の場面に出てる。

『ヨコハマＢＪブルース』で優作氏が演じたＢＪは、ブルースシンガー一本じゃ食えなくて探偵やってる男だった。そのＢＪと俺が演じた椋《むく》って刑事は、古い友人って設定でね。

——冬枯れのゴルフ場に裕也さんが、トレンチコート姿で現れる。それから優作さん演じるＢＪから紙パックの牛乳を受け取って、ニューヨークでの貧乏時代を回想します。

内田 「相変わらずだな。サウス・ブロンクスにいた頃は、いつも朝これだったっけ。ポップコーンと」。それに優作氏は、「あの頃は一日10セントあれば最高だった」って答えてな。

——「……もう10年経つのか」って呟く裕也さんに優作さんは「変わんないよ」。

内田 俺と優作氏も、付き合いは長いからね。

——あの椋の佇まいとセリフから、ニューヨークで飢えながら、それでもギラギラしてたアメリカ時代の裕也さんを、想像してしまいます。

内田 ニューヨークでは5ドルしか持ってなくて、寒いから襟立ててセントラル・パークを一人、歩いてるなんて日もあったな……。

その後アクション俳優って言われてた優作氏の新境地って評判になった『家族ゲーム』（83）で監督の森田（芳光）が、ブルーリボンの監督賞を獲ってね。東京プリンスホテルで受賞祝いがあった。そのパーティーから流れた四谷の居酒屋で俺、宣言したんだ。「俺も賞を獲ってやる」ってな。みんな笑いやがったけど、優作氏だけは違った。「絶対獲れますよ」って真顔で言って、握手まで求めてきたんだ。

バイクに乗って俺と崔さんの『十階のモスキート』の試写に優作氏が現れたって、聞いたこともある。

俺たちがハリウッドに打って出た『ブラック・レイン』（89）、これが89年の東京国際映画祭のクロージング作品に決まってね。その上映前、帝国ホテルでパーティーが開かれたんだ。そこに両脇を抱えられた優作氏が、真っ青な顔で現れてな。（高倉）健さんと俺、優作氏で舞台挨拶することになってたんだけど、とても無理だって言うんだ。「残念だな……また電話しますよ」って言ったら、「もう電話、いいです」って。でも膀胱がんだってことはひと言も、口にしなかったね。

葬式には、勝（新太郎）のオヤジもショーケンも来た。（松田）美由紀ちゃんから「揉め事なしでお願いします」ってお願いされたのを、覚えてるよ。

それから3年くらい経って、マイケル（・ダグラス）が来日したんだ。「優作はレジェンドになったね」って、しずかに献杯してたよ。

安岡力也でお願いします

内田　『嗚呼！おんなたち　猥歌』の俺は、嫁と子どもがいるんだけど家にはほとんど帰らないで、ソープの女にヒモってる。そんな冴えないロック歌手でなあ。

――裕也さんが演じるジョージと、力也さんが演じるマネージャーのユタカの姿を見ているとどうしても、現実でのふたりの関係を重ねてしまいます。だから、まるでドキュメンタリーみたいにも見える。

　裕也さんは力也さんの恋人を強姦して、告訴されますね。力也さんは恋人に土下座して、それを取り下げてもらう。釈放された裕也さんを力也さんは歩道橋で、迎えます。その力也さんのボディに裕也さんは、照れ隠しみたいなパンチを打ち込んでいく……。

内田　力也はもともと俺が、日劇ウエスタンカーニバルで紹介して、デビューしたんだ。シャープ・ホークスってグループでね。『大脱走』（63）のテーマなんかで登場してきて、デカくてカッコいい奴だったよ。歌はまだまだだったけど、ちょっと「ワイルドだぜ」って感じでね。だから面白いなと思ってはいたけど、それからしばらくは会ってなかった。76年に世界に打って出ていこうとして俺は、イーストランドって事務所を作ったんだ。そうしたら一緒に事務所を立ち上げた俺の先輩のガンさん（村上元一）が突然、力也を連れてきてよお。

ガンさんは渡辺プロ時代、武闘派でならしててね。なにしろ本物のヤクザ相手に、殴り合ったりしてたんだから。

あとこの話もスゲえって思った。ガンさんはクレージーキャッツとか連れて、あちこちの地方に行くじゃない？　コンサート会場からの移動はいつも、とにかく慌ただしいんだ。それで急いで駅に着いたら電車がもう、発車寸前でね。そうしたらガンさん、その電車を強引に止めようとして、驚いて駆け寄ってきた駅員を投げ飛ばしちゃったっていうんだから。

そのガンさんから、「なんとか力也を芸能界に、カムバックさせてやりたい」って俺、頼まれてな。その頃ちょっとあいつ、グレてたんだよね。一瞬、「エエッ⁉」って感じはあったよ。でも俺はほら、ワルそうな奴が好きじゃない？　でもどうカムバックさせていいのか分からなかったんだ。音楽でやるのか、役者でやるのか、それともタレントでやるのか……。

で、これはガンさんのすばらしいアイディアだったと思うんだけど、「コイツに事務所の経理をさせて欲しい」ってな。「大きなところは全部、俺が見る。でもその日一日に出る金は、俺と力也のハンコがなきゃ、千円でも出さない。そのルールでやってくれ。もしごまかしたりしたらすぐ、力也を切るから」って。

でもいきなり経理やらせろって言われてもなあ。力也と一緒に「ハァ～～」ってなっちゃってさぁ。

でもアイツは偉かったよ。六本木で飲んだくれた俺が、「金足りねぇから持ってこい！」ってどやしつけても、「あんちゃん、そりゃダメだ」ってつっぱねたもんね。「決め事だからさぁ」ってね。「ガンさんのハンコと俺のハンコがなきゃ、一円でも出さないっていうルールでやってるわけだろ。だからあんちゃん、そりゃおかしいよ」。言ってることはアイツの方が正しいんだよ。そういうところが力也の人間性を、表してるって思う。

そこから3年間、俺についててね。どこ行くのにも連れて歩いてたんだ。で、俺が会うのはまあ、業界のドンばっかりだろ？　だからさりげなく力也の存在をアピールして。でもあんまり売り込めなかったのよ。映画界でも音楽界でも、ほとんどね。

ヒューマン・ビーイングが大切だ

内田　その頃の俺はすっかり、映画にのめり込んでてさぁ。みんなはバカにするかも知れないけど日活ロマンポルノ、神代辰巳、曽根中生、藤田敏八、長谷部安春、小原宏裕……スゲえ監督ばっかりだよ。そりゃ俺だって、最初は恥ずかしかったよ。なんたって前貼りするんだからよお。でも途中からは俺、いまアートをやってるんだって確信してた。

『嗚呼！おんなたち　猥歌』の時、プロデューサーの三浦朗と神代監督に、はじめてツッパったのよ。「俺がやるロックンローラーのマネージャー役は、安岡力也でお願いします」ってね。で、力也の野郎、やくざチックにツッパるの、大好きだろ？　衣装合わせにストライプの背広の上下で、現れやがった。「何考えてんだオマエ、そういうんじゃねえんだ」って言ったら、「あんちゃん、新しいタイプのマネージャーなんだよ」だって。「新しくもなんともねえ、バカヤロウ！」って、それであのダンガリー・シャツになったんだ。身体もデカいし見栄えもするだろって。

で、クランクインだよ。『嗚呼！おんなたち　猥歌』、俺は力也の映画でいちばん好きだね。神代監督の言うことをアイツ、よく聞いてたよ。

それまで出てた『不良番長』シリーズ（70～72）なんかだと、時代劇の俳優が現代劇に出てるみたいな感じだったじゃん？　で俺は、「神代監督はアートやるんだから、ちょっと抑えめでいけ」って話してな。

力也が俺の嫁（絵沢萠子）とデキてるんじゃないかって疑うあのシーン、大好きなんだよ。アパートの部屋で俺と嫁が、口喧嘩してるじゃない？　そこにマネージャーの力也が、俺の子どもにローラースケートのプレゼント持って、ソソクサ入ってくるわけ。そりゃあよお、ねんごろになってるって思うだろ？　で俺は、「お前、デキてたのか！」って力也を、思いっきり殴るんだ。バシーン！ってね。

それと、有線のリクエスト・ランキングで俺の曲が29位になるって場面、あるじゃない？　興奮した力也が、「オリコンで30位ですよ！」って報せに来る。「嘘つけ」って信じない俺の前で力也は直接、オリコンに電話するんだ。力也はもう子どもみたいに、はしゃいじゃってさぁ。

世間ではコワモテなイメージだったんだろうけど、『嗚呼！おんなたち　猥歌』ではアイツの優しい、いちばんいい部分が出てるって思う。

ラッシュ観て神代さん、「力也いいですよ、なかなか」って言ってくれたんだ。でもアイツ、すぐ調子に乗るから、伝えはしなかったんだけどね。でも気持ちが入ってたんだよ。推薦してよかったって思ったよね、俺。

カッコよく映るってことよりヒューマン・ビーイングが大切だってアイツ、はじめて分かったんだと思う。力也もここまでやったんだから、俺も兄貴分として演技を超えたところまでいかなきゃって思ってな。後半は特に、もう息がピッタシだったよね。

俺が頼んで抜擢してもらった力也を『キネマ旬報』の助演男優賞に推薦してくれた人がいたんだよ。

――評論家の斉藤正治さんですね。選評にも「『猥歌』のマネージャー役安岡力也には是非とも助演賞をやりたい」と記しています。

内田　そうだよ！　で、俺「これねぇオマエ、宝だよ」って言ってやったよ。力也は『キネ旬』なんて読んだことねえだろうから、「買って読め！」ってね。

ああいうタイプの奴がロマンポルノで認められてさぁ、いろんな役者がビビったって思う。

『嗚呼！おんなたち　猥歌』、俺の映画史の中でも特別な作品だよ。『映画芸術』で2位、キネ旬で5位だぜ？　五木寛之さんも絶賛してくれてね。力也にとっても大切な映画になったって思う。

力也のロックンロール

内田　そのあとに俺、フジテレビの横澤（彪）さんに、力也を紹介してね。『オレたちひょうきん族』にホタテマンってキャラクターで、出させてもらった。「力也に〈ホタテのロックンロール〉っていうのを、レコーディングさせてやってくれないか」ってお願いしたんだ。昔、俺が歌った「子供をナメるなよ」（〈マンジョキロックンロール〉）の歌詞を「ホタテをナメるなよ」に変えてね。で、みるみるうちに力也のヤロウ、なんかおかしなかたちで人気者になっちゃった。

で、何かアイツ、勘違いしてた時期があってね。「あ！　ホタテマンだ！」なんて街で言われると、もう嬉しくてしょうがないワケよ。それでだんだん悪いクセが出て、ふんぞり返った力也歩きになっちまってたなあ。「後ろへひっくり返るぞ、いつか！」って俺、たしなめてたんだけどね。俺と一緒だと、「ホタテマンとシェケナベイビーが歩いてる！」って……そりゃ俺だって、歩くよバカヤロウ！

その頃、話があるって俺、横澤さんから呼ばれてね。「本番でタケちゃんマンが時間空くと、力也を連れて歌舞伎町に飲みに行っちゃうんだ」って、泣きつかれたんだ。俺キレたよ、アイツに。「そんなこと言ったたってあんちゃん、タケちゃんによう、おい力也行くぞって言われたら俺、断れねえよ」って。タケちゃんマン、話しやすいからって力也と一緒によく、飲みに行ってたんだ。

　でもホタテマンやって、コワモテの力也じゃないシュールな魅力が出たよね。

「ありがとう！　受かったんだよ‼」

内田　その頃俺、ほとんど毎晩、優作氏やショーケンと一緒に飲んでてさぁ。「みんなで英語学校行こう」なんて言ってね。いずれ日本の役者は必ずハリウッドでやるようになるからって。今考えると10年早かったよね。それから『ブラック・レイン』だよ。言った通りじゃんホラ、って。力也にも、「英語、やっとけよ」って言ってたんだよ。でもアイツの英語、何言ってるかさっぱり分かんねえんだ。

　でも名匠リドリー・スコット、さすがにうまいよ。ほとんど力也に喋らせないんだから。

　神戸大丸の横でロケしたモブシーン、俺あの撮影を見に行ったんだ。

そうしたら力也が、エキストラの中にうずくまってる。ガタイがでかくて目立っちゃうから、何とかカメラに映らないようにってね。まだその時、力也が『ブラック・レイン』のオーディションを受けてたって俺、知らなくてな。「おいオマエ、こんなとこで何やってんだ?」って訊いたら、「あんちゃーん、ありがとう! 受かったんだよ!!」って。思わず俺、握手して「よかったなあ。ここからが勝負だから、頑張れよ。俺たちが『嗚呼!おんなたち　猥歌』で勉強したこと、忘れんじゃねえぞ」ってな。

リドリー・スコット、ひと目で力也に決めたらしいよ。アイツ、日本人って感じがしないじゃない? なんか向こうのギャングみたいなね。でもホント嬉しかったよ、大丸前で力也を見つけた時はさぁ。

はじめて俺と健さん、ガッツ(石松)さんと優作氏、それと力也が勢揃いして、横一列にダーッて並んでランチ食べた時があったんだ。そりゃもう、大迫力だったろうね。なにせ監督のリドリー・スコットまで見に来たんだから。それで「イケル」って思ったんじゃないの? 何か変なバランスで、かえって面白いって。

ゴルフの練習場で、力也がマイケル・ダグラスの胸倉掴んで、グワーッて持ち上げるところ、あるじゃない? あれ、マジで危ねえよ。落ちたら死ぬぜ。誰も下でリカバーしてなかったと思うしな。それでアイツ、現場でもすっかり人気者になっちゃって、「リキー、リキー」なんてスタッフから呼ばれちゃってね。で試写観たら、やたら目立ってやがるんだよアイツ。

「ダブルって呼んでくれ」

内田　とにかく力也はホント、面白い奴だった。だからいなくなっちゃって、淋しいよね。ジョー（山中）のあとだったってのもあったし、俺の両サイドが一年の間に、立てつづけてだもんな……まだあんまり実感は、ねえけどさぁ。

ニューイヤーズワールドロックフェスティバルでは毎年力也がデンッて、陣取ってるわけだよ。みんなが俺のところに挨拶に来るのをこう、肩イカらせてな。で、最後はアイツと鏡割りして三本締めで、年越ししてたんだ。ロックだし大晦日だから、みんなハイになっててさぁ。

浅草でやってた頃は毎年、喧嘩ばっかでね。みんな血まみれになってなあ。でもこの15～16年、アイツとジョーがいた間は、揉め事は一切なかったよ。

力也は日本人とイタリア人のハーフだろ？「アイノコ」って言われるとアイツ、猛烈に怒ってたよね。
「ハーフっていうのはあんちゃん、古いんだ」って言うからさぁ、「じゃあなんて呼ぶんだよ」って訊いたら「ダブルって呼んでくれ」って言うんだ。血がダブルだからってな。「そうかよ、ダブルちゃんかよ。カッコいいじゃねえか」ってなあ。

ジョニー（大倉）が「俺は韓国人で、だから小さい頃からずっと、石投げられてきて……」ってこぼした時は力也のヤロウ、マジでキレてな。
「顔も皮膚の色も大して変わらねえのに、何が差別だ。俺やジョー（山中）はアイノコって、お前よりずっと大きな石を投げられつづけてきたんだ」って。でもその後がいいんだよ。「おい大倉、俺たちは新しい日本人なんだ」ってな。

周りにはそういう奴ばっかり、集《つど》ってたんだよ。俺には偏見みたいなつまんねえもの、全くないからね。イヤな野郎は日本人にだって、いっぱいいる。当たり前だけどな。結局は、パースン・トゥ・パースンなんだよ。

でもなあ、アフリカの血が入ってるジョーは孤児院出身だし、イタリア系の力也だって、自分の父親さえ分からないんだぜ？　そういう痛みって小説や映画なんかではあっても、実際はね……。
でも二人とも背は高いしハンサムだったから、良かったよ。だからモテたよね。そういや一回、銀座で小林旭、優作氏、俺、それと力也で歩いたことがあったなあ。ヤクザとかお巡りまでみんな、見に来るんだ。おかしかったよな。力也が肩をイカらすから、小林旭なんかもっとコレモンでよお。「銀座だよ銀座。少しは抑えろよコノヤロウ」ってなあ。でも今はいい思い出だよ。

ガンさんとの約束は俺、守ったつもりだよ。「力也をカムバックさせて欲しい」っていうな。アイツもよく俺みたいな男に3年間、ガマンしてついてきたよね。『嗚呼！おんなたち　隈歌』と『ブラック・レイン』で力也は、俺の期待に応えてくれた。ホタテマンは、横澤さんとタケちゃんマンに感謝しなきゃいけないよな。

力也とジョーのことは俺、一生忘れないし、クレージーで素晴らしい後輩を持ったことは、ラッキーだったって思ってる。

本当にアイツら、ロックンロールな生き方してたよ。

帝国ホテル　ランデブーラウンジ・バーにて

Rolling 05

『猥歌』、俺の代表作だよ

『嗚呼!おんなたち　猥歌』

嗚呼!おんなたち　猥歌(1981)

1981年10月23日公開　製作·配給:にっかつ

監督:神代辰巳　**脚本**:荒井晴彦、神代辰巳　**プロデューサー**:三浦朗　**撮影**:山崎善弘　**照明**:加藤松作
美術:渡辺平八郎　**録音**:橋本文雄　**編集**:鈴木晄　**選曲**:小野寺修　**製作担当**:栗原啓祐　**助監督**:加藤文彦
スチール:目黒祐司

出演　角ゆり子、中村れい子、内田裕也 、絵沢萠子、太田あや子、安岡力也、いずみ由香、黒田征太郎、珠瑠美、石橋蓮司

売れないロック歌手·ジョージ(内田裕也)は、風俗で働く佳江(角ゆり子)のヒモに収まり返っている。ある雨の夜、車を運転しながらジョージは、結婚を迫る佳江をはぐらかしている。怒りに駆られた佳江はハンドルを奪って、一方向に切りまくる。車は横転し佳江は重傷を負うが、ジョージはカスリ傷だった。入院先を訪ねたジョージは眠っている佳江の傍らで、看護婦の羊子(中村れい子)を力ずくで犯す。キャンペーンに向かった甲府でジョージは、見物客のいないレコード店の前で新曲を歌い、スナックでは大立ち回りを演じる。羊子の存在に気づいた佳江は、ジョージと別れてくれと頼む。愛憎をぶつけ合った末に二人の間には、奇妙な友情が生まれた。佳江、羊子、そしてジョージの三人の、同棲生活が始まった。

「自分に対して拍手しろ」

――『嗚呼！おんなたち　猥歌』は裕也さんのアイディアからスタートしたそうですね。

内田　『週刊新潮』の連載実話小説「黒い報告書」、あれに載ってた話でね。ある男が出先で知り合った女と出来ちゃったんだけど、その後、また別の女といい仲になっちゃった。それで従妹だって嘘ついて、その女を家に連れ込むんだけど、結局バレちゃう。で、ふつうは男を奪い合って、女ふたりが揉めるじゃない？　でもこの話だと女たちの方が仲良くなっちゃって、男が除《の》け者にされちゃうんだ。それでアタマにきて住んでた家に放火しようとして、１１０番されたって話を読んでね。これ直感で、イケルんじゃねえかって。

　もともと俺にもジゴロ的な部分があるし、だから自分とダブるリアリズムみたいな部分もあるしね。

――神代監督によると、最初は『お盤《さら》回して針乗せて』ってタイトルで、それから二転三転して『嗚呼！おんなたち　猥歌』に落ち着いたそうですね。

　この映画は甲府でロケ撮影しています。神代監督はなぜこの場所を選んだのでしょう?

内田　あそこは盆地で、東京から中央線で一本なんだけど最果てで、だからうらぶれた感じがあるってことなのかなあ。その中央線で俺たちも現地に入って、宿はラブホテルだよ。

——クランクインは裕也さんがレコード屋の前で一人、歌うシーンだったそうですね。

内田　「ヨーイ・スタート!」でカチンコが鳴ったときは「クソーッ、やってやるぜ」みたいに俺、物凄くハイになっちゃってな。もう入れ込み過ぎかなっていうくらい。

　寂《さび》れたレコード屋の前で新曲のプロモーションだって俺、歌うだろ? 阿木燿子渾身の〈ワンナイト・ララバイ〉だぜ。神代さん、「カメラは武田信玄像からレコード屋の前に立ってる裕也さんに、パン(三脚に乗せたカメラを水平方向に振ること)しますから」って。俺はレコード屋のガラス窓を鏡にして、メイクしてる。それで一つの武器を持つっていうかね。

——神代さんはこの映画を、一種の仮面劇にしようとも思っていたそうです。裕也さんを白塗りにしちゃおうって案もあったとか。

　しかし、切ないですよね。メイク用の鏡さえないっていうのが。

内田　自分を変えたいから、せめてアイシャドウ塗って、マイクの前に立ちたいってね。

――周りに睨《にら》みを利かせながら、ふてぶてしい感じでメイクしている。それで歌い始める前に鼻で吸ってるのは……。

内田　まあ、コカインをキメてるっていうね。

――裕也さんが大麻取締法違反で逮捕されたのが、１９７７年（起訴猶予処分）。この映画はその４年後ですから、ある意味公権力を挑発してるというか……。

内田　別にそんなんじゃねえよ。でもこれ、面白えだろ？　レコード屋の女がさぁ、店の壁に貼ってある田原俊彦のポスターの上に、俺のを貼るっていうな。

――こういったくすぐりみたいなジョークがまた、ボディ・ブローみたに効いてくるんですね。

内田　でその女がいかにも気のない感じで、「あのー、サインください」なんてな。ソイツを同じ日の夜に俺、キメちゃってる。

　このレコード屋のシーンがうまくいって俺、「イケル」って思ったね。まだロックンローラーとして駆け出しの頃、サイン会に５人しか来なくてな。色紙放り投げて帰ったりとか俺、いろいろあったからよお。そんな、自分の経験してきた痛みをリピートするみたいに、照れずに表現できた。あのシーンの撮影のあと神代さんが、「自分に対して拍手しろ」って言ってくれてね。それでこの映画、見えたかなって。

——神代さんは「本当はシャイな人なのに、ツッパって肩をそびやかしてる。その感じが出て、成功したと思いました」とも言っています。

あのヤロウ、男ならブッ飛ばしてやる！

——そういえば劇中、篠山紀信が撮影した「ジョンとヨーコ最後の写真」が映り込んでいる場面がありましたね。

内田　神代さんとはそういうところも、感性がピッタリ合ったよね。

それでこの話だよ、絶対書いてくれよな。主演女優がよお、あのヤロウ、男ならブッ飛ばしてやる！『嗚呼！おんなたち　猥歌』は日活ロマンポルノ十周年記念映画でもあったし、俺も神代さんも気合入ってたんだ。「これはやっぱりカチッて撮りたい」って神代さん、言っててね。カメラマンの姫田さんも1週間くらいがっちり、一緒にリハーサルしてくれてた。

そうしたらクランクイン予定だった日の、3日前だぜ？　プロデューサーの三浦（朗）が飛んで来て、「申し訳ない！」って詫びるんだ。「どうした？」って訊いたら、「やっぱり脱ぎたくないって、主演女優が言いだした」……許せねえよ。名カメラマンの姫田さんがリハーサルでさぁ、毎日朝から来てんだよ？　俺、マジで腹立ってな。この映画はいつもよりおだやかに、ゆとりを持って演じようとしてたんだ。それもあったから余計に、「コノヤロウ！」ってな。もちろん日活には、抗議したよ。で、1週間だけくれって言って、そこからはもう、電話かけまくりだよ。

でね俺、スゴく冴えてたんだけど、脱ぐ奴が必要なわけじゃない？　ヌードっていえば、加納典明か篠山紀信だろ？　それでまず篠山に電話したんだ。「そんなうまくなくってもいいからさぁ、ちょっとだけ芝居が出来て、若くてキラキラしてるような女の子、いないか」ってね。

そうしたら「ちょっと待ってくれ」って言われて、推薦してくれたのが中村れい子だよ。それで神代さんと三浦プロデューサーが、中村を見に行ったんだ。ちょっとテストやったらもう中村の奴、グォーッ、グォーッて返してるっていうんだからよお。だから叩けばゼッタイ、大物になるって。

中村、いい子だったよ。肌が綺麗で、感性もいい。アイツ、日芸出てるんだよ。それでいて理屈も言わないしね。

神代さんも姫田さんも、リハーサルからもう、力入っててな。それがインの3日前にあのTAKO女優が降りたせいでさぁ。姫田さん、申し訳なさそうに言ったよ。「次の東映の仕事が始まっちゃうから、もうリミットだよ」ってなあ。

――でも結果的には中村れい子さんで、大正解でしたよね。

内田　それはもちろん良かったんだけど、でもアイツだけは許せねえ……高畑淳子！　それにあのバカ息子、チンケな犯罪で捕まりやがって！

もう俺、ソッコー青年座に電話して、「ロマンポルノを神代を、姫田眞左久をナメてんのか！　ロックンロール、ナメてんのか!!」

「青年座にはどんな役者いるんだ？　西田（敏行）？　大河出てるからってロマンポルノ、差別すんのか！」ってさぁ。

そのあと優作氏と3人で、飲んだことあったけどな。西田のヤロウ、「僕らはロマンポルノ、尊敬してます」なんて言ってたけど……だんだん酒入ってきたら俺、ひっぱたきそうになったよ。

ロックンローラーの身体《からだ》

――女優は脱ぐことに関してやたら、覚悟がどうだとか、言われるじゃないですか。でも男優が脱ぐことだって、簡単なことではないですよね。

内田　俺は別に、マッチョじゃないけどな。一応節制しながら、ロックンローラーらしい身体はキープしてきた。だからいつでも、準備は出来てるんだよ。

――裕也さんの肉体にはいつも、緊張感があります。それが美意識、プロ意識なんでしょうね。

内田　別にそんな、大したモンでもねえよ。でもやっぱり『十階のモスキート』でヘンなだらしない、デブみたいな奴が出てきたらもう、話になんねえだろ？　役者ってのは肉体を通して何かを、表現するんだからさぁ。

――自分の身体の手入れすら出来ない奴が、世の中に不満持つなって思われちゃいますもんね。『嗚呼！おんなたち　猥歌』の売れないロックンローラーも、あれが贅肉だらけだったら全然、カッコよくない。それで裕也さんがあの、ソープボーイって言うんですか。女性の客に奉仕する……。

内田　札幌に男がサービスするソープランドが一軒あるって記事を俺、見つけてな。もうグォーッて。

俺が女の客を取る、あのラストシーン。あれは吉原のソープを一日貸し切って、撮影したんだ。その時に神代さん、「裕也さん、出来ますか」なんて言ってきやがった。

アナーキーの奴らが出てる、冒頭のライブ・ハウスのシーンがあるじゃない？　あの時最初は俺、サングラスかけてたのよ。なんか、照れくさくてね。そうしたら神代さん、「フランス映画撮ってんじゃないんだから」ってな。それもあって、「神代、ナメんな！」って。

なにしろ低予算だから演出部の連中も全員タキシード姿でシャンパン・グラス持って、ソープボーイ役で出てるんだ。その中から客はお気に入りのボーイを見つけて、「アナタ」って指名する。

それから客を個室まで案内して、サービスを始める前に、「失礼します」ってな。

で、因果だなって思うんだけどさぁ。ここで俺の客役で出てた女優さん、『相棒』撮ってる和泉聖治の、義理の母親なんだよ！　それ聞いた時は俺、さすがに笑ったよなあ。

和泉聖治のオフクロさん、ホントうまかったよ。

最底辺への転落

内田　プロからソープ・テクニックのレクチャーを受けてね。客のエスコートの仕方とか、泡の立て方とかな。でも俺は、そんなベテランのボーイって設定じゃないだろ？　だからそこは、あまりうますぎてもダメなんだよ。手つきが怪しいとかも言われたけど、かえってその方が「らしい」って思ったんだ。

「失礼します」ってこうまず、客の下着を脱がしていく。そこはやっぱりちょっと、照れながらよお。よくクサい芝居する奴、いるじゃない？　俺あれが、全然ダメなんだよ。俺の中には小手先の計算なんて、一切ねえんだ。自分の感性に忠実に、その時現場で何をどう、感じたか。それを素直に表現してるだけだよ。

――それこそ手当たり次第に女をキメてきた裕也さんが、前戯して背中まで舐めてる。なんて物悲しいんでしょう……。

内田　俺の出番の前に、黒田征太郎の芝居を撮ったんだよ。そうしたら「あの人はいい、うまい」とかスタッフが騒ぎだしてな。俺、「クソー」ってね。同じ映画に出てるんだから、イラストレーターだろうがロックンローラーだろうが関係ねえ。アルバイトでやってるんじゃないんだからさぁ。

　ここで俺が泣くか泣かないかっていうのは、議論があったんだ。でもこのシーンはクランクアップの日の、しかもラストの撮影だったんだよ。高畑のことからはじまってトラブルつづきだったこの映画も、なんとかここまで、辿り着いた。でもそれがもうすぐ、終わっちまう。だからさすがの俺も演《や》ってるうちに複雑な、虚実ないまぜっていうか……そこに自分の未来像みたいなのまでが重なって……四次元の世界まで行っちゃったんだ。

――最底辺まで転落しても裕也さんは、惨めな顔はしていません。

内田　それがさぁ、良くないかも知れないんだけどね。でもこの役に完全に没入しちゃったら、それは違うって思ったんだ。俺はロックンローラーとして、映画に出てるんだから。

　神代さんはこのラストを、女に対する鎮魂歌だって言ってた。「女を殺すよりもっと、アナーキーだ」って。俺を世之介に重ねて、現代版『好色一代男』をやりたいってな。「言い訳しないってセリフがあるでしょう？　そういう男の生き様、それと裏腹の悲しさ。それは裕也さんの生き方に通じるんじゃないでしょうか」「気違いみたく気違いみたくなく、気違いと普通の人との中間あたりで、どう突っ走るのか」なんてね。

――ラストカットはストップ・モーションになって、そこに裕也さんとお客の、アノ声がかぶってきます。

内田　悪いけどね。この映画はロックンロール、超えてるって思うよ。

沢田研二と萩原健一

内田　81年のキネマ旬報ベスト・テンで『嗚呼!おんなたち　猥歌』は、5位に選ばれたんだ。

アーティストとして、プライド持って演じて、それを評論家たちが認めてくれたわけだろ?　くだらねえ映画でソープに沈んで「時が流れるベイベー」なんてありえねえ。それなのに、「主役の顔じゃない!」なんて斬り捨てられたら、相手が世界のオオシマだろうがナンだろうがそりゃあ、乱闘だよ。

――裕也さんが女に奉仕しているところに、沢田研二とショーケンが歌う〈ローリング・オン・ザ・ロード〉が流れます。

内田　俺のアイディアだよ。現場でもあの曲を流してね。神代さんもあれで、ノッたんじゃないかな。

――サービスする裕也さんの姿と相俟《あいま》ってふたりの声が、またなんとも哀切に響きます。

内田　また沢田もショーケンも、メッチャうまいんだよね。「作りました」って声じゃなくて。あの「あぁぁぁ」っていう。演じてる俺まで、ジーンときちゃった。「時が流れる、ベイベ～♪」ってあれ、映画音楽としても、今までにないパターンだよ。

――「ベイベー♪」ってところでショーケンの声が、裏返るじゃないですか。沢田さんの歌い方がそれと全然違うのが、またいいですよね。沢田さんは艶《なまめ》かしく歌うんだけど、ショーケンは狂気を帯びてる。

内田　沢田の方が狂ってんだろ。何考えてんだお前、よく聴けよ！　いやしかしホント、これは名作だよね。

「与作やれ与作！」

――神代さんはそれまでの裕也さんの演技を見てきて何か、感じるものがあったんでしょうね。

内田　どうかな？『青春の蹉跌』（74）とか最初はあの人、ショーケン贔肩だったしね。
　でも俺にとっては、ロックンローラーらしい芝居が出来たかどうかが大切でね。そもそも映画スターになりたいなんて思ったことは俺、一度もないよ。これ、マジだから。日本アカデミー賞に呼ばれたことさえねえよ、コノヤロウ！　主演男優賞にノミネートされたって、会場になんて絶対、行ってやらねえからな！

――ロックンローラーらしい芝居……裕也さんが映画に出てくると、ヤバイもの見たさっていうか、もう反射的に目が行ってしまうんです。見えないけれど何かとてつもなく大きな力に、全身で抗っているからでしょうか。『水のないプール』のラストじゃないけれど、いつだって体制に向かって舌を出している。

内田　へぇ！

――しかし『嗚呼！おんなたち　猥歌』をあらためて見てみると、内田裕也のもう一つの、あり得た人生みたいな……。

内田　テメエ！
　いやしかし、いちばん笑ったのは甲府のキャバレーで、地元のヤクザと喧嘩になるところだよ。あそこの客の中には本物のヤクザもいてな。甲府はホラ、そっち系の人が多いからさぁ。

「新曲です」って俺が歌ってたら、「与作やれ与作！」って絡まれてな。で俺ホントに、歌っちゃうんだ。「与作は～木を切る～へイへイホー～へイへイホ～♪」って、ロック調でね。しかも自分で持ち込んだロール・カセットでな。おっかしいだろ？　ロックンロールで〈与作〉歌ってんだから。でもおかしさの中に、切なさもあるだろ？

その話したら北島三郎本人も、笑ってたけどよお。

──『十階のモスキート』のスナックでもそうでしたが、裕也さんがヤクザに水割りをぶっかける。それが喧嘩の引き金を引きます。

内田　悲しいよね。甲府くんだりのスナックで、何やってんだって。

それからクソーッて、殴り合いの喧嘩になる。そこにマネージャーの力也が乱入してきてね。まあ力也がこのスナックの営業、ブッキングしたわけだからさ。そこからなんだか時代劇の立ち廻りみたいになってこう、ダン・ダン・ダン・ダン・ダン・ダン・ダン、ってリズムでな。

──大喧嘩の間も〈与作〉は流れっ放しで、絶妙なタイミングで「こぶし」が入ります。

内田　あれね、完璧。

帝国ホテル　ランデブーラウンジ・バーにて

Rolling 06

「プール・ウィズアウト・ウォーターね」（オノ・ヨーコ）

『水のないプール』

『水のないプール』（1982）

1982年2月20日公開　**製作**:若松プロ　**配給**: 東映セントラル　103分

監督:若松孝二　**脚本**:内田栄一　**製作**:若松孝二、浅岡弘行、清水一夫　**撮影**:袴一喜　**照明**:磯貝一
美術:細石照美　**録音**:杉崎喬　**音楽**:大野克夫　**編集**:中島照雄

出演　内田裕也、MIE、中村れい子、藤田弓子、紗貴めぐみ、浅岡朱美、殿山泰司、安岡力也、常田富士男、赤塚不二夫、黒田征太郎、タモリ、沢田研二、原田芳雄

切符を受け取る、パンチで穴を空ける、乗客に手渡す——そんな単純作業を反復する毎日に、男（内田裕也）は嫌気がさしていた。家に帰れば口やかましい女房（藤田弓子）の、果てしない小言……男は別の世界で生きることを、ひそかに望むようになる。何かを変えなければならない。ある夏の日に男は、縁側で昆虫標本を作っている息子を見ていた。生きている時のまま残すため、昆虫に注射していく息子。その時男の中に、すばらしい犯罪の計画が閃いた。男は薬局で、大量のクロロホルムを購入する。そして夜更け過ぎ、実験台に決めた女（MIE）の部屋へ侵入、クロロホルムで昏倒させる。実験に成功した男は、うつくしい姿のまま動きを奪われた女を、次々に犯していくのだった。

全裸をコレクションする男

内田　若松のオヤジと組んだ『水のないプール』で俺、ガキがクワガタにエタノールを注射して、標本箱に収めるのを見てるだろ？　「もう動いてないのかな？」って訊くとガキは、「そうだよ。腐んないしな。触んなよ、生きたまんまだもんな」。で、俺は「生きたまんまか……」って呟く。このセリフが重要なんだよ。

風呂から裸で出てきた娘に、「虫死んだー？」って無邪気に訊かれてそのガキは、「シーッ、黙ってろ。虫が気が付くじゃないか」って答える。標本箱の中の虫をこう、モノみたいに見ながらな。

そこから俺は、クロロホルムで女たちを眠らせて、虫みたいに「標本」にしていったらどうだろう？　って閃《ひらめ》くんだ。

——裕也さんは殿山泰司演じる薬屋のオヤジから、クロロホルムを入手します。

内田　「わたくし、隣の北中学で、教師やってる者ですが。生徒の夏期学級の実験用に、教材としてですね、クロロホルムを少しその、大量に、いただきたいんですが……」なんて、騙《かた》ってなあ。

カエルの入った水槽に注射針でクロロホルムを、一滴、二滴……って注入していく。カエルは暴れだしてしまいには、腹見せて動かなくなっちまう。

――それを見ている裕也さんの、観察者の目……その同じ冷めた目で裕也さんは、クロロホルムで昏睡《こんすい》させた女たちを無感動に、次々と犯していきます。

内田　俺自身もセックスに対して何か、冷めてる部分があるんだよね。それと同じでこの男も別に、色んな女とセックスしてえとか、そんなんじゃねえんだ。俺の実験台第一号になる女を演じてるのが、ピンク・レディーだったMIEだよ。解散した翌年でね、これはMIEが所属してたT&Cの、相馬一比古さんのおかげだよ。

――MIEさんは『コールガール』(82)では、政財界の大物を相手にする高級コールガール役で主演しています。裕也さんは、武器商人暗殺を狙うグループの一員を演じている。

内田　『コールガール』ではちゃんと、オッパイも出してなあ。マゾのアメリカ人を鞭《むち》で責め立てたりしてる。

そのMIEが長いTシャツ一枚だけで、昏睡している。俺はその身体を懐中電灯で照らしながら、じっくり観察していくんだ。

――この実験に成功した裕也さんは立てつづけに、視姦・強姦を重ねて

コールガール
1982

マリ（MIE）は政界、財界、一流スポーツ選手を相手にするコールガールだ。彼女に仕事の話を持って来るのは、若さに似合わない不敵さを備えた男・牧野（峰岸徹）だった。最近誰かに尾行されている気配を感じると、マリは牧野に相談する。そんなある日、尾行していた男がマリに近づくと、「江口（谷隼人）が帰国している」と告げる。息をのむマリ……。五年前、大学病院の飼育係りをしていたマリは、インターン

いきます。

内田　ポラロイドカメラを買ってからは、全裸の女たちを撮影までし始めてな。

――写真に撮ることで、まるで昆虫を標本にしてるコレクターみたいに、女たちを「所有」していく。

内田　動かなくなった女たちをマネキンみたいに並べて、一緒に記念撮影したりまでしてな。

――そういえば『魚からダイオキシン!!』に、本木さんと溝渕美保さんがギリギリまで唇を接近させる、クラブの場面がありました。その瞬間、背景にいるすべての客は完全に動きを奪われて、まさにマネキンになっていた……。

ザマアミロ！

内田　俺は地下鉄の切符切りでね。乗客から切符を受け取ってパンチで穴を空けて、手渡す。その同じ行為を一日中、毎日繰り返してるんだ。

――パンチで穴を空ける硬い音の単調な反復が、リズムを刻んでいる。

の江口と知り合い恋に落ちた。しかし、彼は医療ボランティアとして中東に発ってしまう。その後、江口は戦火に巻きこまれて死亡したと、大使館からマリに報せが入った。その江口が生きていたというのだ。1982年9月18日 公開。監督・小谷承靖、脚本・中野顕彰、小川英、田波靖男、撮影は安藤庄平。

そこから映画は開巻します。

内田　水のないプールの青、その上を飛んでゆくシャボン玉、銀色に光るマスク……冷たくて、現実から浮遊してるみたいだろ？　そんなシュールな感覚から、この映画は生まれたんだ。

　船橋ヘルスセンター、あそこにでっかいプールがあったじゃない？　そこで俺、宇崎（竜童）やなんかとコンサートやったことがあってね。でも真夏で家族連ればっかだから、誰も俺たちの歌なん聴いてやしねえ。クソーッて、その瞬間だよ。誰もいないプールでコンサートやったら、シュールでカッコいいんじゃないかって思ってな。

　ニューヨークに行った時そのアイディアを、ジョンに話したんだ。そうしたら「すばらしい！」、ヨーコさんは「プール・ウィズアウト・ウォーターね」ってね。

　プールの中に俺たちが入るのか、それとも観客が入るのか。それはあとで考えよう。そこまで話は進んだんだ。

　ちょうどその頃、クロロホルム連続強姦事件っていうのが、仙台であってね。その犯人の言ってたことが俺、面白いって思ったんだよ。「１５０～２００人の女とヤッたけど、処女はひとりもいなかった」って。何か、世の中の移り変わりを象徴してるみたいでね。

このふたつのアイディアから、地下鉄の切符切りを主人公にして、映画を作りたいって思ったんだ。

俺にレイプされた女が、告訴を取り下げるだろ？　それでラストだよ。水のないプールの底に大の字に寝そべった俺が、グワーッてベロを出す。そこにエンドマーク入れてくれって、若松のオヤジにな。ストーンズだよ、世の中に対してベロ出してるっていう。

――被害者が告訴を取り下げ、裕也さんは罪に問われない。だから「ザマアミロ！」って。

内田　あと笑うのがさ、俺がフラッと立ち寄る居酒屋があるじゃない。八代亜紀の〈雨の慕情〉が流れててな。そこで酒を飲んでた俺に、黒田征太郎さんが絡んでくる。

――でも裕也さんのあの目で直視されて、怯《ひる》んでしまいます。

内田　「な、なんやねんオマエ、そ、そんな侍みたいな顔して俺見んでもええやないか」ってね。

――振り上げた拳の落としどころを失った黒田さんは、カウンターで飲んでいるヤクザに難癖を付け出す。「オマエんとこの店はヤクザ入れんのかい！」って。

内田　そのヤクザ役が、沢田だよ！　グレーのピンストライプのジャケットを、肩に羽織ってなあ。黒田さんの頭にタバコの灰、落としちゃってね。

で、その沢田の子分が……力也だよ！　黒田さんの胸倉掴んで、ブン殴っちまう。それで割って入ろうとした俺を思い切り、突き飛ばしやがって。

その力也を「やめろ」ってクールに制止した沢田は、「お騒がしちゃったね」って、万札置いて店をあとにする……オイオイ、カッコよすぎだろ！

セルリアンタワー東急ホテル　ガーデンキッチン「かるめら」にて

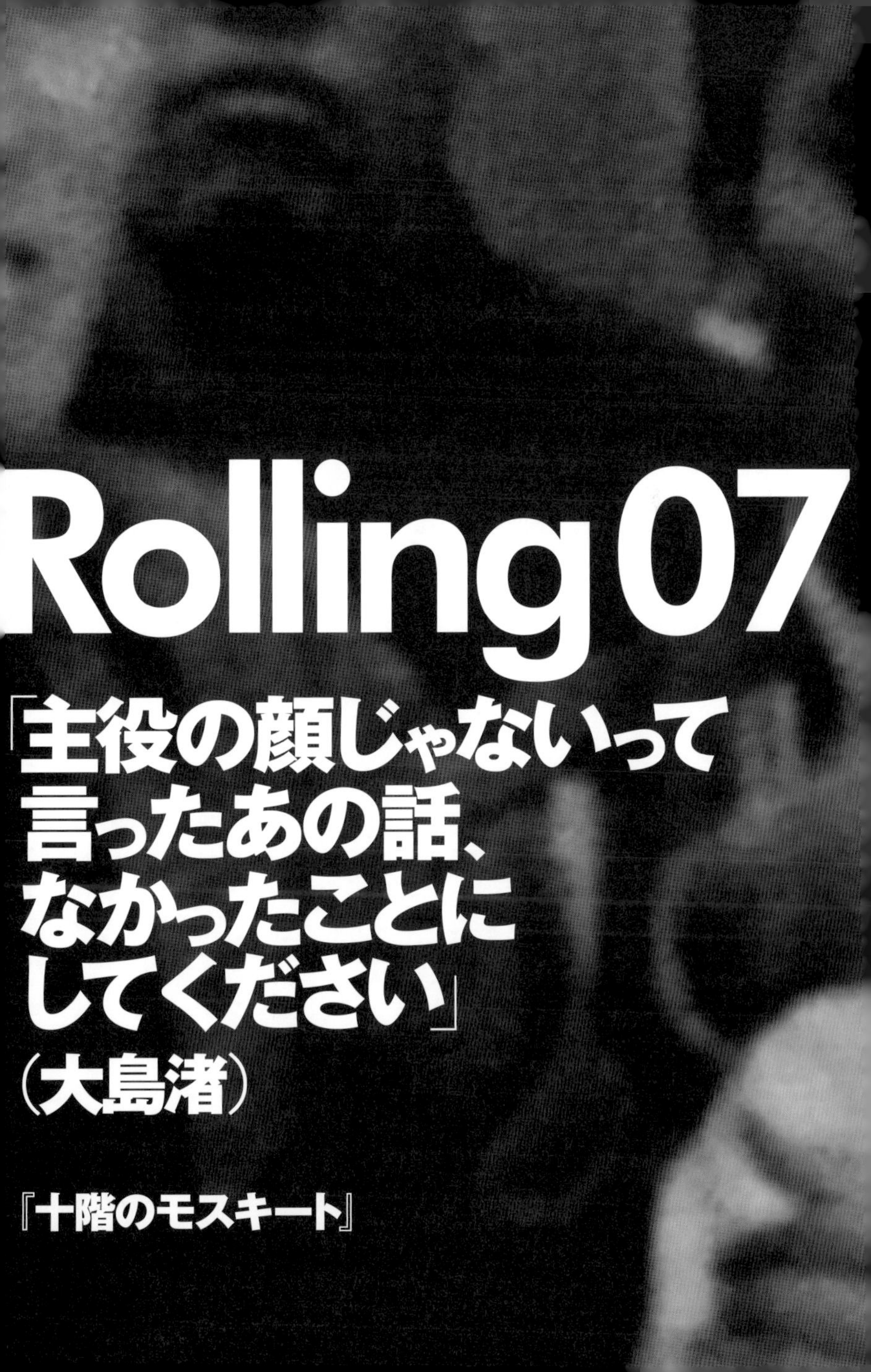

Rolling 07

「主役の顔じゃないって言ったあの話、なかったことにしてください」（大島渚）

『十階のモスキート』

十階のモスキート(1983)

1983年7月2日公開　**製作**:ニュー・センチュリー・プロデューサーズ　**配給**: ATG　108分

監督:崔洋一　**脚本**:内田裕也、崔洋一　**プロデューサー**:結城良熙　**撮影**:森勝　**照明**:小山勲　**美術**:細石照美
録音:佐藤富士男　**音楽**:大野克夫　**編集**:山田真司　**挿入歌**:白竜:(「誰のためでもない」)　**助監督**:磯村一路
スチル:中島俊雄

出演　内田裕也、アン・ルイス、小泉今日子、中村れい子、宮下順子、風祭ゆき、ビートたけし、横山やすし、阿藤海、清水宏、下元史朗、鶴田忍、梅津栄、小林稔侍、高橋明、浅見小四郎、草薙良一、伊藤公子、安岡力也、仲野茂、趙方豪、吉行和子、佐藤慶

白いワイシャツ姿の男(内田裕也)が秋葉原の街を歩いている。家電量販店のエスカレーターを上がってパソコン・コーナーを歩いていた男は、見知らぬ子どもが操るパソコンのモニターに引き付けられる。男は昇進試験に滑りつづけている、交番勤務の万年係長だ。甲斐性のない夫に愛想をつかしたTOSHIE(吉行和子)に離婚され、娘のRIE(小泉今日子)と離れて暮らしている。そんな男の気晴らしは、行きつけのスナックの女・KEIKO(中村れい子)とのセックスと、パソコンだった。退屈な仕事を終えた男は今日も、団地の十階にある部屋へと帰る。そして買ったばかりのパソコンのモニターを愛で、キーボードを愛撫するのだった。養育費の支払いが滞り競艇に賭けて大負け、サラ金から金を借りる——そんな悪循環から、男は逃れられない。遂には借金返済を催促する電話が、勤務先の交番にまでかかってくる。こんな惨めな現実を突破する……そのために男は郵便局を襲撃し、カウンタ—の上に躍り上がった。そして号砲としての拳銃を、宙に向けてぶっ放すのだった。

漢字が多いからって別に、いいホンってわけじゃねえよ

内田　『十階のモスキート』のホンは内田栄一さんで、一度は完成してたんだよ。でも俺、「イケル！」って確信が持てなくてね。だから改稿してもらってたんだ。

　そんな時だよ。『実録不良少女　姦』でセカンド（助監督）だった根岸（吉太郎）が『遠雷』（81）で監督賞獲《と》って、ホテル・サンルートでパーティーがあったんだ。ホテル・サンルート、ボブ・マーリィが来日した時、泊まったホテルだよ。宇崎（竜童）、ジョニー（大倉）、力也たちが挨拶してな。あの根岸が賞をもらったのがもう、自分のことみたいに嬉しくってね。大島さんからは「（『水のないプール』の完成パーティーの時）主役の顔じゃないって言ったあの話、なかったことにしてください」って、謝罪までされてな。

　二次会は焼肉の「南大門」。日本酒をチャンポンして荒井（晴彦）と揉めて、ゴジは気勢を上げてるわ、主役のはずの根岸が割って入るわ。

　それで何だか俺、妙にハイになっちゃってね。取り憑かれたみたいに2日間ぶっ通しで、『十階のモスキート』のホンを、ダーッて書きつづ

けたんだ。

――それでは裕也さんが全速力で書き上げたホンを、見てみましょう。

『十階のモスキート』

1　秋葉原・電気ショップ店街

男、歩いている。店内入、ＰＡＳＯＣＯＮの前、次々と打ち出される文字、数字、歩き、シンセサイザーの前、ガキたくみに操つる。歩き、カセットデッキ、ワンタッチ。レーザーディスク、歩き、ロボット、リモコン、歩き、ゲーム、ＳＯＭＥＴＨＩＮＧ・ＮＥＷ、うち落されるスペースＭＡＮ、次と最新のメカニック＆テクノロジー、映画館、アクション、歩き、空。

46　スーパーマーケット

私服の男、買物している。ショッピング・バッグにＣＡＮビールやトマト、カップ・ヌードル、近くにハデな女の子、ショッピング。メッシュのヘアー、ダブダブの上衣スラックス、パンク風、Ｂ級モデルか東京のディスコクラブ風。
牛肉やレモン、トイレットペーパー、パセリ、タンポン、アン・アン、ノン・ノ微笑、ＭＯＲＥ、次々とバッグにほうりこむ。男、何げなく見ている。女、酒の戸棚、何本か手にとっている。レミーのボトル、回りを全然気にしないでバストの中へ入れる。

88　十階
パソコン、酔ってプログラミングしている男。
文字　オＭＡＮＫＯ　人間だオレ！

——つづいて、『コミック雑誌なんかいらない！』のホンからも、引用します。

1　シンセサイザー
不思議な幾何学ＭＯＹＯＷ……
ＹＯＫＫＵＲＩＴＯ……ＭＩＣＲＯＰＨＯＮＥ☆

アーカーゲー！
散髪するキナメリの顔に、
VOICE OF タモリ
「あー、あー、あー、あー、テス、テス、テス、あー、あー、あー、入ってる？　本日は当劇場にご来場下さいまして、MAKOTOにありがとうGOZAIMASU。タイヘン長らくお待タセイタシマシタ。只今よりTAKITA YOJIROW KANTOKU　内田裕也主演作品『コミック雑誌なんかいらない！』を上映イタシマス。ドウカゴユックリとゴKANSHO下さいませ。ナオ、消防法の規定により場内でのセッXSWA固くKINSHISHARETEオリマスノデ皆様方のご協力をよろしくおねがいいたします。まもなく上映でゴザイマス！」
ブザー、BEEEEEEEEEEEEE！　MICROPHONEツカミトルHAND！

ひらがな、カタカナ、漢字、ローマ字に英語まで混じっていて、なんだか前衛詩みたいに見える……。

内田　俺にとってホンは、とにかくスピード感なんだ。だからその瞬間の感性のままバーッって、ひと息に書いた。

――独特の言語感覚が文字に乗って、迸《ほとばし》っています。勢い、熱、感情……それがそのまま、なだれ込んでいる。

内田　アリガトウ。俺、ホンの良し悪しと体裁は関係ないって思ってる。漢字が多いからって別に、いいホンってわけじゃねえよ。

崔洋一、ゴールデン街最強伝説

――それと、当時まだ新人だった崔洋一さんを抜擢したのもすごいなと思います。

内田　前から俺、崔さんはゼッタイ来るんじゃないかって思ってたんだ。他の監督とは違う、何かパワーみたいなものを感じてね。

　俺はまず、監督の顔面《ガンメン》を見るんだ。それだけでイケルかどうか分かる。『最も危険な遊戯』（78、村川透監督）で助監やってる崔さんを見てたらさぁ、とにかくサボるのがうまいんだ。こういう奴ってのがいるんだよ、根岸もそうだったし、相米（慎二）なんか典型だよ。でも、いい加減に現場回してテキトーにタバコ吸って、一杯飲んでるくらいの奴の方があとになると、「ああ」って感じでな。

あと監督は、喧嘩も強くなきゃダメなんだ。

プロレスラーが監督をやればいいってわけじゃねえけどさぁ、でもアタマおかしい野郎どもを、束ねていくんだぜ？　オカマか喧嘩強いか、そのどっちもじゃなきゃ、そりゃ無理だろ？


――〝崔洋一、ゴールデン街最強〟って伝説を、聞いたことがあります。


内田　そういえば一度、表参道で揉めたことがあったんだ。崔さんと優作氏が、もうベロベロに酔っ払ってさぁ。「テメエ、コノヤロウ！」とか怒鳴ってババーン！　ババーン！　ババーン！　って殴り合いながらいつの間にか表参道の坂を、上まで登ってっちゃった。そこまでやるともう、笑うしかないよな。

サボりもうまくて喧嘩も強い。コレなら確実にイケル。それで声掛けたんだ。

あと崔さんは、北朝鮮がルーツなんだよな。〝チェ〟って読むんだ。カッコいいだろ？　でもそのせいかあの頃は、誰も使ってやらねえ。そういう差別にも俺、アタマきてたからね。

その崔さんがいまやもう、監督協会の理事長だよ。「在日朝鮮人がなんで、日本映画監督協会の理事長なんだよ？」なんて言った奴がいるって聞いて俺、ものすごく怒ったよね。「誰だそいつは、名前言え！」って。ジョニー（大倉）は在日韓国人で、ジョー（山中）は黒人、力也はイタリア人とのハーフ。そんな奴らとばっかり俺、付き合ってきたからさぁ。何だか自分まで侮辱されたような気分になったよ。

その崔さんを下北沢の「邦」に連れていったんだ。あそこは入口の天井が低くて、柱に頭をぶつけるやつは大成するってジンクスがあってね。

崔さん、見事にぶつけてた。

『十階のモスキート』、これが俺と崔さんとデビュー作だよ。

全部、覚えてる

内田　オープニングからしてもう、ブッ飛んでるだろ？　俺が演じるノンキャリアの警官が、秋葉原の電気街をブラついてる。脇に競馬新聞挟んで、家電量販店のエスカレーターを上がって、パソコンが並んでるフロアの奥に進んでいく。それからガキがいじってたパソコンのキーボードを打ち出すまでの、あの流れ。この映画のファースト・シーンだよ。

崔さんの第一声、「ヨーイ、スタート!」。でも『戦場のメリークリスマス』(83)の撮影が延びててね、だから感慨に耽ってなんていられなかった。あの『遠雷』の嵐みたいな夜からしばらくして、大島さんから電話があったんだ。そこで『戦場のメリークリスマス』への出演を依頼されてね。

もう笑っちゃったけど、共演がデヴィッド・ボウイ、ビートたけし、坂本龍一。プロデューサーはジェレミー・トーマスだっていうんだから。5年間温めていた題材、日英合作、ニュージーランド・ロケ。大島さんの情熱がもう、バチバチ伝わってきてよお。ロックンローラーを俳優として認めてくれたことも嬉しくて、何も言わずに参加することにしたんだ。

ニュージーランドには力也を連れていった。そうしたら空港で麻薬犬が二匹、全速力で突っ走ってきてさぁ。それで5~6時間、税関で足止めだよ。

何とかロケ地に着いたら、大島さん「よく来てくれました」って出迎えてくれた。でもまだ着いたばっかりだっていうのに、「すぐに着替えてください」って助監に急《せ》かされてな。こっちははるばる日本から来ていい加減、疲れてるわけだろ? さすがの俺も、イライラしちゃってね。

戦場のメリークリスマス
1983

1942年、ジャワ、日本軍の浮虜収容所。まだ夜が明けきらない薄闇の中、日本軍軍曹ハラ（ビートたけし）は、将校宿舎に起居する英国軍中佐ロレンス（トム・コンティ）を叩き起こし、閲兵場に引き連れて行く。広場にはオランダ兵デ・ヨンと朝鮮人軍属カネモト（ジョニー大倉）が転がされていた。カネモトはデ・ヨンの独房に忍び込み彼を犯したのだ。ハラは独断で処置することを決め、万一の時の証人として流暢に日本語を操るロレンスを立ち合わせたのだった。そこへ、収容所長ヨノイ大尉（坂本龍一）が現れ、瞬時にして状況を察した彼はハラに後に報告することを命じて、軍律会議出席のためバビヤダへ向かった。バビヤダ市内の第16軍拘禁所にある法廷では、英国陸軍少佐ジャック・セリアズ（デヴィッド・ボウイ）の軍律会議が開廷された。ヨノイは魅入られたかのように異様な眼差しでセリアズを凝視する。1983年5月28日公開。監督・大島渚、脚本・大島渚、ポール・マイヤーズバーグ、原作・ローレンス・ヴァン・デル・ポスト。

だから映画を見ると坂本に、マジでキレてるみたいに見える。

俺の出番が終わった日、オークランドにはあまりないっていうフランス料理店に、大島さんが招待してくれてね。それで帰国したらすぐにまた、『十階のモスキート』の現場だよ。

これは俺の処女作でもあるから、あの場面はどうだったかとか全部、覚えてるよね。パソコンをいじってるガキに「何やってんだ？」って訊くとこ、あそこは自分でも気に入ってる。それとこの場面からもう俺、白いワイシャツ着てんだろ？　この映画では白のワイシャツとパジャマ、あとは警官の制服しか着ないって決めてたんだ。それで日活の衣装さんにお願いして、同じ白のワイシャツを10着くらい、作ってもらった。パジャマは自分で探してな。

パソコンのモニターに「十階のモスキート、十階のモスキート、十階のモスキート……」って粗い電子文字で、タイトルが出る。あれ、俺のアイディアでな。あの当時はまだ、ビット数が少なかったんだよね。そもそもパソコン自体がまだ全然、普及してなかった。だからいま考えると、未来予見っていうかさぁ。

――電気量販店のフロアにパソコンのモニターが、ズラッて並んでいる。まるで『コミック雑誌なんかいらない！』で裕也さんが演じるキナメリの部屋を、予告してるようにも見えます。暗闇に発光するモニターすべてに、血に染まった裕也さんの手が映し出される、あの部屋をです。

内田　なるほどね。でもパソコンはあえて、自分では買わなかったんだ。そこらへんの判断は、難しいところでね。パソコンに惹かれていくっていってもそこにはちょっと、距離がないとって思ってたんだ。またその距離ってのがまた、遠すぎても近すぎてもダメなんだよね。

——『嗚呼！おんなたち　猥歌』のソープ・プレイに関しても、手慣れすぎちゃいけないいって言ってましたね。

内田　そのへんをよく考えないと、キャラクターとかストーリーに、リアリティがなくなっちゃう。

——そのパソコンのモニターから大俯瞰に飛んで、カメラは京葉工業地帯を一望します。

内田　何本も立ってる煙突の煙がこう、棚引いててよお……あれは千葉の君津だよ。

——東京から近くも遠くもない、絶妙な距離にある街です。

内田　街全体がなんか、くたびれてるみたいなね。

崔さん、うまい場所を選んだよな。まだ数は少なかったけどもう、中国人労働者も働いてて。それもちゃんとフレームに入れ込んでる。

俺は、昇進試験に落ちつづけて嫁さんにも離婚されて、くすぶってる警察官って設定だろ？　でもただアタマ悪い風に見えちゃあ、絶対にダメだって思ってた。たまたま人生うまくいってない男っていうかね。

——眼光が鋭くって、とにかくいつだって憤っている。「ナメんな！」って世の中を挑発しているように見えます。

内田　ただの負け犬には俺、したくなかったんだ。

小泉今日子と佐藤慶

内田　その俺の元妻を演じてるのが、吉行和子さんだよ。いまはゴルフの会員権のセールスしてて、けっこううまくやってる。83年、まだバブルのはしりだよ。その時期にゴルフ会員権を売買してるってネタ入れてたんだからさぁ。やっぱり俺はちょっと、いろいろ早すぎるんだよね。

だから元妻は別に金には困ってないはずなのに、出世コースから外れた俺に、娘の養育費をしつこくタカってくる。また吉行さんの芝居が、憎らしいくらいうまくってな。

その俺と吉行さんの娘を演じたのが、あのキョンキョン（小泉今日子）

だよ！
「ウチの小泉今日子を使ってくれ！」ってあのバーニングが、毎日のようにプロフィールを送ってくるのよ。これから売り出すからってな。でもやっぱり、スターになる奴ってのは怖いよ。とにかくそこらの16とはもう全然、根性の入り方が違うんだから。

これがデビュー作だよ？　映画初出演だよ？　まだ16だよ？　なのにちっとも物怖じしてねえんだから。さすがに俺にタメ口きいたってことは、なかったけどな。

そのキョンキョンが原宿のホコ天で、ローラー族や竹の子族と踊ってる。一緒にいるのがアナーキーの仲野茂。モヒカンで、その上さらにパーマまでかけてる。そういうのとキョンキョンみたいのをくっつけるのが、面白いって思ったんだよね。ここで俺に絡んでくるのが、ジャンボ杉田だよ。この頃は俺の付き人だったんだ。またコイツがワルでなあ。

――交番にまで訪ねてきた小泉さんが、裕也さんに小遣いをせびる。あのシーンも堂に入ってました。

内田　「オヤジさん、小遣いくれよお」ってなあ。あそこはホン書きながら、自分でも笑ったよね。

それで喫茶店に場所変えてさぁ、俺は警官の、キョンキョンは中学の制服着てってね。「ロックンロール大好きならみんな、不良になるの。ふーん！」なんて、天下のロックンローラーに向かってだぜ？　シャレがキツすぎるだろ？

　キョンキョンにくっついてきたガキふたりがまた、うまくってなあ。ピーチクパーチクよく喋りやがる。いきがって「マッポ！」なんて口走っちまって、そこはさすがに言い淀んだりしてね。

――裕也さんと小泉さんは99年、『共犯者』で再共演してます。この映画、大好きなんです。裕也さんはアメリカ帰りのヒットマンを演じています。金髪に全身黒ずくめ、ゴーグルの裕也さん（エルダー・ギリヤーク）と、その弟分の大沢樹生さん（ヤンガー・ギリヤーク）。ふたりで、「ギリヤーク兄弟」って呼ばれている。

　そして裕也さんの第一声は、「Well well well, fuckin' gentlemen!」。

内田　おおお！　ここは日本語喋ったらもう、台無しだって思ってね。でもある夕刊紙で「金髪にゴーグルなんか漫画チックで苦笑した」なんて茶化したバカがいてなあ。あんまり腹立ったから俺、丸の内東映の舞台挨拶で、マジに切れちゃってさぁ。その夕刊紙、床に叩きつけてやったよ。

――監督のきうちかずひろは、映画化もされている漫画『ビー・バップ・

共犯者
1999

8年前、ブラジリアン・マフィアのドン・カルロス（竹中直人）はヤクザ組織の山城会を壊滅寸前に追い込んだ。ブラジルへの移送を偽装して刑務所から脱出したカルロスは、山城会との決着をつけるべく動き出す。その途上、偶然立ち寄った蕎麦屋でパートの人妻・聡美（小泉今日子）を暴力夫から救ってやったことから、彼女と行動を共にするようになる。その頃、8年前の抗争で頭にカルロスの銃弾を喰らい、今はポン中で廃人同然の梶（成瀬正孝）が、山城会から一億という大金を奪って逃走していた。それは、自分のシマを奪って勢力を拡大した山城会への報復だった。だが、梶はカルロスにその金を渡し、ふたりの舎弟・健二（宮崎光倫）と晶夫（酒井伸泰）の行く末を託したところで、追ってきた山城会の西川（北村一輝）に射殺されてしまう……。1999年4月10日公開。監督・脚本きうちかずひろ、撮影・仙元誠三。

ハイスクール』の原作者として知られています。でも『CARLOS／カルロス』（91）とその続編にあたるこの映画を見ると、映画監督としても特異な才能を持っていることが分かる。

内田　だから余計に俺、くだらないコメント載せた夕刊紙にアタマきたんだ。

――弟分を殺された裕也さんは、主人公のブラジリアン・マフィア、竹中直人さん演じるドン・カルロスを狙う。そのカルロスと道行きを共にしていた蕎麦屋の店員を演じているのが、小泉さんです。その小泉さんをヒットマンの裕也さんは追いつめて、殺してしまう。

内田　『十階のモスキート』で父娘《おやこ》だった俺とキョンキョンが『共犯者』では、敵と味方として再会する……だから映画って面白えよ。

「アルコールは、神経を鈍らせる」

――裕也さん演じる刺客といえば、『修羅のみち2　関西頂上決戦』（01）も忘れ難い。この映画は関西の松方弘樹と関東の哀川翔、このふたりを組長とするヤクザの抗争劇です。

内田　その松方さんから、「手を組もう」って誘われたのにキッパリ断る大阪のヤクザが、細川たかしだっていうんだから……どれだけ大物並べりゃ、気が済むんだって！

――説得力溢れすぎる顔ぶれです。そして松方さんに雇われたヒットマン・蛇島として、裕也さんが登場します。

内田　松方さんからキャバレーに呼び出されて、俺は殺しを依頼される。「何でも好きなもの、やってやぁ」って大盤振る舞いしようとする松方さんに「レモンティー、もらいます。アルコールは、神経を鈍らせる。いざという時の用心です」ってな。ですっかり感服した松方さんは「さすが俺が見込んだヒットマンやぁ！　見上げた心掛けやねぇ!!」って、バカ笑いするんだよな。

それに俺は冷たく、「……ところで、私のターゲットは？」って切り出す。

――仕事に必要な話しかしない。徹底したプロフェッショナルなんですね。

内田　それでテーブルの上にドンって分厚い財布投げた松方さんが、「当座の小遣いや。ノンビリしとってやぁ。レモンチー飲むだけだったら、ゼニ使い切れんのお。ンハハ、ンハハ……」ってまた、バカ笑いだよ。で、俺はその財布を無言で拾い上げて、脇に挟んでた英字新聞で包むんだ。

修羅のみち2　関西頂上決戦
2001
多発する資産家襲撃事件の裏に、中国マフィア・蛇頭と手を組んで関東進出の資金調達を画策する関西山王組の黒田（松方弘樹）の存在を嗅ぎ分け、関東共住会大神組組長の吉田（哀川翔）は、蛇頭を潰し黒田の計画を挫いてみせる。しかし、そんな彼に共住会会長の剣持（亀石征一郎）は、大神の仇討ちではなく極道の筋として黒田を殺すことを誓わせるのだった。その頃、計画を潰され怒り心頭の黒田は、ヒットマン・蛇島（内田裕也）に吉田暗殺を依頼する一方で、勢力拡大を狙って琴引率いる大阪道友会を傘下に収めるべく戦争を開始していた。2002年2月27日 公開。監督・小澤啓一、脚色・井上鉄勇、原作・鈴川鉄久

——まさに、非情な殺人マシンといった佇まいです。
しかしこう並べてみると、俳優・内田裕也にはいくつ、前科《マエ》がついてるんだか……。

内田　こないだ『万引き家族』とかって映画がカンヌの最高賞（パルム・ドール）、獲っただろ？　でも俺はそのずっと前から犯罪者を演じてきたんだからね。やっぱり、早過ぎるっていうか……。

——いやいやいや。万引きなんてセコい犯罪、裕也さんは取り締まる側じゃないですか。

内田　たしかにこの『十階のモスキート』で俺、アン・ルイスの万引きの現場、押さえてるけどね。

——しかもそのあと部屋に連れ込んで、しっかりキメてるっていう。それにやる側だったら裕也さんには万引きじゃなくて強盗、痴漢じゃなくていっそ強姦まで、突き抜けて欲しいです。

内田　……マジかよ。

——エッと、裕也さん自身にも3度の逮捕歴がありますが……。

内田　そこは蒸し返すんじゃねえよ。

——それでは一つだけ。２０１１年5月、強要未遂と住居侵入の疑いで逮捕された裕也さんは、20日間の留置所生活を送っています。そこでの留置番号が……。

内田　69番、ロック。ヨロシク！　ザマアミロってんだ!!

ここはゼッタイ、熱海だよ

内田　俺がはじめて金借りるシーン、アレ、笑っちゃうだろ？　いきなり窓口の姉ちゃんに、警察手帳見せてさぁ。でその姉ちゃんは奥にいる上司に相談して、「50万までお貸しできます」ってな。

――そして君津署署長役に……佐藤慶です！

内田　日の丸背負うのがこれくらいハマる役者、他に考えられねえだろ？　サラ金からの借金が、署長にバレてな、俺は剣道場で説諭される。また佐藤さんが、ネチネチ責めるんだ。暴走族のガキたちが締め上げられてる横でさぁ。

「20年だ君、20年。大変な年月だ。定年まで係長のまま勤め上げたとしても、立派な恩給が支給され明るい老後が待ち構えている。ねっ、熱海に孫をつれて何日か遊ぶ、そんな日が必ず来る。ねっ！　君、何も言わない、これが最後だ。すぐに対応したまえ。熱海だよ君、熱海ねっ！」

……宮仕えの侘しさが、凝縮されてるだろ？

最初は俺、ハワイって思ってたんだけどね。でも、ここはやっぱり熱海だろ。こう、上がり方がショボくてさぁ。俺ハワイは好きだけど、ここはゼッタイ熱海だよ。

佐藤さんに「どうやったらそんなに次々と、映画が作れるんですか？資金やアイディアはどこから出てくるんですか？」って訊かれたことがあってね。とにかくあの頃は、もう次から次へアイディアが湧いてきて、もうしょうがなかったんだ。

そういや本木も俺の映画で『十階のモスキート』がいちばん好きだって、どっかのインタビューで言ってたな。

感じないセックス

——街金《まちきん》に借金をしては競艇に敗《ま》けつづけ、元妻には見下され娘からタカられて……それに並行するように、裕也さんのセックスはどんどん荒《すさ》んでいきます。交通課の婦人警官役の風祭ゆきさんとの濡れ場は、ハードを通り越してもう、強姦です。

内田　でも一応、「いいのかよ?」って俺、崔さんに確認してるのよ。そうしたら崔さん、「やってください!」って言うからさぁ。

――風祭さんも全身で抵抗してるから、本当の強姦みたいに見えます。裕也さんのセックスって、いきなりオッパイとか股間にいきますよね。それと性的な昂奮が、まったく感じられない。純然たるピストン運動というか……。

内田　万引き癖のある女で出てくるアン・ルイスとも俺、絡みがあるだろ? これ、いちばんノッてる時のアンだぜ? アンみたいなタイプの女が出てくることで映画がもっと、グワーッてなるんだ。だって、いかにも絡みやりそうな女ばっかり出てきても意外性がなくて、面白くねえだろ?

　アンはアメリカと日本のハーフでさぁ、前から面白いモノ持ってるって思ってたんだ。で、警察官の俺はそのアンを現行犯でおさえて、部屋に連れ込んでキメちゃう。当時アンの旦那だった桑名正博にも挨拶に行って、ちゃんと仁義も切ったしな。

　こういうアンみたいなのが出てるから、佐藤さんみたいなシブい役者もまた、生きてくるんだ。

――裕也さんのこの部屋って、パソコンとセックス、あと食事にしか、使われてませんよね。欲望を処理するためだけの場所っていうか……。
それと土砂降りの中、裕也さんは、元妻の家に乗り込んで、馬乗りになって組み伏せます。

内田 別れた嫁さんの吉行さんに俺、散々なじられてさぁ。「俺だって人間だ！」ってキレる。あそこでのやりとりでは希林さんとのことを、思い出したけどね。

――迫真です。希林さんは「気が合う時はお互い、腹を抱えて笑ってる。でもそれが合わない時は……凄まじいわよ」って言ってます。「たとえば妻が夫を殺して逮捕されて……なんてニュースを、見るじゃない？　他人事《ひとごと》だなんて思えなかったもんねえ。踏み迷って気づいたら刑務所の中にいる……そんなこともあり得るって、思ってたもの」って。

内田 さすがは希林さん、言ってくれるよなあ。
それとこの映画の中村れい子も良かった。俺の行きつけのスナック「ヒーロー」の、ホステス役でな。「私、刑事に抱かれるなんて初めてだから、感じちゃった」なんてさぁ。

――発光しているパソコンのモニターを挟んで、ふたりが抱き合う。あまりにロマンチックで、見入ってしまいます。

内田 『嗚呼！おんなたち　猥歌』の中村もすばらしかった。トンズラこいた高畑（淳子）じゃなくて、ホント良かったよ。でも中村とはいま、連絡がつかないんだ。
　この映画のラブシーンでも肉体の輝きっていうか、いい意味でいやらしいんだよね。工場からの光が見えるレストランに行って、そのあと、モーターボートで夜明け前の海を、走るだろ？　あそこでは何か、寂しげでなあ……。

神代辰巳が響いてる

内田　脇を固めてる男優もまた、シブい人ばっかりだろ？　後輩の警官に趙方豪、阿藤海、下元史朗。昇進試験に落ちた俺に向かって阿藤が、イヤミたっぷりに演説するじゃない？　あそこはもう、しつこいくらいに押してくれって頼んだんだよ。

――『ぶらり途中下車の旅』の阿藤さんしか知らない人が見たら、びっくりしますよ。それと競艇場のシーンではあの横山やすしが、期待通り場をさらっていきます。

内田　ボート狂っていったらそりゃ、やっさんしかいねえだろ！　俺が口説いて出てもらったんだ。

——脚本だと江戸川競艇場になってますけど、実際にロケをしたのは？

内田　戸田だよ、戸田競艇場。この映画がきっかけで俺、ボートにハマっちゃってさぁ。ロケハンの時、試しに買ってみたら、当たっちゃったんだよ。これが結構な穴でね。競馬は8枠だけど、競艇は6艇しかない。こんなおいしいギャンブルがあんのかよって、思ってさぁ。でもとんでもねえよ。すぐにイタい目に遭った。

　それと競艇場のシーンといえば、やっぱりタケちゃんマンのノミ屋だよ。もう、メチャうまかった。映画館でもみんな大爆笑してたよ。あそこのセリフ、アドリブに見えるかも知れないけど全部、ホンに書いてあるんだぜ？「当たらねえじゃねーか！」って因縁つけてきた客を裏に連れていって、タケちゃんマンが殴る。ダン・ダン・ダーン！　って音だけが聞こえてな。崔さんはうまいから、直接は殴るところを見せないわけよ。TAKOな監督だったら見せちゃうけど、それじゃ面白くねえだろ？　またやられる客役の素人も、うまくってなあ。

——たけしさんとはこの時期、『戦場のメリークリスマス』でも共演しています。

内田　この競艇場の撮影後くらいにタケちゃんマンは、あっちの現場

（ニュージーランドのラロトンガ島）に行ったのかな。

――そして力也さん、今回はサラ金の取り立て屋として登場です。もともと裕也さんが作った事務所で金庫番だった力也さんが、ここでは逆に金を取り立てに来るっていうのも面白い。

内田　そういうシャレ、分かるだろ？　借金の催促しに力也が来るあの交番には、水道まで引いたんだ。遠いところからガーッてホースでね。「これだけはやってくれ」って俺、美術部にお願いしてな。壁に貼ってあるポスターなんかも、アリモノみたいに見えるだろ？

それで笑ったのがさぁ、通りかかった地元のヤクザが「オウ、こんなところに交番あったか？」だって。敬礼だけはしといたけどな、一応。

借金取りが待ってるわけだから俺は、交番に帰りたくないわけじゃん？　で、チンタラ自転車のペダル漕ぎながらパトロールして、時間潰してなあ。このスピードの加減が、難しいんだよ。あんまり速くてもアレだし、遅すぎてもなあ。だから車道の真ん中を突っ切ってみたりして。メンド臭そうに坂道登るところとかも崔さんは、すごく丁寧に撮ってるよね。

そうそう。ヤクザっていえば、スナックでの大乱闘だよ。あのシーンでは客役の高橋（明）さんたちの中にホンモノの、地元のヤクザが交ざってんだ。

カウンターでホステスと飲んでた俺が、「マッポが酔っ払っちゃ悪いかよ！」なんてキレる。悪酔いしてなあ。酔っぱらいの演技って、メチャ難しいんだ。下手な奴がやると、嘘丸出しみたいになっちまう。

ボックス席の常連客からグラスを奪った俺が水割りをひと口飲んで、残りをソイツにブッかける。それをきっかけに、大立ち廻りが始まるんだ。

――ほぼ長廻しのワンカット、森（勝）さんのカメラも冴え渡っています。

内田　森さん、きっちりアクションを追うんだよね。それで演じる方は、肩のあたりに力入れすぎちゃダメなんだ。

何とか混乱が収まって、マイクを握った高橋さんが仲間たちのリクエストに応えて、歌いだすだろ？

――高橋明さん。ロマンポルノに欠かせない、名バイプレイヤーですね。

内田　「♪なかなかなんけぇ、なかなかなんけぇぇぇぇ、おなかの真ん中へそがあるぅ……」ってなあ。

――これ、神代監督の代表作のひとつ、『一条さゆり　濡れた欲情』（72）のラストで伊佐山ひろ子さんが歌っていたのと同じ、猥歌ですよね。彼女が踊っているストリップ劇場に、ガサが入る。木箱の中に身を潜めてやり過ごそうとしていた伊佐山さんが歌う鼻歌……。裕也さんと神代監督のロックンロールが、ここでも響き合っているように感じました。

内田　うれしいこと、言ってくれるねえ。

これだけはゼッタイ、言わせてもらう

内田　それから、ここだよ。交番の電話のベルが鳴って、俺が受話器を取るだろ？

――「もしもし？　こちら三興金融ですが？」「こちら、オMANKO」……すごい名ゼリフです！

内田　あれが名ゼリフかよ！　でも俺、「これだけは言わせもらう」ってはじめから、宣言してたからね。

――ダダーーッってその文字が、パソコンのモニターを埋め尽くしていくカットもありました。

内田　「オMANKO、オMANKO、オMANKO、オMANKO……」ってね。しかしオマエ、ここはインペリアル、帝国ホテルだぜ⁉　さっきから押し倒すとかセックスとかオマンコとか、さすがにマズいだろ⁉

でまた、電話が鳴ってさぁ。「こちら川村興業ですけどオタク、期限切れてんのよぉ。もしもし、もしも〜し！」。俺は無言で警笛を吹く。電話がまた鳴る。「もしもし、こちら署長だ。聞こえてるのか！　ワシだ、署長だ!!　聞こえてるのか!!!」今度は黙って敬礼して、受話器を解体し始める……。

――裕也さんの狂気が加速度的に亢進して、ラストへと猛ダッシュしていきます。

内田　交番の入り口に立った俺が、制帽を投げ捨てるだろ？　それから市街地を走り抜けて団地の階段を駆け上がって、俺は帰宅する。そうしたらダイニングの床一面に、ビール瓶が並んでてさぁ。

――このあたりから映画は何か、抽象的なというか、裕也さんの幻覚というか、別の世界にトリップしているようにも見えます。

内田　パソコンを担ぎ出した俺は、マンションの外廊下から投げ捨てる。地面に叩きつけられて、パソコンのモニターが砕け散ってなあ。

――そして原っぱから市街地へと、疾走に疾走を重ねて……遂に裕也さんは、郵便局に辿り着きます。

ロックのステージと、まったく一緒だよ

——郵便局強盗からラストまでの緊迫感は、とにかく尋常じゃない。しかし『スーパーGUNレディ ワニ分署』といい裕也さんの強盗犯って、違和感がなさ過ぎるんですけど。

内田 余計なこと言うんじゃねえよ。

でもああいう芝居をやる時って、マジで大変なんだよ。「よーい、スタート！」でパーンッて拳銃撃ったらもう、後戻りできない。俺がミスったらカメラだけじゃなくて美術から衣装まで全部最初から、やり直しになる。だからセットに足を踏み入れるまでは、さすがに勇気がいったよね。俺の芝居に全部、かかってるわけだから。

金を探しながら、抽斗《ひきだし》を開けたり書庫のガラス戸を肘で殴ったりするのってあれは、リズム感がなきゃ出来ないんだよ。しかもあのガラスがなかなか割れなくってなあ、こっちは痛ぇんだって。

——ああいうシーンを演じてる時とステージで歌ってる時って、同じような感覚なんですか。

内田 まったく一緒だよ。しかもノリにノッてる時の、な。「行くぞっ！」ってバーッとステージに上がって、「レディース&ジェントルメン！ ディ

ス・イズ・トルーマン・カポーティ・ロックンロール・バンド!!」ってビシッとキマる。「あ、最高にイケるな……」って、あの感じだよ。

でも人間っておかしなもんでね、こういう興奮状態だとカメラの存在を、忘れちゃうんだよな。もう芝居とかってレベルじゃなくなってるから。郵便局員のひとりが優作氏の弟子だったんだけど、気づいたら俺、ボロボロにしちゃってな。その弟子もうまいから余計に、気持ちが入っちゃってさぁ。

あと、ここまでの俺の襲撃だけで映画を終わらせなかったのが、また良かったんだ。

郵便局は包囲されてる。その中でドサッと椅子に座った俺が昇進試験の参考書を、ブツブツ読み出すだろ？　あれを入れたことで映画がもう一段階、深くなったんだよ。警察って組織でがんじがらめになってオーバーヒートして、後戻りできないところまでもう、来ちまった。その最後の最後で、なんとか自分を取り戻そうとしてるっていう……。

誰のためでもない！

――ラストで裕也さんは機動隊に取り押さえられながらも札束を咥《くわ》えて、全身で抵抗しています。

内田　アレ、なかなかの顔だろ？　そのままストップモーションになってグワッーと白竜の〈誰の為でもない〉が流れる。

――それが見事なまでに裕也さん演じる主人公の怒りと、シンクロするんですね。脚本の段階で既に歌詞まで書き込まれていて、それにも驚きました。

内田　〈誰の為でもない〉、もうピッタシだって思ったんだ。映画で使ったのはライブ盤。スタジオでレコーディングしたバージョンより荒々しくて、いいと思ったんだ。

――白竜さんは崔監督と同じ、在日韓国人ですよね。「誰のためでもない！　親のためでもない！　国のためでもない！　自分のために生きるのさ！」ってシャウトが、裕也さんや崔さんの心情と共鳴している。

内田　誰のためでもなく、自分のために映画を撮る……。もうあの時は、ロックンローラーが初めて映画を作るんだっていう、プライドと意地だけだったよね。

俺ね、ボンヤリ部屋の壁を眺めてたら、そこに死んだ蚊の痕《あと》を見つけたことがあったんだ。で、そこに滲《にじ》んでる血はもともと、俺の身体を流れてたわけじゃない？　だから宇宙のスケールを想像したら、ロックンローラーの俺だってこの、蚊の死んだ痕みたいなちっぽけな存在なんだってその時、分かっちゃったんだ。死んじまったらこのシミみたいなものしか残らないんじゃないかって。でもそんな俺だって、生きてるうちは人くらい、刺せるんだぜ――それがこの映画のテーマなんだ。

　撮影の森勝さんは日活生え抜き、美術の細石照美さんはピンク映画出身。だからプロ中のプロの混成部隊だよ。『十階のモスキート』、俺の代表作のひとつだって思ってる。

――しかし、犯罪者を演じている裕也さんが、誰よりも誇り高い反逆者に見えてしまう。それはやっぱり、ロックンローラーだからなんでしょうか？

内田　いやまあ、俺はちょっとあの頃、外れてたね。ショーケンは『傷だらけの天使』(74〜75)、『前略おふくろ様』(75〜77)とかのＴＶドラマで注目されててさぁ。ロックの尖兵として、俳優への道を開拓してた。「ロックじゃ負けるけど、映画では負けない」なんて、言われたこともあったしな。優作氏は遊戯シリーズでノッてたしね。

「裕也、ワンス・アゲイン」

内田　『十階のモスキート』は『座頭市』（89）『ブラック・レイン』と掛け持ちでさぁ。東京、福山、ニュージーランドって、もう目が回るくらい忙しかったよ。

『ブラック・レイン』は、ワンシーンだけって話だったから俺、オーケーしたんだ。でもオートバイに乗って演技するなんて、初めてだったからね。しかも「階段を矢のように降りていく」「撃たれて死ぬ」なんてホンには書いてある。だから大阪の山奥にモトクロスのコースで知り合いに指導してもらって、猛特訓してね。

現場では一回だけテストして、すぐに本番だよ。俺のオートバイを引っ張る車に、カメラが乗っててさぁ。その牽引車がいきなり、それこそダーッて80キロくらいのスピードで走りだした。弾着の血糊が飛び散って、だから反射的に俺、両手を上げちゃったんだ。それでバイクから転落してね。しかも左足はハンドルに引っ掛かってたから、そのまま30メートルくらい引き摺《ず》られちゃってなあ。

そうしたらラッシュを見たリドリーが、「裕也、ワンス・アゲイン」。

それで2日後に撮り直しだよ。ホンになかった「ファッキング・ヤンキー・ピッグ（アメ公はクソ垂れブタ野郎だ）」ってセリフを、何度も言わせられたりね。隣のスタジオで撮影してたウォーレン・ベイティ主演の『ディック・トレイシー』（90）に負けんなってツッパってたら俺、「ジャパニーズ・ファッキング・ナスティー（日本の汚らしいオ●●コ野郎）」なんて言われてなあ。ナスティー、サイテーな奴だって仇名《あだな》まで付けられて、「上等だよ！」って思ったけどね。

ロマンポルノで勉強してきて、どのへんまでいけるかって意気込んで乗り込んだけど……もういい加減にしろよって！　俺だって疲れるぜ、たまには！　お嬢さん、ビール2杯ちょうだい！　オマエも飲めって！

帝国ホテル　ランデブーラウンジ・バーにて

Rolling 08
嘘から出たリアル

『コミック雑誌なんかいらない!』

『コミック雑誌なんかいらない!』(1986)

1986年2月1日公開　製作:ニュー・センチュリー・プロデューサーズ　124分

監督:滝田洋二郎　**脚本**:内田裕也、高木功　**製作**:多賀英典、内野二郎、岡田裕　**プロデューサー**:海野義幸
撮影:志賀葉一　**照明**:金沢正夫　**美術**:大澤稔　**録音**:杉崎喬　**編集**:酒井正次　**音楽**:大野克夫
助監督:藤原幣吉　**スチル**:中島俊雄

出演　内田裕也、渡辺えり子、麻生祐未、原田芳雄、小松方正、殿山泰司、常田富士男、ビートたけし、スティービー原田、郷ひろみ、片岡鶴太郎、港雄一、久保新二、桑名正博、安岡力也、篠原勝之、村上里佳子、小田かおる、志水季里子、片桐はいり、橘雪子、趙方豪、三浦和義、逸見政孝、横澤彪、下元史朗、池島ゆたか、斉藤博、新井義春、桃井かおり、おニャン子クラブ

キナメリ(内田裕也)は、突撃取材で知られる人気レポーターだ。彼にはコマーシャル・タレントの妻(渡辺えり子)がいるが、お互い多忙ですれ違いの生活をしている。恋愛疑惑のある桃井かおりと髙平哲郎、結婚の迫る松田聖子と神田正輝、人気絶頂のおニャン子クラブ……さまざまな芸能ニュースを追いかけながらキナメリは、ロス疑惑の三浦和義に取材し、山口組と一和会の抗争の渦中に飛び込んでいく。そんなある日キナメリは、マンションの隣に住む老人(殿山泰司)に、セールス・ウーマンから金を買ったという話を聞く。社会派の記者を志望していたキナメリはそこに、事件の匂いを嗅ぎつける。そして彼は金の信用販売会社を独自に、調査し始めるのだった。

現実とのデッドヒート

内田　『コミック雑誌なんかいらない！』、これは製作に半年かかってるけど、その間は好きな酒を一滴も飲まなかった。それくらい、魂込めて作ったんだ。

　俺が演じたレポーター、キナメリって名前だろ？　あれは当時マガジンハウスの取締役だった木滑（良久）さんからもらったんだよ。木滑さんとは喧嘩もしたけど、まあ仲は良かったからね。これしかねえってカタカナで「キナメリ」ってズバリ、ホンに書いたんだ。これが漢字で「木滑」じゃあ、つまらねえ。

　このキナメリは早稲田の政経出てて、硬派なニュースを報道したくてテレビの世界に入ったんだ。でも現実は、芸能スキャンダルばっかり追っかけさせられててなあ。

　豊田商事会長刺殺事件、日航ジャンボ機墜落事故、山口組と一和会の抗争、ロス疑惑、松田聖子と神田正輝の結婚、桃井かおりと高平哲郎の交際、おニャン子（クラブ）旋風……とにかく当時話題になってた事件やら芸能ネタを全部、ブチ込んでね。それもまだ記憶の生々しいうちにってさぁ。

――『嗚呼！おんなたち　猥歌』は札幌の女性向けソープランド、『水のないプール』はクロロホルム連続強姦事件、『魚からダイオキシン!!』は湾岸戦争、それと裕也さん自身の都知事選出馬ですね。とにかく裕也さんは、新聞やＴＶのニュースから発想するセンスが抜群です。

内田　この映画では、いままさに世間を賑わせている話題を、硬軟問わずにブチ込もうってね。

　スピード、速報性ってのが、ＴＶの強みなわけじゃない。それをあえて映画でやってみようって俺、考えたんだ。でも撮ってる間にもどんどん新しい事件が起こって、だから現実に追い抜かれないように毎日、ホンを書き加えてたよ。ＴＶと映画、ドキュメンタリーとフィクションをミックスさせるっていうのが、この映画の狙いなわけだからね。

　そういやニューヨークの知り合いが、「マイケル・ムーアは『コミック雑誌なんかいらない！』を観たんじゃないか」なんて言ってたな。

　それとニューヨーク・タイムズの東京支局長が電話してきてね、それで赤坂で会ったこともある。２～３時間インタビューされて、それがニューヨーク・タイムズに、２ページも載ったんだぜ。

――カンヌ国際映画祭では観客に、スタンディング・オベーションで迎えられました。

内田　あそこでダメだったらもう、アウトだったよ。この映画はコンセプトもホンも、俺が書いてる。だから毎日映画コンクールで脚本賞を獲ったときは、マジで嬉しかったよ。

ビートたけしと昭和の犯罪

――この映画でビートたけしさんは、豊田商事会長刺殺事件の犯人を演じていますね。鬼気迫る形相で、バイオレンスな魅力が全開です。

内田　タケちゃんマン、メチャうまかったよ。この場面は品川のマンション借りて撮影したんだ。ドアは二重にしてもらってね。本物のドアは中にあって、その表側にもう一枚、美術部が苦労して作ってくれたんだ。滝田は最初タケちゃんマンの子分役に、ピンクの男優を連れてきてね。でも俺は「悪いけどこのビートたけしの子分に、ピンクの役者じゃ全然合わない。ド素人でいこう」ってな。ここは絶対、本物に見える奴じゃないとダメだって思ったんだ。

――たけしさんが怒声を浴びせながらマスコミをかき分け、早足で会長の部屋に向かっていく……物凄い臨場感です。

内田　会長役の役者も、うまかったよね。タケちゃんマンにメチャクチャに蹴られちゃってさぁ。その後会長を演じてた役者に偶然会った時にタケちゃんマン、「ちょっと北野さん、あれはやりすぎですよ！」って言われたんだって。

　あれはタケちゃんマンも、自分の演技の中でベスト3に入るって思ってるんじゃないかな。

――そのたけしさんは昭和犯罪史に残る人物を、まるでライフワークのようにずっと、演じてきています。連続強姦殺人犯・大久保清、千石イエス、三億円事件実行犯、ライフル魔・金嬉老、信仰上の理由で息子の輸血を拒否したエホバの証人信者から、「A級戦犯」東條英機まで。

　裕也さんも映画の中で、数々の犯罪者を演じてきました。

内田　タケちゃんマンとは何かこう感性的に、近いところがあるのかも知れないね。

――この映画の公開が１９８６年2月1日。同じ年の12月9日にたけしさんは軍団を引き連れて、フライデー編集部を襲撃しています。

内田　ヤバいよなあ。しかも逸見（政孝）さんが本人役で出てて、その後にタケちゃんマンが登場しているわけだしね。

――たけしさんと逸見さん、その後のふたりの友情を考えると、何だか空恐ろしくさえあります。

内田　いや、考えてみたらこわい映画だよね。現実が映画を追いかけてくるっていう。今だって山口組が分裂して、また同じようなことになってきてる。

――この映画の予見的な魅力は、いまだ健在なわけです。

内田　俺は別に、霊能力者じゃないけどさぁ。

「山口組に豊田商事……ヤバいのばっかりだから！」

内田　完成して一回目の試写は、日活の本社でやったんだ。そうしたら見に来たのが、評論家・ジャーナリスト合わせて、たったの４人だぜ？　描かれてる事件がとにかく生々しすぎて、メジャーな映画館じゃ上映できないなんて言われてね。

　その時に声掛けてくれたのが、奥山（和田）だよ。その頃俺、奥山には威張ってたんだ。「おーい、プロデューサー！」なんて呼んだりしてな。

で、これで決まりだって思ってたら奥山から連絡があって、松竹の上の人間から「山口組に豊田商事、ヤバいのばっかだから！」って却下されたって、謝られたんだ。

だからカンヌの監督週間に招待された時は、メチャ嬉しかったよ。それで現地入りしたら、原作・夏目漱石、主演・松田優作の『それから』を持ってきてる森田（芳光）がいてな。同じ監督週間での上映なのに、アイツは紋付袴姿で、嫁まで呼んじゃってる。なにしろ現地で東映が、大パーティーまで開いてるんだから。それなのに俺と滝田なんて、タキシードさえ持ってないんだ。しょうがねえからチンチクリンの衣装借りてなあ。

あとこれもアタマにきたんだけど、カンヌに来た日本のマスコミは俺と滝田の映画なんて、ほとんど観に来ないわけ。せいぜい7〜8人だよ。森田の『それから』の方は、文科大臣まで見に来てるのにさぁ。「クソーッ」って思って、でも『それから』は優作氏主演だし、かなわねえなって思ってた。それが俺たちの上映が大成功に終わって、優作氏に電話したんだ。そうしたら優作氏、「いやー、行こうと思ったんですけど行かなくて、良かったです」って言ってたよ。

――当然ですけどカンヌの観客は『コミック雑誌なんかいらない！』で

扱っている事件については、何も知らないわけですよね。それでもこの映画を、熱狂的に迎えた……。

内田　テルアビブの事件で逮捕された元日本赤軍の岡本公三が、「I can't speak fucking Japanese」って言っただろ？　それ見てこれしかない、イケルって、もうホンの段階から確信してたんだ。民間人を含む26人を射殺したあの事件は、ヨーロッパでもみんな知ってるからね。

で、計算通りだよ。ラストで俺が「I can't speak fucking Japanese」って言った瞬間、「ブラボー！　ブラボー!!」ってもう、あのカンヌの客が沸きまくってさぁ。

キナメリ裕也のゲリラ精神

——裕也さん＝キナメリの部屋にはＴＶモニターが6台も置いてある。各局の番組を同時にエアチェックしてるということですよね。そして映画の最後、そのモニター全部に、瀕死のキナメリが映ります。

内田　キナメリが死んだのかどうか。そこはあえてはっきりさせなかったんだ。

——裕也さんの映画はどれも、ラストシーンのインパクトが強烈です。カメラに向かってマイクを投球するこのラストも完璧に、キマったという感じでしょうか。

内田　白いコートと白いグローブ姿の俺がピッチャー・マウンドから、マイクを投げる。何かちょっと、現実から浮いてるような感じになっててね。これ、自分でも好きなんだ。

あれ、川崎球場だよ。なんとか二日間借りてくれって、製作部に頼んでさぁ。それだけ金はかかっちゃうんだけど、でも効率重視で同じ日にまとめて撮っちゃうと、違うんだよね。波動とかすべてが。だからそこは、無理言ってな。

あと、ここだって勝負したのは、エキストラ50人集めて六本木でロケした時だよ。「何か変だ」「これは俺が知ってる六本木じゃねえ！」って俺、直感してね。「本物の、大勢の通行人が来るまで（カメラを廻すのは）待とうぜ」って、滝田に言ったんだ。金のないピンク出身の滝田にしてみれば、きばってエキストラ集めたわけじゃない？　でも「ケツは俺が持つ」って言って、エキストラには帰ってもらった。でもそういうのがさぁ、ホントの贅沢じゃない？

この映画はスケジュールが押してね。映画ってこわいんだよ。一日撮影が延びると、それだけ金がかかるわけだから。でも、ロックンローラーがゼニ勘定しながら映画やってたら、それこそＴＡＫＯになっちまうだろ？

直感のまま、とにかく俺は突っ走った。ロス疑惑の三浦和義氏だって俺が直接、出演交渉しに行ったんだ。出演してくれるかはスレスレだったけど、「固有名詞だけは勘弁してください」って条件で、引き受けてくれてね。

三浦氏のあの、カンペ棒読みしてるみたいなセリフ廻し、面白えだろ？「あなたが視聴者の代表なんて、うぬぼれですよ、だいたい芸能レポーターが視聴者の代表だとか、誰がそんなこと、規定したんですか？　笑止千万だと思いますよ」なんてな。

――人権だ国民の重大な関心事だとか立派なゴタクを並べたキナメリが、同じその口で、「廻ってる？　カメラ？　ひと言だけ、さー最後に――ロス疑惑について聞かしてください。お願いします」って……結局ワイドショーの視聴者の歓心に、応えようとしているだけだったって分かる。

内田　あそこの三浦氏のセリフも全部、ホンに書いてあるんだから。

それと何と言っても、山口組と一和会の抗争だよね。さすがの俺も、あそこはビビった。殺されはしないだろうけど、刺されるくらいは覚悟してたよ。だって抗争の、しかも最前線だったわけだからね。
俺、神戸出身だろ？　だからあのへんは知り合いが多いんだ。で同い年くらいの奴らはみんな組の中でもう、偉くなってる。「オイ、裕也。こんなとこでオマエ、何やってんだよ。マジで危ねえぞ」「東亜テレビ？　そんな局あったか？」なんて言われて。俺、「いや、ちょっと映画の撮影で……」なんてモゴモゴ答えたら、「じゃあ撮らせてやるからよお、事務所入ってこい」なんてな。

こういう緊迫した現場は隠し撮りじゃなきゃ。一触即発のヤバい空気が映らないんだ。だから殺気立ってるヤクザが座ってる前を、わざと歩いたりしてなあ。

でもさすがピンクの現場で鍛えた滝田だって感心したのは、何かあった時の保険として、全体を俯瞰する位置にカメラを据え置きしてるんだ。あと「スゲえ」って思ったのは、パトカーが撮影で何台必要だって時、自分で１１０番して呼んじゃうんだから。

あの場面のゲリラ撮影が成功した時に俺、「イケル」って思ったね。

――サレジオ教会での松田聖子と神田正輝の結婚式も、まさに厳戒態勢でした。

内田　あれもゲリラだよ。石原軍団の腕章付けたガードマンが警備しててさぁ。だからもう、襲撃だよ。張り倒されて俺、鼻血まで出しちゃってさぁ。

――〈お嫁サンバ〉をハミングしてる松田聖子の声の録音が独占スクープだって、キナメリのあの力業には、笑わせてもらいました。その流れで郷ひろみさん本人が登場するっていうのもまた、最高です。

内田　アイツは当時、ニューヨークに住んでたのよ。向こうのレストランで良い席に座る努力と、あとはボイス・トレーニング。他は何もやってなくってな。『コミック雑誌なんかいらない！』は二谷友里恵と、向こうの映画館で見たらしい。でもあれ、いい役だろ？　タキシードでビシッとキメて、ホストクラブのNo．1だっていう。それまでの郷ひろみの映画でも俺、際立ってるなって思うよ。

お化けのロック

――郷さんと裕也さんは、『夢一族　ザ・らいばる』（79）でも共演しています。数々の名作TVドラマを手掛けてきた久世光彦さんの、これは映画初監督作ですね。

夢一族　ザ・らいばる
1979
マコト（郷ひろみ）は読み捨ての朝刊に、睡眠口座の公示（銀行に預金したまま連絡のとだえた預金者の口座）を見つけた。その新聞の切り抜きをたよりに、マコトは預金者である筈の雨笠家を訪ねる。がその家は跡形もなく、二十年前の火事で雨笠家は全員焼死、当時四歳の治の遺体だけが発見されたと知る。「生きていればオレと同じ年」だった治の貯金を横取りしようと、マコトは市役所に戸籍謄本を取りに行った。戸籍係の清水俊（内田裕也）によると、預金額は約八百万円。するとちょうどそのとき、八十四歳になる雨笠治平（森繁久彌）が孫・治の死亡届を出しに来ていた。1979年12月22日公開。監督・久世光彦、監督・田中陽造、原作・コーネル・ウールリッチ。

主役の郷さんは森繁久彌の孫のフリをして近づき、その預金口座をかすめ取ろうとする。久世光彦演出のTVドラマ『ムー』（77）『ムー一族』（78〜79）に出演した、その流れでの出演なんでしょうね。この2本のドラマの中で郷さんは樹木希林さんと〈お化けのロック〉〈林檎殺人事件〉をデュエットしていました。

内田　俺は、市役所職員役でね。弟分のヤクザに伊東四朗、住職の養女でアタマの足りない娘で岸本加世子が出てる。

――久世ファミリー総出の観があります。裕也さんは屋台の椅子や階段から転げ落ちたり……『クレージーだよ　奇想天外』『コント55号　世紀の大弱点』（68）で見せた、コミカルな一面を見せている。

そしてワンポイントですがあの扮装で、石工の小林亜星も登場し、西城秀樹の〈ヤングマン「ＹＭＣＡ」〉が流れて……ここは『寺内貫太郎一家』ですね。

週刊朝日で連載していた『秀樹とヒデキ』で西城さんは、裕也さんとの「忘れられない思い出」を綴っています。

裕也さんから依頼されてチャリティー・コンサートに出演したとき、「お前はロックだよな」と声をかけてもらって、有頂天になったそうです。

それから裕也さんはじめ原田芳雄さん、力也さん、松田優作さん、桑名正博さんたちの仲間に入れてもらった。ハワイ旅行に向かう機上、壊していた西城さんのお腹を、裕也さんがずっとさすってくれた。そんなエピソードを披露していました。

内田　秀樹、アイツも死んじまった……。

ふたりの桃尻娘

――『夢一族　ザ・らいばる』には亜湖さんが、萩原（健一）さんの歌う〈大阪で生まれた女〉が流れているストリップ劇場の、踊り子として出演しています。

　裕也さんと亜湖さんは、『桃尻娘　ピンク・ヒップ・ガール』（78）でも共演していますね。

内田　セックスに興味津々なのに処女を捨てられない。亜湖はそんなおぼこくっておセンチな、女子高生役でな。

――その同級生を演じているのが、竹田かほりさんです。

内田　セックスに開放的で、カラッと明るく見えて、でもどこか、冷めてもいてさぁ。

桃尻娘　ピンク・ヒップ・ガール
1978
高校生のレナ（竹田かほり）は、いかにも現代っ子らしく明るく活発な女の子である。一方、クラスメートの裕子（亜湖）は、奥手で消極的であった。春休み、裕子は旅に出る。彼女の母親（一谷伸江）から事情を聞いたレナは、行先きは信濃であると直感して現地へ向かったものの、すれ違いで裕子は金沢に旅立った後だった。レナは金沢に向かう車中乳飲み子を抱えた女・時江（片桐夕子）とその夫・仙一（内田裕也）に出遭う。刑務所帰りの仙一に誘われ彼のアパートへ行ったレナは、仙一の弟分・石田健（遠山牛）と知り合った。石田と内灘の海岸へ出掛けたレナは、そこで裕子と再会するのだった。1978年4月29日公開。監督・小原宏裕、脚本・金子成人、原作・橋本治。

——その竹田さんと亜湖さんの、友情とライバル心がないまぜになったような不思議な関係が、この映画では描かれています。竹田さんから「セックスなんてキスとおんなじよ！」「バージンなんて、もったいぶるんじゃないわよ‼」ってピシャリと言われた亜湖さんは、泣き出してしまう。追い打ちをかけるように竹田さんは、そのものズバリが写ったエロ写真を突きつけて、「これが、セックス！」。
　その竹田さんは、母親に行き先も告げず旅に出た亜湖さんを追って、信濃から金沢へと流れていきますね。

内田　で、電車のボックス席で、俺と赤ん坊を背負った女房の片桐夕子と、向かい合わせになってなあ。俺は刑務所帰りでさぁ。

——今度は前科者の役ですね。トレンチコートに赤いマフラー姿が、きまってます。

内田　ワンカップを飲みながら俺は、車窓からの風景を見てる。それが授乳しようって出したオッパイ見て、片桐の下半身をまさぐり出すんだ。

——それから片桐さんに目配せして裕也さんは、トイレに連れ出します。

内田　俺、狭いトイレの中でガンガン、突き立ててな。なにせ2年ぶりのシャバだからよお。

——「俺の留守中に何人キメたんだよお、エエ！」って恫喝《どうかつ》するみたいな、凶暴なセックスです。かと思ったら、ふて腐れた顔で手錠をかけられ、両脇を警察官に挟まれ連れ去られていく。

内田　元愛人のキャバレーの女が浮気したとかで、刺しちまってな。

――まさに嵐のようなスピードで、映画を駆け抜けていきます。

セルリアンタワー東急ホテル　ガーデンキッチン「かるめら」にて

Rolling 09

ロックンロールやってる内田ですけど、なにか失礼ありましたか?

『花園の迷宮』

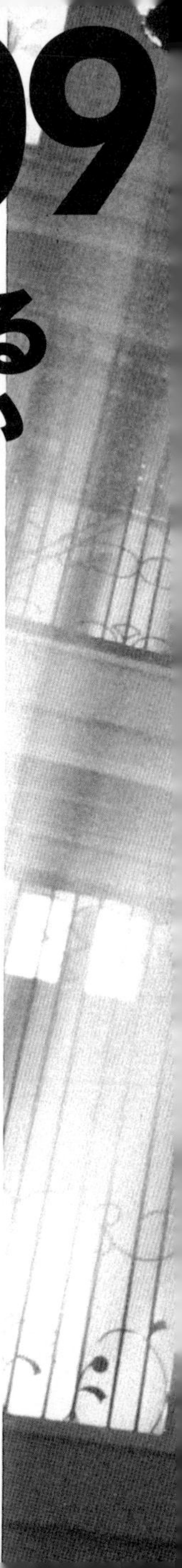

花園の迷宮(1988)

1988年1月25日公開　**製作**:東映京都撮影所　**配給**:東映　118分

監督:伊藤俊也　**脚本**:松田寛夫　**原作**:山崎洋子　**企画**:日下部五朗　**プロデューサー**:本田達男、中山正久
撮影:木村大作　**照明**:増田悦章　**美術**:西岡善信　**録音**:芝氏章　**編集**:市田勇　**音楽**:池辺晋一郎
主題曲:マーサ·三宅　**助監督**:藤原敏之　**スチル**:中山健司

出演　島田陽子、工藤夕貴、野村真美、黒木瞳、辻沢杏子、伊織祐未、首藤真沙保、朝比奈順子、久米朗子、斉藤厚子、広瀬朋子、中尾彬、白木万理、丸平峰子、小島三児、大木晤郎、伊武雅刀、寺田農、三浦賢二、岩尾正隆、高並功、野口貴史、粟津號、中島葵、菅貫太郎、西田健、名高達男、江波杏子、内田裕也

昭和17年、横浜にある贅を尽くした廓ホテル·福寿楼。そこの女主人·秋元多恵(島田陽子)の夫·市太郎(中尾彬)がある日、惨殺死体で発見される。ボイラーマンの荘介(内田裕也)も脇腹を刺されて重傷を負っていた。アメリカから帰国した市太郎の姉·キク(江波杏子)は、多恵が弟殺しの犯人だと決めつける。警察からも嫌疑をかけられる多恵だが、意識を回復した荘介の証言で救われる。しかし惨劇はまだ、始まりに過ぎなかった。次いでそのキクが殺され、まだあどけない少女の美津(野村真美)は自殺してしまう。そして多恵に激しい対抗心を燃やしていた百合(黒木瞳)と武宮中尉(名高達郎)は、エレベーターの中で折り重なるように死んでいた。すべては荘介の、ひそかに激しく燃やしていた、愛ゆえの行為だった。そう多恵は気付くのだった。閉鎖空間で愛憎の糸を操る男――この映画の荘介は、『不連続殺人事件』の画家·土居光一とぴったり重なる。

金属バットで京撮入り

――『花園の迷宮』（88）は裕也さんの出演作の中でこれまで、あまり語られてこなかった映画のように思います。でも、俳優・内田裕也の〝喋らない凄み〟が、ビシバシ伝わってくる、重要作と思います。

内田　おお！　この映画はさぁ、東映でメジャーだろ。俺、それまでロマンポルノとかピンクばっかりで、あんまりメジャーではやってなかったんだよね。

――裕也さんが演じたボイラーマン（缶焚《かまた》き人）の三谷荘介役には当初、近藤正臣さんがキャスティングされていたそうですね。その近藤さんがギックリ腰で降板して、裕也さんにオファーが来た。

内田　俺そういう話、マジでアタマにくるんだよね。

――当時スポーツ新聞に載ったインタビューでも、激怒されていました。

内田　だけど伊藤俊也本人が、俺のところまで来たんだよ？　監督が直々に、「出てくれ」ってな。

　で、俺、京撮（東映京都撮影所）にバット持ってってったんだ。

――え？

内田　何しろ俺、初めての京撮じゃない？　ナメられちゃいけねえって思ってね。それで金属バット担いだまま新幹線に乗って、京都まで行ったんだ。

木のバットは真芯が急所に当たらなければ、まあ、死にはしないんだよ。でも金属バットは、確実だからね。さいたまスーパーアリーナの「ジョン・レノン スーパー・ライブ」の時は、木だったなあ。それをバット・ケースに入れて、埼京線でさいたま新都心まで行ったんだ。

京都では東映の人間が3〜4人、駅まで迎えに来てた。それでね、いや、聞いてはいたんだよ。外の人間が京撮に行ったら、(撮影所長の)俊藤(浩滋)さんところに日本酒の一升瓶3本持って、挨拶しなきゃいけないって。それで撮影所の玄関入って右側にあった俊藤部屋を訪ねて、日本酒を渡したんだ。そうしたら俊藤さんのところの若い衆が、「どこの内田だ?」だって。

俺、カチンってきちゃってな。「ロックンロールやってる内田ですけど、なにか失礼がありましたか?」って言ってやって、それで終わり。

あとで俊藤さん本人から、「ウチの若い衆が、失礼したね」って謝られたけどな。でも「これからは、何かあったら俺に言ってくれ」って……そんな告げ口みたいなセコい真似、出来るかよ!

俊藤さんはまあ、アクの強い男でさぁ。『魚からダイオキシン!!』の話を持っていった時なんか、タイトルを見ていきなり、「ウオからダイオキシン？」「サカナですよ」「いや、ウオからダイオキシンや。変わったタイトル付けるなあ……で、本題は何や？」。

で、東映っていえばやっぱり、岡田茂さんだよ。あの人は俺に会ったらいつだって、「バカヤローッ！」なんだ。

『コミック雑誌なんかいらない！』を売り込みに行った時の話、これマジで笑えるんだ。

時間通りに俺、社長室の前に着いたんだ。そうしたらあの安藤（昇）さんが待ってるんだよ。約束の時間の30分前には来て待ってるのが、あの人たちのルールじゃない？　さすがの俺も、「安藤さん、先にどうぞ」って、遠慮したんだよ。でも「いや、先に約束してるのは裕也さんだから、そういうわけにはいかない」って、頑として譲らない。天下の安藤昇に「お願いだから先に入ってください」って言われて俺、参っちゃってな。でもそこはあの人たちの礼儀に従って、先に社長室に入ったんだ。

岡田茂さん、「なんだぁ？」ってエラそうに、踏ん反り返ってやがる。「タイトル言ってみろ」。「『コミック雑誌なんかいらない！』です」って答えたら、「ふぅん……で、本題は何だ？」「テレビレポーターがガーッて行ってフィクションとノンフィクションが交錯しながら最後に刺されてI can't speak fucking Japanese って股間からマイクを取り出してホームベースに向かって投げる話です」「そんなの映画になるかあ！」「じゃ、帰ります」。それで出てきた俺を見て安藤さん、笑ってるんだよ。

安藤さんには俺、めちゃくちゃ可愛がってもらったんだよね。ジョニー（大倉）が鶴田浩二に挨拶しに行って、無視されたらしいんだ。そうしたらたまたまそこにいた安藤さんが、「オウ、裕也さん元気か？」って言ってくれて、ジョニーは恥かかずにすんだんだって。

で、岡田茂さんだよ、『十階のモスキート』の時も同じだよ。「どんな話だあ？」「出世が遅れた警察官がサラ金に追いつめられて遂に郵便局に強盗に入って、金を食う話です」「そんなの映画になるかあ！　タイトルはなんつうんだ？」「『十階のモスキート』です」「なにぃ？　十階のモスキート？」「じゃ、帰ります」

――たけしさんは「『十階のモスキート』なんてタイトル、よく思いつくよねえ。ロックンローラーならではのセンスなのかなあ」って、感心してましたけどね。

内田　クゥーッ、嬉しいぜ。さすがだよ、タケちゃんマン。

愛憎を焚く男

――映画の冒頭近く、サラシ一枚の裕也さんが島田陽子さんの背中を流している、風呂場の場面がありますね。87年12月8日の『日刊ゲンダイ』で裕也さんは、「何人もの女優と濡れ場を演じてきたが、正統派の美女とは初めてだからね」とコメントしています。

内田　とにかく伊藤俊也の指示がもう、細かすぎてさぁ。そのたびに島田は、スリップを着たり脱いだり。だからこっちの方が気ぃ遣いすぎちゃってなあ。ＯＫが出た時は、「テメエ、伊藤俊也！」って怒鳴ってやろうかって思ったけどね。

――主演は島田陽子になっていますが、この閉じられた世界を支配しているのは、裕也さん演じる三谷だと思うんです。

　この三谷は缶を焚きつづけて、愛憎という熱を屋敷全体にめぐらせ、一連の殺人を招きよせる。映画の冒頭近く、「カメラの目」は男女のまぐわいを見ながら天井裏から配管まで、滑るように移動していきますよね。そして裕也さんが薪をくべている缶にまで辿り着く。つまり裕也さんは「すべてを」見ているんです。

　華やかな男女の淫靡《いんび》な人間模様が演じられる舞台の裏で、裕也さんは日々汚れ仕事をしています。その暗く燃える情念が、性愛や嫉妬、陰謀の連鎖反応を発生させている。

だからこの色欲に塗《まみ》れた娼館を燃やしているのは、裕也さんだって思うんです。

内田　……ち、ちょっと、お嬢さん！（ウェイトレスを呼びとめて）芋焼酎のお湯割り、超熱でな。オイお前、半分飲めよ。ロックンロールじゃねえかインペリアル、帝国ホテルに対して！

――それと、島田陽子と名高達郎のセックス・シーンがありますよね。

内田　オウ、名高達郎。アリナミンA25のCMとかで、スゲえ売れてた頃だ。やたら力《リキ》入った芝居してたな。

――劇中でも「実のない男」だって言われてます。

内田　無駄にギラついてて、デクノボウっぽいっていうかさぁ。

――裕也さんはこの二人のセックスを、覗いているんですね。物理的な位置関係はよくわからないんですけど、とにかく見ている。その視線の強さに圧《お》されて島田さんは、慌ててダクトを閉める……。娼館内の人間の生殺与奪はすべて、裕也さんが握っているんですね。

内田　大東映のさぁ、しかも京都でだよ？　こんな大きな役でいきなり迎えられるなんてこと、まずないからね。

性《セックス》をジャンプしろ！

内田　この映画のアタマで、いまは廃墟になってるこの廓《くるわ》ホテルがクレーンで吊った鉄球の衝撃で、壊されていくだろ？　ゴーン、ゴーンって。あさま山荘事件のクライマックスを、ダブルイメージしてな。それでカメラが建物の中に入っていくのに合わせて、映画はタイムスリップする。絢爛豪華な娼館だった昭和17年、戦時中の横浜にね。

――伊藤俊也は1937（昭和12）年生まれだから、彼の幼少時に重なるわけですね。

内田　『花園の迷宮』、とにかく超大作だよ。京都にでっかいセット、3つ4つ組んでさぁ。ロードショーの時は銀座東映の看板スペースを、全部『花園の迷宮』でジャックしてた。

――原作・山崎洋子。撮影・木村大作、美術・西岡善信、脚本・松田寛夫……すごい顔触れです。

内田　木村大作のオヤジ、健さんの映画なんかやってたからか知らねえけど、クソ生意気な野郎でさぁ。なんか踏ん反り返ってやがるから俺、「コノヤロウ」って思ってね。日活は家族的な雰囲気で、スターだろうと名監督だろうと、つまんない上下関係なんてなかったから。あの天才カメラマンの姫田さんだって、偉そうになんか全然してなかった。それもあって余計に木村大作の態度に俺、腹立ったんだ。

この廓ホテルの大ホール、いま見ても壮観だろ？　3階部分まで吹き抜けで、螺旋《らせん》階段が蔦《つた》みたいにうねってる。蛇腹式のドアが付いた籠型エレベーターなんて、実際に昇り降り出来る本物を作っちゃったんだから。

クライマックスで俺、延々島田を追っかけてね。セットのいちばん高いところからグワーッて、飛び降りるじゃない？　長襦袢みたいなの羽織って、女装までしてさぁ。しかも螺旋階段を3階まで駆け上がって飛び降りるまで、ワンカットだっていうんだから。カメラは俺を追いかけて、縦に移動しながら撮ってる。だから誤魔化しようねえだろ？　あれ、マジで危なかったんだよ。

――『嗚呼！おんなたち　猥歌』ではソープボーイに堕《お》ちて男女の役割、ジェンダーを逆転させた裕也さんが、さらに進んで性そのものの壁を飛び越えようとする。

内田　それとこれ、笑っちゃうんだけど。あそこは真田広之が俺に、スタント指導してるんだ。ＪＡＣ（ジャパンアクションクラブ）の真田広之まで呼んでるんだからそれだけ、東映も本気だったってことだよ。

島田陽子とバッチバチ

内田　他にも、黒木瞳、江波杏子、寺田農、伊武雅刀、工藤夕貴……共演陣もスゲえだろ？　黒木瞳なんか島田に焼き餅焼いちゃって、もう大変だったんだ。アイツは宝塚の娘役でトップだったから、とにかくプライドが高くってさぁ。

――その黒木さんが見事なダンスでホールを圧するシーンはまさに、場をさらうというか、さすがの存在感でした。裕也さんは神戸出身だから、向こうでは宝塚を観に行ったりもしたんでしょうか。

内田　一回しか行ったことねえよ。ホラ俺、ちょっといいウチの子どもだったからね。

　でも男役だったタカラジェンヌに、俺のファンがいたんだ。ライブを観に来たりもしてな。宝塚の男役とヤクザには俺、モテたんだよ。

――じゃあちょっといろいろ、あったり……？

内田　ねえよコノヤロウ。でもまあ、黒木瞳がライバル視したのも、分からなくはないよね。あの頃の島田の迫力っていったらもう、ハンパなかったから。江波杏子に大股で顔面を跨がれて窒息しそうになったり、そうかと思うと裸で啖呵《たんか》切ったりよお。ここまで根性据わってる女優、いまはいないんじゃない？
真犯人だってバレた俺と島田がバッチバチやり合うところ、あそこはシビレたぜえ。島田はひたすらセリフまくしたてて、圧し込んでくる。島田陽子という女優の、女の本性が見えるよね。それに対して俺は、ずっと黙って睨むことで、勝負したんだ。真逆の芝居でな。黙っている芝居って難しいんだ。自分の芝居にスゲえ自信持ってなきゃ、怖くて出来ねえよ。

——目と立ち姿だけで勝負している。こういう場面ではカメラに対してどういう角度で立っているか、視線の方向とかって、意識してるものなんですか？

内田　意識なんかしてねえよ。こっちも必死だからさぁ。

——島田さんはこの頃、国際派女優として活躍していましたね。

内田　この映画の後に俺、島田とハワイに行ったんだ、あとロスにもね。そうすると「ヨウコだ！　マリコだ！」って物凄い数の人が、ドーッて集まってくるんだから。

——アメリカの人気TVドラマ『将軍　SHOGUN』（80）で、ヒロインのまり子を演じてたからですね。

内田　島田はあれで、ウーマン・オブ・ザ・イヤー、それとゴールデン・グローブ賞主演女優賞まで獲ったんだからね。だから向こうでもみんな

「マリコ、マリコ」って役名で呼んで、もう凄い人気だったよ。
　あのクラスまで行った女優だから、もっと上まで行って欲しかったよね。
　しかしあの頃の女優はみんな、体張ってたよ。いしだあゆみとか岩下志麻とかだってもう、バンバン脱いでたわけだからね。

――負けずに裕也さんも、バンバン脱いでます。

内田　脱ぐ必然性があれば脱ぐに、決まってるじゃねえか。

――ここでも裕也さんは無駄な肉が一切ない、シャープな身体をしています。だからこそ寡黙に缶を焚きつづけてきた男の「狂気」に、説得力が生まれる。

内田　この頃は俺もいちおう、二重跳びやってたしね。でもそこは、バランスが大切なんだ。バカみたいにマッチョになっちゃったら逆に、アタマ悪そうに見えるだろ？
　ロックンローラーは太っちゃったら、やっぱりカッコ悪いって思うんだよね。ミック（・ジャガー）なんて70歳過ぎてあれだけ動けるって、偉いと思うよ。
　そういや俺、『フリージャック』（92）に出演して来日したミックと、対談してるんだ。78年に、アナハイムでのスタジアム・コンサートまでインタビューしに行ったことがあってね、その時以来の再会だった。「演技というのは、とても難しい。成功してるのはスティングとデヴィッド・ボウイくらいだ」って、ミックは言ってた。でも俺はクールで、堂々とした演技だって思ったよ。

帝国ホテル　ランデブーラウンジ・バーにて

Rolling 10

座頭市とロックンローラー

『座頭市』

座頭市（1989）

1989年2月4日公開　**製作**：三倶=勝プロモーション　**配給**：松竹　**116分**

監督：勝新太郎　**脚本**：勝新太郎、中村努、市山達巳　**脚色**：中岡京平　**原作**：子母沢寛
製作：勝新太郎、塚本ジューン・アダムス　**プロデューサー**：塚本潔、真田正典　**撮影**：長沼六男　**照明**：熊谷秀夫
美術：梅田千代夫　**録音**：堀内戦治　**編集**：谷口登司夫　**音楽**：渡辺敬之　**主題歌**：JOHNNY：（「THE LONER」）
助監督：南野梅雄　**スチル**：金田正、大谷栄一

出演　勝新太郎、樋口可南子、陣内孝則、片岡鶴太郎、奥村雄大、草野とよ実、泉谷しげる、三木のり平、川谷拓三、蟹江敬三、ジョー山中、安岡力也、内田裕也、緒形拳

一家の跡目を若くして継いだばかりの五右衛門（奥村雄大）は、宿場町一体を仕切ろうと目論んでいる。そのために八州取締役（陣内孝則）に取り入ろうとしていた。その五右衛門一家が開帳している賭場に、いそいそ出掛けていく市。負けつづけて油断させ、総取りする。いつものやり口で大勝ちした市を、一家のヤクザ共が囲みすごむ。そこに女親分のおはん（樋口可南子）が現れ、見事に場を収めた。絵を描く浪人（緒形拳）と出会った市は、愉快に酒を酌み交わす。そして「色」についての講釈に、耳を傾けるのだった。八州取締役は種子島（銃）で武装するよう、赤兵衛（内田裕也）をそそのかす。それが五右衛門と通じている八州の罠だと察した赤兵衛は、五右衛門一家との出入りに備え、用心棒に市を雇う。対する五右衛門は絵が好きなあの浪人を、新しい用心棒に立てるのだった。

「ストーンズ好きなんだろオマエ？
あっかんべーだよ」

——『座頭市』の撮影期間は、88年9月20日から翌年1月19日までです。そのクランクアップ前、10月31日から『ブラック・レイン』がクランクインしています。『十階のモスキート』もまさに撮影中。つまり裕也さんは日本とアメリカを往復しながら、3本の映画を掛け持ちしていたわけですね。本当にもう、殺人的なスケジュールだったんじゃないでしょうか。年末恒例のニューイヤーズワールドロックフェスティバルの準備もあったでしょうし。

内田　これもう、ホント大変だったんだ。『座頭市』では例のアクシデントもあったしな。しかしこの時の俺、猛烈に仕事してたよなあ。91年には都知事選に出馬して、92年には『魚からダイオキシン!!』をやってる。

勝さんがまた映画で『座頭市』やるってのは最初、ノー・インフォメーションだったんだよ。六本木の寿司屋で一杯飲んでたら、そこでたまたま勝さんと会ってね。「おーい、裕也！」って呼ばれて、「スケジュール空けといてくんねえか。オマエにぴったしの、いい役があるんだよ」って直々に、オファーもらったんだ。それが始まりだよね。

――裕也さんは、勝さんの息子の奥村雄大演じるヤクザ・五右衛門と対立する親分・赤兵衛役ですね。

内田　最初はさぁ、雄大が演じた五衛門役だって俺、思ってたんだよ。それで日活に行ったら、「オマエの役名は赤兵衛だ」って、勝さんが言うんだ。赤兵衛だぜ？　なにが「オマエにぴったしの、いい役」だよ。で俺、「あのー、勝さん。これ何か寿司屋の時と話が、違うんだけど」。さすがに赤兵衛はないだろ、もうちょっとまともな名前ないのかって訊いてさぁ。そうしたら勝のオヤジ、またうまいこと言いやがる。「バカヤロウ！　オマエ、ストーンズ好きなんだろ？あっかんべーだよ」。もうさ、笑っちゃったよね。そうこられたらロックンローラーとして、他の名前にしてくれなんて言えねえだろ？

　それでもどうも何か、こじつけみたいな感じがして、引っ掛かってたんだよね。また用意されてた衣装が酷いんだ。ほんとに赤兵衛って、いかにも田舎ヤクザの親分って感じでさぁ。やっぱり俺、ロックンローラーとして映画に顔出してるわけじゃない？　だから「後輩へのメンツもあるし、こういうのは着たくねえな」って、衣装部に言ったんだ。そうしたら、「監督、呼んでこーいッ！」ってなって、勝のオヤジがやって来た。「じゃあどういうのを着たいんだよ、オマエ」って言うから、「黒に霜降りがかかってて、こうバーッとまくったら真っ赤で派手で、頭はラメでバーッと……とにかくロックンローラーらしいのを、頼む！」って。そうしたら「オイ！　地で行きたいらしいからちょっと、お祭り付けてやれ！」。髪を作ることを「お祭り」って言うらしいんだ。それから「じゃあ（別の衣装を）、3枚くらい持ってこい！」ってなって、その中から俺が選んだのよ。勝さん、そういう感覚はわかる人だからね。

　で、次の日に撮影所に行ったらでっかい丸の中に赤字で「赤」って入った提灯がズラーッて百個くらい、並んでんだ。あれは壮観だったよ。

最強VS最強

内田　とにかくその頃の俺、いちばんノッてる時だったからね。勝さん以外はもう、誰も怖くねえやって思ってた。

――当時の内田裕也と勝新太郎……最強の組み合わせですよね。製作の動機を勝さんは、「六本木、原宿、永田町界隈に座頭市が、イーグルスの曲に乗って現れたら、マイケル・ジャクソンが座頭市をやったら、どんな座頭市映画が出来るだろう。そんなことを思った時、自分が座頭市をやりたくなった」と言っています。

内田　勝さん、ちょっとトボけてるところもあるけどさぁ、結構色んなもの、見聞きしてたんだ。アル・パチーノの『セント・オブ・ウーマン／夢の香り』（92）、あれは2〜3回観たとか言ってたよ。

——座頭市をライフワークとして演じてきた勝さんとしては、盲人に扮したアル・パチーノの演技が気になったんですかね。

内田　「あれはスゴい映画だ！」って勝さん、絶賛してたよ。

——裕也さんの後輩にあたる陣内孝則さんも、出演しています。劇中で裕也さんに偉そうにしているのが、またなんとも味わい深い。

内田　アイツも役者やりだした頃で、イキがんなきゃってのがあったんじゃない？　でもやたら硬くってなあ。

——裕也さんを前にしたら、そうならざるを得ないですよ。他にも緒形拳、樋口可南子、蟹江敬三、三木のり平、力也さん……錚々《そうそう》たる面子ですからね。

内田　いつもの『座頭市』だったら、市の前に立ち塞《ふさ》がる男を勝さんが、渡世の掟で斬るわけだ。でもこの『座頭市』には何人もワルが出てきて、しかもそれを演じてるのが俺や緒形さんやなんかだろ？　とにかくもう、オールスター・キャストなんだからさぁ。

——有終の美を飾るに相応しい豪華さですよね。

内田　それにしても力也は、かわいそうだったよなあ。せっかく出てきたと思ったら、アッという間に座頭市に断られて死んじまうんだから。

　樋口可南子と勝さんのシーンの撮影には俺、参っちゃってな。またうまいんだよ勝さん、こういう芝居が。とにかくふたりで風呂に入ったきり、全然出てきやしねえ。いいかげんにしろって。こっちは朝9時に撮影開始っていうから来てるのに、半日たってもまだ、風呂から出てこねえ。もうふやけちゃってしょうがないだろって。湯船の中で勝さんはずっと、バリバリになってたんだろうけどな。

——かと思えば三木のり平さん、緒形拳さんとはアドリブ全開で、濃密な芝居合戦を見せてくれます。

内田　旅籠《はたご》で勝さんと酒を飲みながら緒形拳が、色について講釈を垂れる。あれ、ホントに酒飲んで芝居してんだよね。マジで酔っ払って、キモチ良くなって。これもまた延々やってて、終わりゃしねえ。横にいて俺、うんざりしちゃってさぁ。

「意外とやるじゃねえか」

内田　勝さんの息子の雄大、顔も悪くねえしちょっと、チンピラっぽい感じでね。

――演技指導している勝さんの姿が、メイキングに残っています。もう徹底してしごいているんですね。

内田　息子だからこそわざと、いじめるんだよ。それが鉄則なんだ。何回も何回も、ダメ出しされてたな。でも最初は「手習い」っていって、その方がいいんだよ。これがデビュー作だし、だから勝さんは口移しで、一生懸命教えてたよ。着物も青いパリッとしたのを着せてやってなあ。

――しかも勝さんが圧倒的にうまいから、もうただ真似することしか出来ない。

内田　雄大を役者として有望視してたわけだし、それにやっぱり可愛かったんだろうね。だからあの事故がなければこの映画は、最高の財産になったのになあ。（市川）海老蔵とかより全然悪そうだったから、いい意味でな。マジで遊び知ってるしね。

――勝さんの現場は、ピリピリした雰囲気なんですか？　メイキングでは、何だか和《にこ》やかなムードが漂ってましたけれど。

内田　やっぱり度量が広いんだよ。でもあの勝さんが見てるんだから、テンションを持続できねえと、こっちがＴＡＫＯになっちまう。ここぞって時は勝さん、目がガッとなるからね。

――それまでの俳優・内田裕也の仕事を見てきたからこそ勝さんは、座頭市に出て欲しいって思ったんでしょうね。

内田　昔の大映の役者とは違う芝居をやったとは、自分でも思うけどね。一度勝さんに、「オマエ、意外にやるじゃねぇか」って言われたんだ。オイオイオイ、「意外に」ってどういう意味だよって思ったけどまあ、おかしかったよ。

芸は倒産しない

――裕也さんのワルっぷりは、とにかく徹底しています。誰かに絡む時は巻き舌になって、語尾では声が裏返っている。

内田　いやまあそこは、時代劇だからさぁ。悪い部分をあえて誇張してるってところは、あるけどね。

――赤兵衛が市に激しく按摩《あんま》されてしまう場面、あそこは何度見ても笑ってしまいます。まずは肘で裕也さんの手を、それから肩をほぐす。拳骨で頭を叩く。

内田　ケッサクだろ？　あそこは二人の芝居だから勝さんもちょっとこう、緊張してるみたいだったのよ。相手が俺だし、しかも初めて組むわけだからね。それがここぞとばかり勝さん、力いっぱい揉み倒してくれてさぁ。俺、メタメタにされちゃった。痛ぇんだよ、もう。横通しにされて腹ばいになった状態で、両足掴まれて、エビ反りにまでされちゃって。で俺は、「ご苦労さん……ご苦労さん、ご苦労さん！」ってもう、息絶え絶えで「……効いた〜！」ってな。でもこれが勝新太郎の演出だよ。独特のユーモアがあるんだよね。

——最後の決闘の舞台になる宿場町、あれは広島の福山に建てた、オープンセットなんですね。このセットだけで、３億円かけたとか。

内田　映画って贅沢だよ。この福山のセット以外はほぼ、日活撮影所で撮ってね。だから金がかかってなあ。

　この頃の勝プロにはもう全然、金がなかったのよ。でも勝さんは意地張って、「芸は倒産しない」なんて言ってたよ。

「ロックンロールの顔してください」

——夜明け前、五右衛門一味に襲撃された赤兵衛が、千両箱を担いでコソコソ逃げ出しますよね。あれは見ようによっては相当、滑稽です。

内田 勝さん、「ちょっとオマエ、千両箱持って逃げろ」って言いだしてな。でも、寝起きで千両箱持って逃げるんだぜ？ あまりにセコいだろ？ 赤兵衛の弱い部分を描きたいって思ったんだろうけどね。で、しまいには、「五右衛門側の半纏《はんてん》を盗んで羽織って、自分の子分たちも殺せ」。でもこっちはロックンローラーとして出てるわけだから、そこまで卑劣な真似は出来ねえよ。それにこっちはカリフォルニアから福山くんだりまで、駆けつけてるんだからさぁ。

——この場面で裕也さんは、兜の面頬《めんぼう》を着けています。あれを見て、『水のないプール』でクロロフォルム連続強姦魔を演じた裕也さんが着けてた防じんマスクを、思い出しました。

ところで赤兵衛の最期を撮影する時に裕也さんは、監督・勝新太郎にアイディアを出していますよね。

内田 「カメラのレンズに覆い被さるように死ぬってのは、どう？」ってな。そうしたら勝さん、「よくあるんだよな、そういうの」って。「あ、そうなんだ」なんて俺、照れ笑いするしかなかったよ。

――メイキングを見ると本番前、勝さんはカメラの横で、ボソッと言ってるんですね。「ロックンロールの顔してください」って。

内田　へえ！　しかしあそこは本当に、複雑な撮影だったんだよ。引っ捕まった俺が、まず鉢巻を投げ捨てる。その俺を取り囲んだ五右衛門側の子分たちが、次々斬りかかってきてな。俺の懐から小判が、ドッと落ちて、刀傷から血がプシュー、プシューって、噴水みたいに吹き出す。それがカメラのレンズにまで飛んで……そこまでが全部、ワンカットだよ。だから役者から裏方まで誰か一人でも失敗したら、全部やり直しになる。

　芝居って難しいよ。一人がうまくいっても全体のリズムやタイミングが狂っちゃったらもう、ＮＧになっちゃうわけだから。見直してみても自分が演じたなんて、いまだに信じられないよ。

――カメラが廻っているときは何か、特別な状態になっているんでしょうか。

内田　それでいて、冷静でもなきゃいけない。やっぱり映画って、狂気の世界だよなあ。

――監督・勝新太郎の目が、別人格へと導いてくれたのでしょうか。

内田　それはそうだよ。でもそこは、俺のイメージで演じたいっていうのもあったからね。屋敷から出てきた赤兵衛が自分の子分を蹴って、張り倒すだろ？　門の前で平身低頭していた宿場町の奴らは、その気配でもう後ずさりしちまう。

――その場に居合わせた人たち全員に赤兵衛は「笑え！笑え！」って迫ります。皆、どう応えていいか分からず、だから遠巻きに凍りついた表情を見せている。赤兵衛はこの町を、理不尽で爆発的な怒りで支配しているんですね。

「とにかく出てくれ！」

内田　この赤兵衛の最期の場面の前に俺、『ブラック・レイン』の撮影でカリフォルニアのナパ（・バレー）に行ってたんだ。そうしたら勝さんから連絡があって、「帰ってこい！」って。それで福山に戻ったんだよ。ホラこの映画、あの事故でいったん中止になってたから。

――雄大さんが真剣を持たされて、自分の子分役の俳優を斬ってしまった事故ですね。

内田　あの直前に俺は、勝さんと話してたんだよ。そうしたら「準備、出来ました」ってスタッフから、勝さんが呼ばれて。「じゃあちょっと裕也、行ってくるからな」「がんばって」「ヨロシク！」なんてさぁ。で、「よーい、スタート！」って、雄大の五右衛門とその子分たちが赤兵衛んとこに、殴り込んでくる。ダ・ダ・ダ・ダーンッてやってたら、「救急車ーーっ!!」って大騒ぎになったんだ。「何が起きたんだ?」ってすぐには状況が飲み込めなくて。だってまさか、真剣でチャンバラやってるなんて思わないもんな。なんでそんなこと、しちゃったんだろう？カーッとなって、血がビューッって飛んだらしい。頸動脈切っちゃってるからもう、すごい出血量でな。

勝さん、「なんとか生きてくれ」って言ってたよ。俺も一晩中、祈ったもんね。殺陣師《たてし》たちは「冗談じゃねえ！」って怒って、ストライキを起こしちゃって、それで撮影は中止だよ。

で、俺はナパ行って「ニューイヤー」やるから日本に戻って、年が明けてまた『ブラック・レイン』撮って……そんな異常なスケジュールこなしてる時に勝さんから、「『座頭市』を再開するから、とにかく戻ってきてくれ！」だもんなあ。でも五衛門側の殴り込みから赤兵衛の最期につづくわけだから、俺がいなけりゃどうしようもないだろ？

それに、天下の勝新太郎に頼まれたら、断るわけにいかねえ。

で、何とか福山に着いたら勝のオヤジ、「オマエ、千両箱抱えて逃げろ」だって……いい加減にしろよ！

雄大が仮釈放で出てきた時に俺、勝さんに言ったんだ。「冗談じゃねえよ。ここにいる俳優はみんな、座頭市に斬られるために来てんだ。雄大にじゃねえ！」って。そうしたら勝のオヤジ、「バカヤロウ！ 俺は忙しいんだ。これから緒形拳を、斬りに行かなきゃいけねえんだからよお」って、フザケんなよなあ。

俺は初めての時代劇だったし、とにかく疲れる現場だったよ。

しかしこの年の俺は、充実しまくりでさぁ。次から次に仕事は来るし、だからランナーズ・ハイみたいにアドレナリンが出まくって止まらない、絶好調がずっとつづいている感じ？ 俺この頃、40代後半かあ。1年間ずっと、不眠不休みたいなもんで、クスリがあったからなんとか……。しかも出る映画全部、面白くってな。ありえないレベルをどんどん、さらに超えていく感じでさぁ。

しかし江戸時代にロックンローラーって、いたのかな？

カツシンと宮沢りえ

——それと残念ながら実現しなかった勝さんとの企画についても、聞いておきたいんです。裕也さんは監督・勅使河原宏、主演・勝新太郎、宮沢りえで映画を作ろうとして、動いてたんですよね。勅使河原監督は『豪姫』（92）で宮沢りえを撮ったばかりで、それでもう一本やろうって話になった。

内田　りえと貴花田（当時）の婚約記者会見って、あっただろ（1992年11月）？　で、「りえの人生の門出を祝福するような映画を、プロデュースしたい」って俺、口説いたんだ。りえは、「お願いします！」ってな。舞台はヴェネチア、りえの相手役は……勝のオヤジしかいねえだろ！　元ヤクザでいまはカタギになってる勝さんはひとり、ヴェネチアで暮らしている。ヴェネチアン・グラスの職人になっててね。そこに謎の美少女・りえが現れるんだ。マフィアに追われてるりえを守るため、勝さんはまた暴力の世界に身を投じ、死んでいく……そんなストーリーを考えてたんだよね。タイトルは『アルベデルチ』、イタリア語で「さようなら」って意味なんだ。

『座頭市』での事故もあったし、勝さんを使おうっていうプロデューサーがあの頃、いなかったんだよ。それでこんなに素晴らしい役者のために俺がなんか、役に立てればなって思ってね。りえを紹介したんだよ、ホテルオークラにある、「ハイランダー」ってバーでね。そうしたら勝さん、いきなり「ママ〜！」ってりえママに抱きついちゃった。りえママもベロベロになってなあ。

――裕也さんは映画人・勝新太郎をどのように思っていたんですか？

内田　間違いなく天才だよ。『座頭市』『兵隊やくざ』『悪名』って人気シリーズを、3本も持ってたんだぜ。そんな役者、世界中探してもいねえだろ？　でも個性が強すぎるから、その色をどう生かすかが難しいんだ。だからしょっちゅう組みたいとは、思わなかったね。

――その『アルベデルチ』が流れてしまった経緯を、教えてください。

内田　今だから話すけどあれは、オークラでの最後のミーティングだよ。勝さんとテシ（勅使河原）さんは安部公房原作の『燃えつきた地図』（68）で一度やってるし、だから相性はバッチリだと思ったんだ。テシさんとは俺、古い知り合いで、つまんない理屈こねたりしない人だって知ってたしね。

結局最後は俺と勝さんが揉めちゃったんだ。勝さん、ミーティングのたびごとにテーブルいっぱいに、酒だ料理だって並べさせてさぁ。こっちはみんな、映画の話しに来てんだぜ？　宴会やってんじゃねえんだからよお。で、前は原田美枝子のマネージャーだったとかいうヘンな野郎、コイツが勝さんの取り巻きしてやがってさぁ。

――そういえば、勝さんが撮影した原田美枝子のヌード写真集って、ありましたね。『勝 vs 美枝子』（80年）。

内田　こっちは東宝までお願いに行って、だからもう背水の陣だよね。でもセゾンの堤康二くんとかお歴々が並んでる中で、いつまでも頭下げてるわけにもいかねえ。で、俺がトイレ行って帰ってきたら勝さん、「オイ裕也！　俺の客人になんか、イチャモンつけたのか？」なんて、因縁つけてきやがった。その原田美枝子の元マネージャーのこと、言ってるんだ。俺もう、プッツンきちゃってさぁ。「ちょっと待てよ！　ここにいる全員、アンタに映画をやってもらおうってみんな、頑張ってきたんだぜ？」って怒鳴ってやった。周りはシーンってしてたけどね。

――裕也さんは、『アルベデルチ』のロケハンにまで行ったんですよね。

内田　聞いてくれよ！　ヴェネチアまで本当に、ロケハン行ったんだよ。しかも現地でマルチェロ・マストロヤンニに出演交渉までしてさぁ。マストロヤンニだって乗り気だったんだぜ。

だからもったいねえんだよ、『アルベデルチ』。俺が思っているようなエンターテインメントって、まだ日本にはないんだ。こう、粋でさぁ。それをこの映画ではやりたかったんだ。

――裕也さんはホンまで書いていたわけですもんね。

内田　だからもう俺、嫌になっちゃってさぁ。そのヘンな元・原田美枝子のマネージャーで自称・脚本家に、「オマエは黙ってろコノヤロウ！」って怒鳴ってやった。ヘンな野郎だ、理屈ばっかりでよお。こっちがどれだけエネルギーと金、使ってきたんだって話だよ。

　勝さんにももちろん、腹立ったよ。だって同じ映画人として考えても、こんないい話ないだろ？　俺、あちこちお願いしに行って、結構いい額の予算確保したのよ。東宝、東映、松竹って全部、頭下げてよお。それだけやって、全部セッティングしたんだ。だから「何が問題なんだよ、勝さん！」って話だろ？　多分ね俺、今だから思うんだけど勝さん、イタリア語とか英語が苦手だったんじゃないかな。

　でもヴェネチアで勝さんとりえ、それにマストロヤンニで映画撮ったら俺、絶対ハマるなって思ったんだ。

天才との別れ

――『アルベデルチ』の件で揉めて企画が頓挫してしまった後に、勝さんと会う機会はあったんでしょうか。

内田　亡くなる直前、病院にお見舞いに行ったんだ。勝さんは病室のTVで女形の歌舞伎を見てた。その頃はもう声が出なくって、だからその女形の身振り手振りを真似して、俺を笑わせようってするんだよ。で、（中村）玉緒さんや息子たちと一緒に帰ろうとしたら、「オマエはまだいろ」。人差し指を立てて、「裕也はナンバーワンだ」って。

　葬式では、あの勝新太郎が焼かれて骨になるのを見るのが、辛くってなあ。だから俺は一晩中、提灯持って立ってたんだ。赤兵衛の提灯の話もあったし、それが故人に対する礼儀だろうってね。あとで勝さんの娘さんから聞いたんだけど、俺との映画がオシャカになってから勝さん、「裕也が来る裕也が来る……」ってずっと、うなされてたんだって。だから俺に対して申し訳ない気持ちは、あったんだろうね。

――裕也さんと物別れになってしまったことに、悔いが残っていたんですね。

内田　俺と勝さん、気性はすごく合ったと思うんだよね。でも俺は性格的にもさぁ、けっこうツッパって生きてきたからやっぱり、人に媚びるのだけは嫌なんだよ。いろいろあったのに、「いやあ、どうも勝さん。久しぶり！」なんて、言えないわけ。

でも照れくさいけど俺、ほんとに勝新太郎のこと大好きだったんだ。反面教師的な意味も含めてね。勝さんは晩年、ロック・ミュージシャンとも交流があったんだ。それで会って一杯飲むと、やっぱり面白いじゃん。何か特別なものを貰えるんだよ。

しかしホント、あの野郎だよ原田美枝子の元マネージャー、殴ってやろうかと思ったんだけどね。こっちは毎回オークラに、部屋取ってたんだぜ？　それでテシさんも見るに見かねて、「あの、うちにもいいところがあるから、ぜひ使ってください」って……草月会館だよ！　メチャいいだろ？　それなのに勝さん「ちょっと、俺の感性にはよお」なんて言いやがる。そりゃこっちだってもう、勝手にしろよってなるよなあ。

――でも『座頭市』の現場映像を見てると勝さんは、裕也さんと一緒に映画作れてもう嬉しくてしょうがないって顔をしてますね。ニッカニカ、子どもみたいに笑ってる。

内田　ああ……。『座頭市』はやっぱり、こっちから乗り込んだわけだからね。あとはそれまでに俺が勉強したことを見せられたか、どのくらい成果があったかってことだよ。
でも、そんなに悪かねえって俺、思ってる。

帝国ホテル　ランデブーラウンジ・バーにて

Rolling 11

宮沢りえとタケちゃんマン in Paris

『エロティックな関係』

エロティックな関係（1992）

1992年10月17日公開

製作:ケイエスエス（製作協力ニュー・センチュリー・プロデューサーズ） **配給**:松竹　95分

監督:若松孝二　**脚本**:内田裕也、長谷部安春　**原作**:レイモン・マルロー　**製作総指揮**:奥山和由
製作:小口健二、須崎一夫　**プロデューサー**:岡田裕、内田裕也　**撮影**:長田勇市　**照明**:豊見山明長
美術:山崎輝　**録音**:北村峰晴　**編集**:鈴木歓　**音楽**:大野克夫　**助監督**:石田和彦　**スチル**:竹内健二

出演　内田裕也、宮沢りえ、ビートたけし、ジェニファー・ガラン、荒戸源次郎、佐藤慶、宇崎竜童、叶岡正胤、斉藤洋介、ジョー山中、ジュン・クン・リー

KISHIN（内田裕也）はパリの路地裏で、手狭な探偵事務所を開いている。美しい助手のRIEと一緒に、射撃場に通って柔道の稽古に励み……日々鍛錬に努めているのではなくそれは、子どもの習い事のように見えるのだった。そんなある日KISHINは、事務所を訪ねきた奥山（ビートたけし）と名乗る男から、愛人ロレーヌ（ジェニファー・ガラン）の浮気調査を依頼される。早速愛車のシトロエンを駆って、ロレーヌの尾行を開始するKISHIN。言い訳の余地がない証拠をいくつも押さえたKISHINになんと、浮気調査の対象であるロレーヌが接近してくる。金も名誉もある男にロレーヌを抱かせ、それをネタに恐喝する。奥山はそんなゆすり屋なのだとロレーヌは語る。一方、その奥山はRIEに接近していた。高級ブティックを回り、二人だけのためのファッションショーを開き、古城での優雅なディナーに招待する。映画みたいなデートに夢見心地のRIE……そんな彼女は、ル・モンドの記者NEGISHI（宇崎竜童）のことばに目を覚まされる。奥山は大金を持ち逃げしてフランスに逃亡してきた大物不動産ブローカーで、日本では指名手配されているというのだ。

若松孝二、矛盾だらけの男

内田　『エロティックな関係』のカメラマンは俺、最初から長田勇市に決めてたんだ。長田は『魚からダイオキシン!!』で軍艦島を、オールロケで撮っただろ？　あの撮影は大変だったんだよ。長崎に宿とって、まずフェリーで近くの島まで行く。それで毎朝5時くらいに起きて、軍艦島に出発してたんだ。なにせ電気が通ってないわけだから、陽が沈んだらその日の撮影はもう、打ち切りなわけ。美術から何から、スタッフはもう必死だった。

長田は沖縄出身で、照明の豊見山（明長）も宮古島かなんかの出身だった。しかも長田の奥さんが、フランス人だっていうんだよ。『エロティックな関係』は俺、パリに土地勘があるカメラマンじゃないと、絶対に撮れないなって思っててね。だからどうしても長田にこだわりたかった。『エロチックな関係』（78）を一緒にやった長谷部（安春）監督にも相談したんだけど、他のカメラマンを使いたいって言われてね。でも俺は長田以外考えられないって思ってた。

で、若松のオヤジが監督に決まったんだ。だけどあのヤロウ、パリに『寝盗られ宗介』（92）のホンを持ってきやがってよお。原田芳雄主演、つかこうへいの舞台が原作のだよ。しかもシャンゼリゼで撮影してたら若松のヤロウ、突然「俺は日本に帰る！」なんて言い出しやがった。「待てよ若松、テメエこの映画ナメてんのか」って俺、キレてさぁ。でも『水のないプール』でアイツを男にしてやったんだから、俺は間違ってねえよ。とにかく若松はもう、矛盾だらけの男なんだよ。俺とやった『水のないプール』は世間を騒がせた、クロロホルム連続強姦事件の映画化だろ？他にも社会派っていうか、問題作をずっと、撮ってきたわけじゃない？

――物語そのものは創作ですが、『狂走情死考』（69）にはあの新宿騒乱が記録されています。

内田　吉沢健が兄貴を撃っちゃって、北に逃げるだろ？　まだ高層ビルが建つ前の、淀橋浄水場の跡地だった西新宿が映っててな。

若松がプロデュースした大島さんの『愛のコリーダ』（76）だって、阿部定って女の猟奇犯罪を描いてるわけだろ？　『17歳の風景　少年は何を見たのか』（05）は、母親を殺して自転車で逃げた少年の話だし。

究極があれだよ、『実録・連合赤軍　あさま山荘への道程《みち》』（08）だよ。山の中のアジトを転々としながら、武装訓練している連赤の奴らが、理性を失っていくさぁ。

――恋愛感情のもつれ、革命理論の先鋭化などが異常に昂進して、メンバーが次々と「総括」されていきます。極寒の屋外に放置されて凍死、撲殺や餓死というかたちで……。

内田　それに盟友の足立正生は、本当にドンパチしてるパレスチナまで飛んじゃってるわけだしね。だから若松にも何か、イデオロギーみたいなものがあるって思うじゃん？　でもその同じ若松が、『キスより簡単』(89)『キスより簡単2　漂流編』(91)なんて漫画原作まで、監督してるんだから、もうワケが分からねえ。

『完全なる飼育　赤い殺意』(04)なんてあれ、優作氏の最初の奥さんだった松田美智子が原作書いて、和田勉が監督した少女監禁モノの、しかも6作目だぜ？　話題になりゃ、映画撮れりゃ、何でもいいのかって！

Welcome to Paris!

——宮沢りえとビートたけし。文字通り当時、芸能界のトップ中のトップだった二人を起用して、しかも全編、パリ・ロケ。その話題性も手伝って当時、『エロティックな関係』は新聞・雑誌の紙面を賑わせました。

内田　タケちゃんマンをりえと初対面させたのは勝さんの時と同じで、

ホテルオークラのバー「ハイランダー」だった。それがだよ、遅刻してきた上にタケちゃんマン、りえママに向かっていきなり「……本当に、ママが産んだの？」。もう俺、「終わった……」ってな。りえママは不機嫌な顔してずっと、りえをガードしてる。もうしょうがねえ、解散だってなったらタケちゃんマン、「もう一杯どうですか？」だって。それからハシゴして三軒目の店ではタケちゃんマン、りえとジルバなんか踊っちゃってる。俺、「ヤッター」てね。

　で、りえとタケちゃんマン、ふたりのＶＩＰをパリに迎えるのにふさわしいマナーは何かって俺、考えてね。

　それでまずタケちゃんマンのために、エッフェル塔にあるバーを貸し切ってやろうって思ったんだ。でもそこの支配人が、「当店にはドレス・コードがありまして、必ずジャケットをご着用ください」なんて眠たいこと、言いやがる。「よし、コノヤロウ」って思ってな。「俺は日本のロックンローラーで、初めてパリに来る客人のためにここを、使わせてくれ。一時間もあれば十分だから」って頼んで、ＯＫもらってね。それでシャルル・ド・ゴール空港からバーまでフランス美女４人に、タケちゃんマンをエスコートさせたんだ。

　あれ、カッコよかったよ。エッフェル塔の下からインカム使って、「ただいまお客様が、到着しました」とかって無線でやり取りしてな。

宿はコンコルド広場に面した名門中の名門、オテル・ドゥ・クリヨン。それも全面鏡張りのマリー・アントワネットの間があるスイートだよ。そうしたら翌朝タケちゃんマン、「どこ向いても自分が映ってるなんて、落ち着かなくって。だから付き人と代わって、俺は次の間で寝ましたよ」だって。

当然りえにもイケメンのフランス人を4人つけて、宿はもちろんオテル・ドゥ・クリヨンのスイート。

これがロックンローラー流の「Welcome to Paris!」だよ。

――宮沢りえさんは1992年11月3日発売の『週刊プレイボーイ』に掲載された裕也さんとの対談で、「スケジュールは本当にハードだったけど、裕也さんが映らないところまで気を遣ってくださって。泊まるところとか、あと食事とかも。たけしさんは『大袈裟だよ』なんて言ってたけど、私はとっても嬉しかったです」って言ってます。

内田　ありがたいよねえ。

――当時のスポーツ紙は、裕也さんの刺激的な発言の数々を伝えてもいます。91年7月30日の『スポーツニッポン』は、「それぞれが毒を持った者同士。新しいものを生み出して日本映画にショックを与えたい」「なにせ、それぞれが売れっ子なのでスケジュール調整が大変だけど東京のセットを使って〝パリでござい〟みたいなウソはつきたくない」「現場は大変そうだけど、『稲村ジェーン』『天と地と』を超えるエキサイティングなものにしてみせます」という裕也さんのことばを掲載しています。「ギンギンにボルテージを上げていた」なんて表現まで使って。

　そして同じ『スポーツニッポン』12月15日での発言、こちらはかなりキワどい。「サドもマゾも出てくる。りえちゃんには〝裸に近い〟こともしてもらった」「(りえの写真集を撮った)篠山紀信さんと同じことをやろうとしても意味がない。〝別の手〟でさらにワイセツ性を出せるアイディアを出した。〝えーっ、ホントにそんなことするのォ？〟ってりえちゃんも口にしたほど」

　マスコミのスケベ心を煽ることに、まんまと成功しています。

内田　もう完璧に、計算通りだよ。しかしあの頃のりえってもう、クソ生意気でさぁ。最後、シャンゼリゼでキレちゃってよお。「おいコラ、りえテメエ」って若松のオヤジみたいに俺、ヤクザになっちゃったよ。

――でも結果としてこの映画は、宮沢りえが一番可愛い時のドキュメントにもなっています。

内田　クゥーッ、そこなんだよなあ。

――ラスト、ビートたけし演じる奥山に銃口を向ける場面で人を殺す覚悟を決めた、あの目……。

内田　あそこのりえ、カッコいいよな。

セルリアンタワー東急ホテル　ガーデンキッチン「かるめら」にて

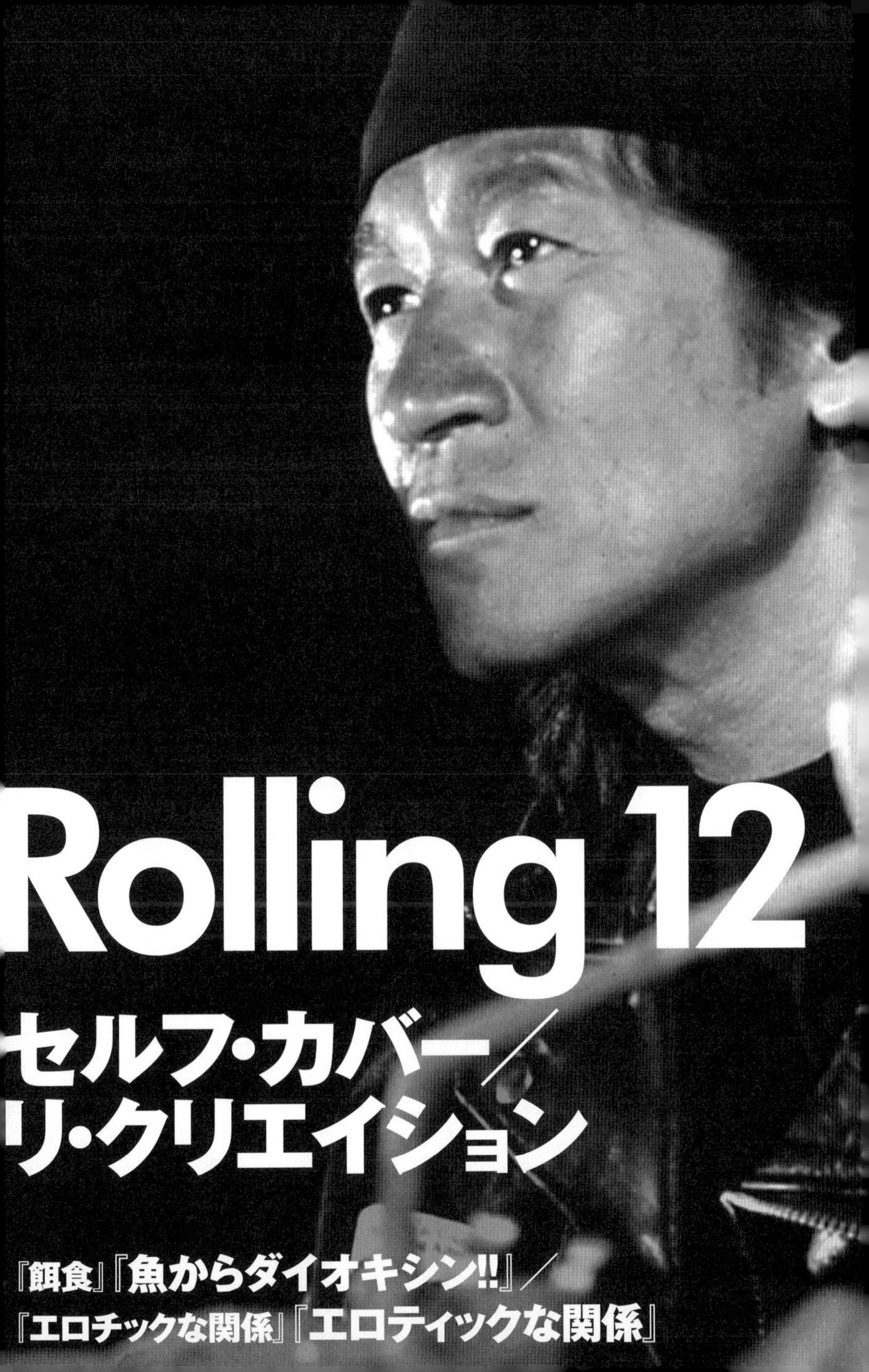

Rolling 12
セルフ・カバー／リ・クリエイション

『餌食』『魚からダイオキシン!!』／
『エロチックな関係』『エロティックな関係』

餌食(1979)

1979年6月23日公開　製作:獅子プロ　配給:東映　80分

監督:若松孝二　**脚本**:荒井晴彦、高田純、出口出　**企画**:向井寛　**製作**:向井寛　**撮影**:志村敏雄
照明:斉藤正治　**録音**:東映東京撮影所録音部　**音楽**:ピーター・トッシュ、マトウンビ　**編集**:中島照雄
助監督:一ノ倉二郎　**スチル**:金谷肇

出演　内田裕也、多々良純、宮田明、栗田洋子、水島彩子、鹿内孝、草薙良一、佐々木剛、佐藤蛾次郎、本郷直樹

単身アメリカに渡って8年——レゲエバンド"ソルティードッグ"のカセットテープ一本を手に、忠也(内田裕也)は帰国した。空港からのバス車内で当たり前のように、ハッパを吹かす忠也。隣の金髪女にもおすそ分け、まんまとその夜一発キメる。かつてのバンド仲間で、いまは音楽会社Nプロモーション社長の座についている仲根(鹿内孝)に会った忠也は、ソルティードッグを売り込む。ドヤ住まいの忠也は、盗品の牛乳やパンを売っている満(宮田明)と親しくなり、彼のアパートに転がり込む。そこには片腕の元バイオリニスト・捨造(多々良純)と、ピンサロで働く女子高生・恵理(栗田洋子)が暮らしていた。忠也はかつての恋人・麻美(水島彩子)と再会する。麻美は外タレ専門の売春婦に堕ちていた。外タレから流れるヘロインのルートを押さえるためNプロモーションの仲根は、麻美のセックスを売ろうと考えた。そのため彼女をヘロインなしでは生きていけない身体にしたのだ——禁断症状に震える麻美の首を、忠也はやさしく締め上げる。

魚からダイオキシン!!(1992)

1992年2月22日公開

製作:ケイエスエス=フロム・ファースト=DENグループ提携(製作協力…ニュー・センチュリー・プロデューサーズ)
配給:松竹　121分

監督:宇崎竜童　**脚本**:内田裕也　**原作**:荒井晴彦、高田純、高橋伴明、小水一男　**企画**:内田裕也
製作:小口健二　**プロデューサー**:海野義幸　**撮影**:長田勇市　**照明**:豊見山明長　**美術**:山崎輝　**録音**:杉崎喬
編集:村本勝　**音楽**:大野克夫　**助監督**:上山勝　**スチル**:目黒祐司
製作協力:須崎一夫、田名部太郎、朝隈敏行

出演　内田裕也、本木雅弘、溝渕美保、佐藤慶、高沢順子、鹿内孝、尾藤イサオ、佐藤蛾次郎、草薙良一、本郷直樹、大伴修、景山民夫、横山やすし、ビートたけし

1991年、東京。茶番だ映画の宣伝だと揶揄されながら、ロックンローラー・YUYA(内田裕也)は都知事選に出馬。5万票余りの支持を集めるも落選する。そして時は過ぎ——199X年。YUYAは帰還する。ニューヨークで受けたクルド人ミュージシャンの衝撃を、東京に伝える。そんな使命感を抱いて彼は、かつてのロック仲間でいまは音楽業界のドンに君臨しているNAKANE(鹿内孝)を尋ねた。カプセルホテル住まいのYUYAは、そこの親分格の男・YOKOYAMA(横山やすし)から、オートレースに誘われる。どの舟券を買うべきかチケット窓口で悩むYUYAに後ろから、苛立たしく声をかける男。「……決めてから並べよ」振り返った顔を見て「あ、ロックのYUYA」——これがパンク青年・KENJI(本木雅弘)とYUYAの出逢いだった。NAKANEにとってYUYAは、過去の亡霊のような存在だった。NAKANEは音楽ビジネスでの成功だけでは飽き足らず、裏では麻薬取引で莫大な利益を貪っていた。しかも外タレからのヘロイン・ルートを確保するために、YUYAのかつての恋人ASAMI(高沢順子)をクスリ漬けにし、売春接待を強要してまでいたのだ。

エロチックな関係(1978)

1978年7月8日公開　**製作**:日活　**配給**:にっかつ　93分

監督:長谷部安春　**脚本**:中島紘一、長谷部安春　**企画**:成田尚哉　**製作**:栗林茂　**制作補**:青木勝彦
撮影:安藤庄平　**照明**:高島利隆　**美術**:菊川芳江　**録音**:古山恒夫　**編集**:井上治　**助監督**:黒沢直輔
スチル:浅石靖

出演　内田裕也、加山麗子、牧ひとみ、田中浩、井上博一、花上晃、西村昭五郎、南条マキ、岡尚美、恵千比絽、江角英明、安岡力也、日野繭子、田島はるか

桧垣浩太郎(内田裕也)の私立探偵事務所はいつも、開店休業状態だ。そんなある日桧垣は、黒川建設社長の黒川英雄(田中浩)の訪問を受ける。黒川からの依頼は、愛人・千恵子(牧ひとみ)の浮気調査だった。願ってもない大口の仕事に浮足立つ桧垣は、妻で助手の美紀(加山麗子)にせがまれ、気のないセックスをする。調査を始めた桧垣は、千恵子とスポーツクラブ支配人(井上博一)、病院長(花上晃)の浮気現場を、次々に押さえていく。動かぬ証拠を黒川に渡し、たんまりと報酬を受け取る。そうほくそ笑んでいた桧垣の前に、なんと千恵子が現れる。地位も名誉もある男に自分を抱かせ、口止め料をせしめる。黒川はそんな悪質な恐喝屋だ。そう千恵子は、桧垣に告げるのだった。

ピンクとロックの初セッション

――裕也さんは『ブラック・レイン』の時にマイケル・ダグラスから、「これからはリメイクの時代だ」と言われたそうですね。それで今回は、『エロチックな関係』と『エロティックな関係』、『餌食』と『魚からダイオキシン!!』という、それぞれ対になっているオリジナル／リメイク映画について、お話を伺っていきたいと思います。

リメイクって、ネタ切れだ焼き直しだなんて言われがちですよね。でも裕也さんはリメイクすることで、オリジナルを大きく読み換えて再解釈している。それはもう、リ・クリエイションと言ってもいいんじゃないかと思うんです。

まず、『魚からダイオキシン!!』の最初の〝バージョン〟である『餌食』から、見ていきましょう。

8年ぶりに帰国した裕也さん演じる主人公の名前が「忠也」です。赤のボーダーのポロシャツにつなぎ、その上にジャケットを羽織ってラジカセを提げるというスタイル。それで街を歩いている。

内田　その衣装で忘れられない話があってな。反体制ポルノで時代の寵児だった若松と、ロックンロールの内田裕也。これがその、初セッションだよ。だから革命、レボリューション起こしてやろうって思ってな。ヨウジヤマモトのつなぎを戦闘服にして、セントラルアパートの屋上まで駆け上がる。それでホコテンを歩く人間たちに向けて、無差別射撃だよ。駆けつけた警官に、俺は射殺されて――このシーンを何度も繰り返し、イメージしてたんだ。若松のオヤジがどう撮るか、楽しみにしてな。そうしたら若松のヤロウ、貧乏なピンク映画で育ったからか知らねえけど一発で、「ハイ、ＯＫ」だって。「オイオイ、そりゃないぜ。もっとガッツリ撮ってくれよ！」って食い下がったら、「監督の俺がＯＫって言ってるんだから、ＯＫなんだよ！」なんてぬかしやがった。

　でもその同じ、ドケチの若松のオヤジがさぁ。『実録・連合赤軍　あさま山荘への道程《みち》』では自分の別荘をメチャクチャに壊しちゃうんだから、面白えよなあ。

――『餌食』の裕也さんは空港からのバスで吸っていたマリファナを、隣の席の外国人女性に、おすそ分けしてます。

内田　でその夜にはもう、キメてるっていうな。

　それと俺が街をブラついてる時に、ピンボールやインベーダーゲームの映像がインサートされるだろ？　あれが当時の時代風俗なんだよな。

――原宿の路上で踊っている若者たち、あれは竹の子族でしょうか。

内田　全盛だった頃だよね。『十階のモスキート』のキョンキョンも、竹の子族の中学生だったろ？

――この映画の裕也さんって、物凄くゆっくり、気だるそうに歩いてますよね。

内田　映画の中では「渇いた味」って言ってるけど、ピーター・トッシュの〈スーン・カム〉にノリながら、歩いてるわけだからね。

その俺がラストではセントラルアパートの階段を、それこそ猛ダッシュで駆け上がってる。その緩急が大切なんだ。

それであの、無人のスタジアムだよ。ひとり残された女が男たち三人の魂を、鎮めてる。ラジカセからはマトゥンビの〈ランニング・イン・アンド・アウト・オブ・ライフ〉が流れててな。

『市民ケーン』をやってやる！

――その『餌食』の別バージョン『魚からダイオキシン!!』ですが、東京都知事選出馬のくだり以外はほぼ完全に、オリジナルと一緒なんですよね。それなのにふたつの映画から受ける印象は、まったく違う。だから、既視感と未視感が入りまじって、気持ちよく酔ってしまうんです。

内田　『餌食』の忠也って名前が『魚からダイオキシン!!』ではＹＵＹＡになってるだろ?

――内田裕也の「裕也」を、ローマ字表記しただけになっている。しかも裕也さん自身が出馬した東京都知事選から、映画が始まります。だから現実の内田裕也＝映画のＹＵＹＡだと、こちらはすっかり思い込まされてしまう。

内田　ＮＨＫでのあの政見放送も、映画に入れ込んでるしな。

――固定カメラの前に「東京都知事候補・無所属」内田裕也が、黒いバンダナを巻いて座っている。英語でジョン・レノン〈パワー・トゥ・ザ・ピープル〉、プレスリー〈今夜はひとりかい?〉を、さらに指を弾いてリズムを取りながら持ち歌〈コミック雑誌なんかいらない!〉を披露します。しかも以上、すべてアカペラで。そして「Love and peace Tokyo, rock 'n' roll, thank you」でキメる、はずが放送終了まで十数秒、沈黙がつづき最後にひと言「ヨロシク」……もはや、完全に伝説です。

それと「ＮＡＮＫＡ変だなぁ!　キケンするならＲＯＣＫにヨロシク!　Love&Peace Tokyo」ってコピー、あれにもブッ飛びました。

政治にはアマチュア！　行政能力にもアマチュア！　欠点にプロフェッショナル！

11，850，306人のTokyo都民！

BUT

世界中で日本の悪口が聞かれる時TOKYOの知事にROCK 'N' ROLLERがなることはJAPANのイメージを変える事になる!!

キタナイ事はもういいヨ！

そう思ってTATSU！

判ってくれる人ROCK IT！

内田　で、そのあとに俺の長所と短所をガーッって、羅列したんだ。

欠点

1． 家庭生活に向かず別居中ガールフレンドとの交際を始め妻子やGFの御両親に多大なMEIWAKUをかける！

2. 自分の意見が通らない時にカットなりやすい！

3. 権力、上からの強制にはすぐに反抗してしまう！

4. 理想主義に走りやすく現実とのギャップにジレンマを感じおちこむ事がある！

5. 弱者の味方であると確信していながらアーバンシティライフの誘惑に負けてZEITAKUをしてしまう！

6. 経済感覚が少しおかしくKANEが入るとすぐに使ってしまう！

7. 土地、住宅、CARと一切ナシCARDも入金がおくれ現在使用できず自分の将来はインターナショナルアーティストになり自己中心ながら世界平和に少しでもKOKENできると盲信している事！

8. ROCKでKANEをもうけ過ぎるのは良くないとKASUKAなプレッシャーを感じ自分のまわりのROCKミュージシャンやプロデューサー・マネージメントに多大なめいわくをかけている！

9. アルコールをとりすぎると今までのフラストレーションがフラッシュバックし荒れる事がある！

10. BGATAのSASORIZA生れ高校中退NAGASHIMA

SHIGEO氏の様に自分の意見を表現する言語が独創的すぎる事がある！　漢字に弱い！　数字に弱い！　女性に弱い！コンピューターに弱い！　NEWMUSICに弱い！　HITに弱い！LOVEストーリーに弱い！　不TOMEーな政治に弱い！

長所

1. 借金の返済期日以外は「USO」をついていない！

2. 世界中で日本の悪口が聞かれる時Tokyoの知事にROCK'N'ROLLERがなる事によるイメージチェンジ！

3. バンダナガバナーが中央政府と堂々とやり合える事！

4. 80％のジャスティス！

5. 人間を愛している！　これだけです！

内田　ロックンロールだろ？

――想像を絶しているとしか、言いようがありません……。しかし当時のマスコミはずいぶん、裕也さんの立候補に冷笑的でした。

内田　ドクター中松氏なんかと一緒に「泡沫候補」なんて言われてたな。

その中松氏がさぁ、選挙活動で〈コミック雑誌なんかいらない！〉歌ってる俺の周りを、あのジャンピング・シューズで跳び回ってるんだから。おいおい、それじゃホントのマンガになっちまうだろって。

――さらにヒドいのは、映画の宣伝目的での立候補だなんて書き立てられたことです。

『日刊ゲンダイ』２００１年3月23日号では、「芸能リポーターを主人公にしたドキュメンタリー風作品『コミック雑誌なんかいらない！』が好評だったから、今度は都知事選で二匹目のドジョウを狙おうってハラでしょう。それにウドー音楽事務所に乱入したのは『十階のモスキート』公開直前で、彼は、罰金のたった三万円でいい宣伝ができた』って言っていたそうだから、今度も同じ手口でしょう。供託金２０００万円も、街頭ロケ費や宣伝費と考えれば安いもんですからね」。そう映画関係者が語っています。

内田　フザケンなって！　俺は現職の鈴木俊一と元ＮＨＫキャスターの磯村尚徳の一騎打ちにアントニオ猪木さんが割って入ることを、期待しててな。だから猪木さんが降りた時、もう衝動的に「出よう」って決めたんだ。

俺、５万４６５４の得票数を誇りに思ってるよ。それにバンダナ巻いたロックンローラーが都知事選立候補なんて、日本も捨てたもんじゃねえって世界から、思われたんじゃないかな。

とにかく俺は、黒澤明もコッポラも出来なかったことをやった。だからその経験を生かして映画を作ろうと思っただけなんだ。それなのに選挙戦を映画のキャンペーンに使っただなんて勝手なこと、言いやがって。こっちは『市民ケーン』(41)やろうとしてたってのによお。

――『市民ケーン』はセンセーショナルな誌面を売りに巨万の富を築いた「新聞王」ウィリアム・ランドルフ・ハーストをモデルにしている。ハーストはその資金力をバックにいくつもの新聞を買収、映画会社やラジオ局も手中に収め、遂には政界にまで進出します。オールタイム・ベストテンの上位にかならずランク・インする、大傑作です。この映画の製作・脚本・監督・主演を務めたのが、「神童」オーソン・ウェルズ。当時まだ25歳でした。

内田　だから俺は、そのウェルズを超えてやろうって思ったんだ。だってそうだろ？　都知事選に出馬した内田裕也をモデルにしたYUYAって男を、俺自身が演じてるんだからな。

――『魚からダイオキシン!!』公開前のインタビュー（『スポーツニッポン』92年1月12日）では、「十代はプレスリーになろうと思った。二十代はチャック・ベリーになろうと思った。三十代はジョン・レノンになろうと思った。それで四十代で、内田裕也になろうと思った」「わりと鋭角的にクールに自分をみつめられるようになったと思う」と言っています。

内田　ナベプロ辞めてヨーロッパへ「攻撃的逃走」したのと、この都知事選出馬。これが俺の人生の二大エポックだったって、今でも思ってるよ。

――裕也さんはこの年、52歳ですか。50代を過ぎて内田裕也として、都知事選に出た。

内田　それで『魚からダイオキシン!!』でさらに、ＹＵＹＡに進化したんだ。

本木雅弘と軍艦島

――『餌食』の忠也はレゲエ、『魚からダイオキシン!!』のＹＵＹＡはクルド音楽を、日本に売り込もうとします。忠也は二段ベッドが並んだウナギの寝床みたいな部屋で、寝起きしている。そこの親分格が、力也さんです。

内田　上半身裸で、肩にはがっちりモンモンでな。このドヤが、『魚からダイオキシン!!』ではカプセル・ホテルに変わってる。で、そこのボスが、力也からやっさん（横山やすし）になっててな。

――裕也さんが仮住まいしている『餌食』のドヤに牛乳を配達しに来る若者が、宮田明さんです。ふたりは意気投合し、宮田さんが間借りしてるアパートの部屋に、裕也さんは転がり込む。その部屋の主《ヌシ》的な存在が、多々良純さんです。

内田　あそこは表参道の同潤会アパートで撮ったんだ。同潤会って関東大震災のあとに建てられた、鉄筋コンクリート造りのモダンなアパートだろ？　いまは取り壊されちゃって、表参道ヒルズなんてのになってるけどさぁ。

　で、俺は昔のバンド仲間のところを廻って、レゲエを売り込もうとする。でもみんな商業主義にかぶれちまっててな。音楽への情熱なんて、これっぽっちも残っちゃいねえ。

――『餌食』で裕也さんを「アニキ」って慕っていた宮田さんに当たるのが、『魚からダイオキシン!!』では本木（雅弘）さんになっている。裕也さんと本木さんだとそれこそ、父子《おやこ》ほどの年齢差があります。つまりバージョンが変わることでふたりの関係が、兄弟から父子へ変わる……。

内田　その時はまさか、本木が娘（内田也哉子）と結婚して、俺と義理の父子になるなんて、思ってもみなかったよ。

――『魚からダイオキシン!!』が92年、本木さんと也哉子さんの結婚が、95年です。それで宮田さんが転生した本木さんなんですが……とにかくもうメチャクチャ、カッコいい！

内田　シルバーヘアで、光沢のあるグレーのスーツを着てなあ。あと俺と本木が出会うボートレースの車券売り場のところ、笑えるだろ？　どの枠を押さえてどう流すか。俺が迷ってると、真後ろに並んでた本木が「……決めてから買えよ」。

――最高です。振り返った顔を見て「あ、ロックのＹＵＹＡだ」ってセリフ、あれは完璧です。本木さんには中性的な魅力があって、同時になにかマリオネットというか、サイボーグみたいにも見える。

内田　俺が『餌食』をリメイクしたいと思った核心は、本木と軍艦島なんだよ。

　それとどっちの映画にも、シャブ漬けにされて外タレ専用の娼婦になっちまった元恋人が、出てくるだろ？　俺は女を絞め殺す。何もしてやれなかった罪滅ぼしとして、せめて自分の手で天国に送るっていうな。

――裕也さんの「天使に会ったら、よろしくな」ってあのセリフ、本当に美しい……。

内田　ちょっとクサいけどな。

映画の魔法

内田　しかしこの『魚からダイオキシン!!』の軍艦島は、マジで素晴らしいだろ？　ロケ出来るって決まった時はもう「ヤッター」と思ってな。色々な条件をつけられて、交渉はすごく難航したんだ。でも宇崎も強腰でいってくれてさぁ。はじめて現地に行った時はもう、大興奮だよ。炭鉱から人が消えてそのまま朽ち果てて、島そのものがアートになってるんだから。あんなの何億円かけたって作れねえ。

——何年も風雪にさらされ作られた、極上のオープンセットですよね。その場所に放水車で土砂降りの雨を降らせ、スモークまで焚いている。廃墟をさらにフィクション化していったわけです。ラストシーンでは裕也さんを追いかけるように、火柱がバンバン上がっています。

内田　あそこはさすがに緊張したよな。あの火薬、結構パワーあったからね。

――本当にやりたい放題で、世界文化遺産に登録される前で良かったなあと。

それとこれも度肝を抜かれたのが、裕也さんと本木さんは東京からのトンネルを抜けるともう、アッという間に軍艦島に到着しているんですね。たったワンカットで瞬間移動してしまったみたいに、空間が圧縮されている。時の止まった島まで飛んだことで、未来か過去か分からない場所に迷い込んでしまう。忠也からＹＵＹＡになったことで裕也さんは、異次元にまで飛べるようになったんですね。

内田　このあたりからは映画は何か、ＳＦ的な世界に入っちゃってるんだよね。

それと、死にかけてる本木を乗せて、俺がバイク走らせる場面があるだろ？

――「蹴り上げてセカンド！」「もう一段蹴ってサード!!」「アニキ、うまいぜ！」「当ったりめえだ!!」「もういっちょ蹴ってトップだ」ってセリフ……。

内田　あれさぁ俺、気に入ってんだ。

――裕也さんのバイクは唸りを上げて、東京から軍艦島までダーッって走っていく。時速何百キロ出てるんだ？　いやその前にこれ、海の上だし……そんな論理なんて完全に無視して、ひたすら爆走していきます。

内田　映画の魔法が分かってない奴だったら変なリアリズムに囚われて、あんな描写出来ねえよ。

こっちはそこまでやってるってのに、当時の評論家たちは全然、認めなかったんだからな。

——都知事選の後に、「１９９Ｘ年」って字幕が出ます。この時点で映画は１９９１年という具体的な年号から、曖昧な近未来にタイムトリップしていた。そして風景の一変したその東京に、内田裕也がＹＵＹＡになって、帰ってきたわけです。

ＹＵＹＡ、海に還る

内田　それとやっぱりこの映画も、佐藤慶さんだよ。

——多々良純が佐藤慶に代わることによって、また別の解釈が生まれます。

内田　ふたりとも右手がない、元バイオリン弾きの役でな。多々良さんはおでんの屋台、佐藤さんは廃墟の屋上で過去を語る。多々良さんは、〈東京ラプソディ〉歌いながらね。

『魚からダイオキシン‼』のラストじゃあ俺、波打ち際で全裸になって、魚をブラさげちゃってね。それであの決めゼリフだよ。〝Fuckin' Japanese Justice〟。そこまでやんねえと、この映画は終われねえって思ったんだ。

――内田裕也から進化したはずのＹＵＹＡがいつの間にか生物の階梯を遡《さかのぼ》って、そして陸から海へ還っていった……。

宮沢りえの探偵「ごっこ」

内田　オリジナルとリメイクの関係って意味では、『エロチックな関係』と『エロティックな関係』も面白えだろ？

『エロチックな関係』の原作者のレイモン・マルローは、フランス人なわけだ。だったらそのリメイクの『エロティックな関係』は、本場フランスで撮っちゃえばいいじゃんって俺、思ったんだ。

――とにかく宮沢りえが、圧倒的に可愛い。冒頭、凱旋門につづくシャンゼリゼの坂道で、裕也さんのシトロエンがエンコしてしまう。それで一緒に車を押している宮沢りえが、パッと振り返る。髪が風に揺れ、スローモーションになって……。

内田　あそこ、なあ。しかしりえは、よく出てくれたよ。だって一生でいちばんキラキラ輝いてるあの時の、宮沢りえだぜ？

——あの『Ｓａｎｔａ Ｆｅ』の翌年ですからね。

内田　もちろんタケちゃんマンも絶好調だったしね。

りえの家に招待された時のビッグ・ジョークから、この映画は始まったんだよ。「俺、りえと映画やってみたいんだ」、そうしたらりえママが、「他に誰が出るの？」って訊いてきたんだ。それで「タケちゃんマンだよ」ってカマしたら、「……面白そうね、やりましょうか」。

——しかもオール・パリロケで。

内田　俺、ナベプロを飛び出してヨーロッパを放浪して、最後に辿り着いたのがパリだったんだ。そこで半年くらい暮らして、高田賢三と友だちになったりしてな。

それ以来俺、パリで映画を撮るのが夢だった。だからこの企画が実現した時はホント、嬉しかったよ。

——そういえば都知事選の政見放送で裕也さんは、フランス語も喋ってました。

内田　フランス語はまあ、ちょっとだけだけどな。でも英語はもちろんだけど、最低限のコミュニケーションくらいは出来ないと俺、ロックンローラーとしてダメだって思うんだよね。

――裕也さんの外国語には感情が乗っているように聴こえるんです。日本人にありがちなテレがない。

内田　おおお、嬉しいねえ。クゥーッ!!

――あの……前からずっと訊きたいって思ってたんですけど裕也さんの「クゥーッ」って、いつから言い始めたんですか?

内田　覚えてねえよ。

――この映画の宮沢りえは、いい意味で着せ替え人形みたいにクルクル、様々な服に着替えては現れる。それを見てるだけでもう、ドキドキしてしまいます。

内田　そこなんだよ!　柔道着で乱取りして、バスガイドになって観光案内して、『ティファニーで朝食を』(61)のジバンシィみたいなドレスを着てディナーしたりな。

――ラスト、何人もの追っ手に囲まれての銃撃戦で、その宮沢りえの頬に一筋、血の跡がつきますね。

内田　あれがやりたくって、りえをパリまで連れていったようなもんだよ。『ニキータ』（90）のガン・アクションを担当した人間まで呼んでな。

——ル・モンドの記者役の宇崎竜童さんが、宮沢りえに言いますね。「探偵ごっこは程々にしておけよ」って。でもその「ごっこ」遊びをする宮沢りえが見たくて、観客は映画館に行くわけです。

内田　俺、りえがいちばんキレイな瞬間を封じ込めたいって思ったんだ。映画を作る欲望として、正しいだろ？

——もちろん。そういえば宮沢りえは、この世のカワイイものすべて奪い取る、『オシャレ泥棒』（89）ってTVドラマにも主演していました。これは泥棒「ごっこ」ですね。この映画の宮沢りえも、まさにその「ごっこ遊び」をしている。

佐藤慶、パリのSMマニア

——オリジナル版『エロチックな関係』で裕也さん演じる探偵は、助手で妻の加山麗子さんの性欲に食傷気味です。そこに牧ひとみさんが演じる謎の女が現れて、物語は三角関係を軸に回っていきます。それに対して『エロティックな関係』では、裕也さんと「謎のフランス人」エレーヌ、宮沢りえとビートたけしさんの淡くて危うい、「ごっこ」みたいな恋愛が、並行して描かれていく。

当時のインタビューで宮沢さんは、「私と裕也さんの関係にしても、ずっと一緒にいるのか肉体関係があるのかないのか。たけしさんとも不思議な関係ですよね。私がたけしさんをすごく好きなのか、ただ遊んでいるだけなのか」なんて語っています。

内田　タケちゃんマンとのキスシーンくらいは俺、あってもいいかなって思ってたんだよ。でもさすがに現場では、言い出せなくってな。そうしたら帰国した後、ふたりが手をつないで歩いてたってニュースが流れてね。さすがに俺、ムッとしたけど。

あとまた出たよ、佐藤慶だよ！　大島組の常連俳優がフランスの女相手に、なんとＳＭに耽《ふけ》ってるっていうんだからよぉ。

――その同じ女を弄《もてあそ》ぶ男の一人として、荒戸源次郎さんも出演している。荒戸さんが後に監督した『赤目四十八瀧心中未遂』（03）で裕也さんは、寺島しのぶと同棲する刺青師「彫眉」を演じています。

内田　荒戸のヤロウ、六十過ぎて金髪でツッパってる俺を「ワシントン条約で保護すべきだ」なんて言いやがって。でも荒戸源次郎って男が何を狙っているのか、現代の空気をどう捉えているのか……その感性に反

赤目四十八瀧心中未遂
2003
この世に自分の居場所はない。そう思い定めた生島与一（大西滝次郎）は、大阪・尼崎に辿り着いた。焼鳥屋「伊賀屋」の女主人・勢子ねえさん（大楠道代）は、生島が薄暗い店先に立ったとき、彼が抱える暗い情念を感じる。生島は、勢子にあてがわれた古アパートの一室で、来る日も来る日も、焼き鳥屋で使うモツ肉や鳥肉の串刺しをして、口を糊するようになる。そんな生島の前に現れたのが、妖しい魅力を放つ女・綾（寺島しのぶ）だった。綾は親子ほどの年のはなれた刺青師・彫眉（内田裕也）と暮らし、その背中には一面に迦陵頻伽の刺青が翼を広げていた。2003年10月25日公開。監督・荒戸源次郎、脚本・鈴木棟也、原作・車谷長吉、撮影・笠松則通。

応する嗅覚は俺、ずっと鍛えてきたつもりだよ。

　この映画のリード・ヴォーカルは寺島（しのぶ）と大西（滝次郎）、俺はベースかドラムの役割だって思ってた。メロディ楽器のリード・ギターは荒戸、コーラスは沖山秀子と麿赤兒でね。

　その荒戸に注文つけたところが、一箇所あってな。寺島と俺は同棲してるのに、そこに「性の匂い」が感じられなかったんだ。だから「情事のあと」を感じさせる何かが要るって思って、寺島がたばこ吸ってる描写を入れてくれってだけは言った。

探偵と旺盛な女

——１９７８年版の監督は、長谷部安春です。梶芽衣子さんは自伝『真実』で長谷部監督を、師と仰いでいたと語っています。

　さそりこと松島ナミのセリフをほぼなくすというのが、梶さんが『女囚さそり』の出演オファーを受ける条件だったそうです。『女囚さそり』の監督は３作目までずっと、伊藤俊也さんでした。そのシリーズも４作目になった時に梶さんは、「長谷部さんじゃなきゃ、もうやらない」とツッパった。それで『女囚さそり701号怨み節』(73)は、長谷部監督になったそうです。長谷部監督もロマンポルノを代表する監督の一人でしたね。

内田 ロマンポルノ、スタッフは最高だけどコンディションは最悪……そんな環境で俺も、やってきたからさぁ……また腹立ってきたよ、あの女優、高畑淳子だよ！ 神代さんと姫田カメラマン、あの二人がリハーサルまでして臨んだ『嗚呼！おんなたち 猥歌』、そのクランクインの、しかも3日前だぜ？ 「脱げない」ってドタキャンしやがって。

――『エロチックな関係』のカメラマンは安藤庄平さん。日活生え抜きの名カメラマンですね。前年には、山口百恵と三浦友和版の『泥だらけの純情』(77)も撮っています。

内田 だからロマンポルノをやってたのは、ホントにすごい人ばっかりだったんだ。ギャラは安いし現場は遠いしだったけど、ここで勉強させてもらったから、今の俺があるんだよ。

――裕也さんはその安藤さんと『コールガール』(82)でも一緒にやっていますね。ちなみに安藤さんは例の『四万十川』で、あの恩地日出夫監督と組んでいます。裕也さんとは『素晴らしい悪女』以来の遺恨がある……。

内田 恩地氏、別に嫌いじゃねえけどな！

きめてやる今夜

――『エロチックな関係』の1カット目は、ボギー（ハンフリー・ボガート）人形のクローズアップです。

内田　長谷部監督、ボギーが探偵やってた『マルタの鷹』（41）へのオマージュなんだろうな。

　この映画の俺のセリフ、わざとC調を狙ってるんだよ。本人はカッコつけてるつもりなんだけど、全然つけきれてないっていう。

　椅子に座ってる俺の上に女房で助手の加山麗子がまたがって、いきなりファックが始まるだろ？「またかよ……」みたいな顔して俺は面倒くさそうに、ブラインドを降ろしてな。

　その真っ最中に浮気調査の依頼人が来る。それで慌てて身だしなみを整えて俺、咳払いなんかしてな。おっかしいだろ？　前金で30万円渡されたらゴクリって、生唾飲み込んだりしてさぁ。

　それで依頼人が帰ってソファで横になってる俺に、また加山がせがんでくる。何しろ「食欲も性欲も、異常に旺盛」って設定だからね。

――その行為の最中、裕也さんは目深にかぶっていた帽子《ハット》を、加山さんにかぶせます。

内田　女はそのまま腰振っているからこれ、ロデオみたいに見えるだろ？　俺のアイディアだよ。

——浮気調査の対象だった女の罠にまんまとはまった裕也さんは、その復讐劇に巻き込まれていきます。そんな探偵をトボけた感じで演じてて、それがこの映画の軽みになっている。

　あとここでも衣装への配慮が行き届いています。

内田　ピンストライプでグレー、しかもダブルのスーツだよ。

——ネクタイは基本、水玉模様。途中で赤の蝶タイに替わったりもしますね。

　ところで裕也さんから見て長谷部さんは、どんな監督でしたか？

内田　長谷部監督はさぁ、ちょっとマニアックなね。現場ではあまり粘らず、パパパッて撮ってく。最初から撮りたい画《え》は、決まってたんだろうなあ。

——この映画は裕也さんのボイス・オーバー（内面の独白）で進行していきます。運命を暗転させる女、いわゆるファム・ファタールを演じるのが、牧ひとみさん。だから暗黒映画（フィルム・ノワール）の定型をきっちり踏まえて、作られているんですね。

内田　それは当然、長谷部監督だからね。だからボギーで『マルタの鷹』

なんだろうし。
その俺の独白でケッサクなのが、「……いい女を見るとその女が、風呂から上がるところを想像してしまう。そのため尾けている相手を見失ったこともある。ど〜もイカン」ってあれ、おっかしいだろ？　あとこれも、笑えるだろ？　ジムの受付やってる巨漢女と寝るハメになって、「俺は、犯された。誰がなんと言おうと、強姦だった」。

――そして「第二ラウンドだった」とつづきます。

内田　俺はヤケになったみたいにもう、笑うしかないって状態になってる。長谷部監督、いわゆるハードボイルドな探偵像から、絶妙にズラしてるんだよなあ。

――そしてもう大喝采なのが、悪徳ジムのボディガード役で登場する……。

内田　またまた力也だよ！　上下緑のジャージの襟立てて、コレモンでふんぞり返ってよお。ライブシーンでは、ジョー（山中）も歌ってるしなあ。
あと、分かるかよ？　俺が牧ひとみと寝るシーン、あそこで流れてる曲……。

――♪いいから聴きなよ 今夜はお前の為に イカしたラブソング 歌ってやるぜ……〈きめてやる今夜〉ですね。

内田　そうだよ、俺の曲だよ！

――役を演じている俳優本人の歌が、劇中でラジオから流れる。これも遊びが利いてます。

内田　沢田と優作氏の三人でこの曲を歌ったのも、今はいい思い出だよ。

――連続殺人が進みながら、三角関係はさらにもつれていく。それにつれて女ふたりのボルテージも、どんどん上がっていきます。

　牧ひとみの隠れ家に乗り込む前、裕也さんと加山さんが、カーセックスしますよね。

内田　あれなあ、切ないだろ？

――最愛の男の想いが離れていってしまった……そんな女の哀しみが、伝わってきます。

　しかしこのあとは、かなり凄惨な描写がつづきますね。愛する男を奪い、しかも利用した女は絶対に許さない……。

内田　マジで怖えんだよ。長谷部監督もやっぱり、変態だよ。

――牧ひとみに馬乗りになった加山さんは、まずは平手で往復ビンタ、さらに拳を振りおろして……。裕也さんが止めに入ると、「これくらいで死ぬようなタマじゃないよ！」

探偵とスリ

——映画の中の加山さんがずっと飴を舐《な》めているのが気になって、ちょっと調べてみたんです。そうしたら、セルジュ・ゲンスブールがフランス・ギャルに提供した〈アニーとボンボン〉（66）って曲がありますよね。

内田　ああ。

——そのミュージック・ビデオでフランス・ギャルはずっと、キャンディを舐めてるんですよ。それがフェラチオに見えるという。〈アニーとボンボン〉の原題Les sucettes のsucettesは隠語で、フェラチオを意味するそうですし。

内田　ゲンスブールの悪戯《いたずら》だよなあ。

——でもフランス・ギャルはまだ子どもだから、その悪戯の意味するところが分かっていない。だからとても楽しそうにずっと、キャンディを舐めつづけている。

内田　……じゃあ、何だ？　加山がフランス・ギャルで、俺がゲンスブールだって言いたいのかよ？

——と、想像したりもしました。

一連の事件が終わり、連続殺人の嫌疑をかけられた裕也さんは、拘置所に入れられています。そこに面会の報せが入って……。

内田　左腕をギプスで吊って、右脚を松葉づえで支えながら加山が来る。弁護士連れて、それでニコッて笑ってさぁ。

――そしてアクリル板越しにふたりは、手を重ね合わせる――これ、ロベール・ブレッソンが監督した『スリ』(59)のラストと、まったく同じなんです。スリの常習犯として捕まった主人公・ミシェルの元を、彼を想いつづけてきた女・ジャンヌが訪れる。そこに「ジャンヌ。君に気づくまで随分遠回りをした」と、主人公のボイス・オーバーが入って……。

内田　なるほどね。『エロチックな関係』はそこで「俺は、弁護士に、急ぐことはないと言ってやりたかった。しかし、ミキ(加山)の前では言えなかった」。そうしたら加山が囁きかけてくる。「アンタ、私すごく、待ち遠しいの」「うん。俺もだよ。クゥーッ」。それで「完」。さすが長谷部監督、粋なことするよ。

帝国ホテル　ランデブーラウンジ・バーにて

olling

スクリーン上のロックンローラー

Last R

映像とロックンロールの時代

内田　俺にとって映画は、自分の感性とピッタシ合うかどうかなんだ。だからピンとこなけりゃオファーがあっても、断ってきた。ロックンローラーのまま映画に出るって道を、選んだわけだからな。

俺は、まあアタマはおかしいんだけど、ただの一度だってブレたことはないからね。だってそんな惨めな姿、ロックンローラーが見せられるわけねえだろ？

――『キネマ旬報』１９８０年5月下旬号に掲載された黒井和男編集長との対談で、裕也さんは「79年の後半から80年代は、映像とロックンロールの結合の時代じゃないか」と予言しています。

内田　ああ、そうだ！　あの時はニューヨーク、ロス、ハワイってアメリカを廻って帰国したその足で、オタクの会社に直行したんだよ。向こうでセックス・ピストルズの『ザ・グレート・ロックンロール・スウィンドル』（80）って、フェリーニの世界とパンクが混ざり合ったような映画を見てきたあとでね。

――「シド・ヴィシャスっていう、薬のやり過ぎか自殺か分からないけど去年死んじゃったセックス・ピストルズのベーシストなんですが、パリのオランピア劇場ふうの階段を降りてきて〈マイウェイ〉を唄う。と、突然客席にならぶ上流階級の人々を乱射して殺してしまう。すると、画面が一転してリオのカーニヴァルが写って、実際にブラジルに逃亡中のイギリス史上最大の列車強盗団のボスが登場する。暫《しばら》くすると、そのボスがセックス・ピストルズの連中と一緒に海辺でフルチンで演奏している。もう、実にワカルんです」……。興奮冷めやらぬまま、それこそマシンガンみたいに喋っているのが、いま読んでも伝わってきます。

内田「70年代はロックが映画を引っ張った。しかし、80年代は映像がそれを越えていくと思う」……へえ。なかなかいいこと、言ってるじゃない。

――そしてこちらは、１９８６年にキネマ旬報ベスト・テンで主演男優賞を受賞した際のことばです。

「やっぱり自分の作詞・作曲だと思うんですよ、映画も。それとオレの場合は、いま生きてるかどうかだね。ロックの世界ではいま生きてないと、誰も相手にしてくれない。映画もそうだと思う」

「賞を獲るとワーッとＴＶになんか出て、ただのタレントになっちゃうのが多いけど、俺はそこをこらえてアーティスト、クリエーターでいたいね」

「自分ではオーディナリー・ピープルでありながら、他から見たら非常にスキャンダラスでクレージーだという風になっていればいい」……まさにその通りに裕也さんは、生きてきたんだって思います。

内田　TOKYOシティのジャップムービーみたいなものを作りたい。同時代性のある、ロックの匂いがするフィルムをやっていきたい——俺はずっとそう思ってきたんだ。そこを間違ったことはねえよ。

まだ誰もやってないことやってるんだって俺、信じてたから。監督もスタッフも超一流。だからコノヤロウ、どっからでもかかってこいってなあ。

——機動隊にもみくちゃにされながら札束をくわえてる『十階のモスキート』の、大の字になって舌を出してる『水のないプール』の、画面のこちら側をまっすぐ見据えている、あの目——あれが、ロックンローラー＝内田裕也の目だって思います。

内田　あの目は自分でも、悪くねえなって思うよ。

あの頃一番ロックンロールしてるのはロマンポルノだって俺は、直感してたんだ。

金がないから撮影期間も短いし、遠くまでロケもできない。メシもおにぎりと豚汁だけ。でも日本一の映画を作ってるってみんな、信じてたよ。

とにかく濃いヤツばっかりでさぁ。しかもみんながみんな、揃って変態、知的変態だっていうんだから。もちろん俺も含めてな。そんな知的変態たちが集まって、誇りかけて映画作ってんだからそれはもう、最高のロックンロールになるに決まってるじゃねえか！

ロックンローラー一匹で映画の世界に飛び込んで、俺は戦ってきたんだ。いつだってギリギリの線で勝負してるって自覚はあったよ。だからどの映画でも、犯罪者一歩手前みたいな顔になってたのかも知れない。

でもそもそもロックンロールって、それこそボクシングみたいな、ハングリー・ミュージックだったわけだろ？　だから映画でロックンロールする時だって俺は、腹が減った犬みたいに、生き死にのレベルで喧嘩してきた。

ロックンロールは音楽だけじゃない、あらゆる表現を含んでる。

何だかわけが分からないようなアーティストを俺は、目指してるんだ。スクリーン上のロックンローラーっていうな。

帝国ホテル　ランデブーラウンジ・バーにて

Rolling……Action!

高木功
1956～1994
日本の脚本家、小説家。脚本を担当した主な映画に『痴漢電車』シリーズ（82～85）、『コミック雑誌なんかいらない！』『はみ出しスクール水着』『タイム・アバンチュール　絶頂5秒前』（86）がある。

滝田洋二郎
1955～
日本の映画監督。1981年、『痴漢女教師』で監督デビュー。脚本家・高木功と組んだ「痴漢電車」シリーズで注目され、内田裕也脚本・監督『コミック雑誌なんかいらない！』（86）で一躍スターダムにのし上がる。主な監督作に『僕らはみんな生きている』（92）『眠らない街　新宿鮫』（93）『陰陽師～おんみょうじ～』（01）ほかがある。また本木雅弘主演『おくりびと』（08）では米アカデミー賞の外国語映画賞を受賞した。

映画芸術
1946年創刊。休刊期間をはさんで1955年再刊される。社長・大橋恭彦で、編集長・小川徹時代には吉本隆明、埴谷雄高、花田清輝、三島由紀夫、武田泰淳ら錚々たる文化人の批評が誌面を飾った。また佐藤重臣、斎藤龍鳳、松田政男らも執筆陣に名を連ねている。1972年8月から隔月刊化、季刊を経て休刊となる。1989年の復刊後は脚本家の荒井晴彦が発行人兼編集長となっている。

カンヌ国際映画祭・監督週間
1968年五月革命のさ中、シネマテーク・フランセーズの館長だったアンリ・ラングロワの解任にジャン＝リュック・ゴダール、フランソワ・トリュフォーらが抗議、カンヌ映画祭を中止に追い込む。その翌年、カンヌに対抗する新しいセクションとしてフランス映画監督協会が、「監督週間」を立ち上げた。

大島渚
1932～2013
日本の映画監督。1959年、『愛と希望の街』で監督デビュー。60年の『青春残酷物語』『太陽の墓場』で注目される。松竹ヌーヴェル・ヴァーグの旗手として吉田喜重、篠田正浩と共に、次代を担う才能として期待をされた。しかし同年、『日本の夜と霧』が上映4日で打ち切られ、翌年に松竹を退社。独立プロ・創造社を設立する。以降も封建的社会、死刑制度、韓国人問題、芸術か猥褻かなど先鋭的なテーマを映画で探求し続けた。主な監督作に『愛と希望の街』（59）『太陽の墓場』（60）『飼育』（61）『白昼の通り魔』（66）『日本春歌考』『無理心中 日本の夏』（67）『絞死刑』（68）『少年』（69）『愛のコリーダ』（76）『御法度』（99）ほかがある。

マックス、モン・アムール
MAX MON AMOUR
1986
パリ在住のイギリス大使館員ピーター（アンソニー・ヒギンズ）は、妻のマーガレット（シャーロット・ランプリング）がたびたび家を留守にするのを不審に思っている。調査を依頼した探偵から妻の居場所を聞いて、ピーターはその謎の部屋に踏み込む。そこで彼は、妻とマックスと呼ばれるチンパンジーが同衾しているのを目撃するのだった……。監督は大島渚。

スパイク・リー
Spike Lee
1957～
アメリカの映画監督。1986年、経費16万ドルで製作された『シーズ・ガッタ・ハヴ・イット』が700万ドルを超える興行収入を上げ、メジャースタジオから注目される。黒人というアイデンティティから社会的・政治的テーマを掘り下げた映画を発表。ニューヨーク・インディーズ映画の雄、ブラック・ムービーの旗手などと称される。主な監督作に『ドゥ・ザ・ライト・シング』（89）『ジャングル・フィーバー』（91）『マルコムX』（92）などがある。

シーズ・ガッタ・ハヴ・イット
SHE'S GOTTA HAVE IT
1985
黒人女性のノーラ（トレイシー・カミラ・ジョーンズ）はブルックリンに暮らし、それぞれ性格の違う3人の男性と関係を持っている。ひとりの女として、黒人として自由を追求する主人公ノーラの、ある「決断」を描く。トミー・レッドモンド・ヒックス、スパイク・リー、ジョン・C・テレルほか共演。

アレックス・コックス
Alex Cox
1954～
イギリスの映画監督。1984年、『レポマン』で長編映画監督デビュー。ほかの主な監督作に『シド・アンド・ナンシー』（86）『ウォーカー』『ストレート・トゥ・ヘル』（87）などがある。

シド・アンド・ナンシー
SID AND NANCY
1986
1970年代後半ロンドンを中心に活躍したパンクロック・バンド、セックス・ピストルズのベーシストとしてカリスマ的な人気を誇ったシド・ヴィシャス（ゲイリー・オールドマン）と、彼のグルーピーだったナンシー・スパンゲン（クロエ・ウェブ）。ふたりの破滅的な恋愛を描いた伝記映画。

オノ・ヨーコ
1933〜
前衛芸術家、音楽家、フェミニスト、平和運動家。亡夫はジョン・レノン。

近田春夫
1951〜
日本のミュージシャン、作曲家、音楽プロデューサー、音楽評論家、タレント。音楽からラジオ、映画、文筆と文字通りジャンル横断的に活躍している。1997年1月にスタート、ポップ・ミュージックを平明な言葉で鋭く批評する「考えるヒット」が『週刊文春』で長期連載中。

神代辰巳
1927〜1995
日本の映画監督。1968年、『かぶりつき人生』でデビューする。ロマンポルノに路線転換後の日活で才能を開花、セックスという肉体の表現を通して人間の哀しみ、おかしみを見つめつづけた。主な監督作に『一条さゆり　濡れた欲情』（72）『やくざ観音　情女（いろ）仁義』（73）『青春の蹉跌』（74）『アフリカの光』（75）『悶絶!!どんでん返し』（77）『少女娼婦　けものみち』（80）『嗚呼!おんなたち　猥歌（わいか）』（81）ほかがある。

曽根中生
1937〜2014
若松孝二監督『壁の中の秘事』（65）の脚本を執筆。また脚本家集団「具流八郎」の中心的メンバーとして、鈴木清順監督監督『殺しの烙印』の脚本も手がける。1971年『色暦女浮世絵師』で監督デビュー、ロマンポルノ史に残る数々の名作を遺した。主な監督作に『㊙女郎市場』（72）『実録 白川和子　裸の履歴書』『不良少女　野良猫の性春』（73）『女高生100人　㊙モーテル白書』（75）『わたしのSEX白書　絶頂度』『嗚呼!!　花の応援団』（76）『新宿乱れ街　いくまで待って』（77）『スーパーGUNレディ　ワニ分署』（79）『"BLOW THE NIGHT!"　夜をぶっとばせ』（83）ほかがある。

藤田敏八
1932〜1997
1967年に、『非行少年・陽の出の叫び』で監督デビュー。『野良猫ロック　ワイルド・ジャンボ』『新宿アウトロー　ぶっ飛ばせ』（70）『野良猫ロック　暴走集団'71』（71）など、無軌道な若者たちの生態を描いた日活ニューアクション作品を手がける。日活がロマンポルノ路線へ転換すると、『横須賀男狩り　少女・悦楽』『実録不良少女　姦』（77）などを発表。一方で73年には梶芽衣子主演の痛快活劇『修羅雪姫』（73）、74年には秋吉久美子主演の『赤ちょうちん』『妹』『バージンブルース』のフォークソング映画化三部作、山口百恵・三浦友和主演『ホワイト・ラブ』（79）などを監督している。また鈴木清順監督『ツィゴイネルワイゼン』（80）ほか、俳優としても活躍した。

長谷部安春
1932〜2009
1966年、『俺にさわると危ないぜ』で監督デビュー。『女番長　野良猫ロック』『野良猫ロック　セックス・ハンター』『野良猫ロック　マシン・アニマル』（70）などの映画で藤田敏八、澤田幸弘、小澤啓一らと共に「日活ニューアクション」の一翼を担う。『犯す!』『暴行切り裂きジャック』（76）『レイプ25時　暴姦』（77）『襲う!!』『エロチックな関係』『暴《や》る!』（78）など、ロマンポルノの秀作も手がけている。

若松孝二
1936〜2012
菓子職人、新聞配達、暴力団構成員など職業を渡り歩いたのちテレビ、映画の世界に飛び込む。政治の季節を駆け抜けるように低予算・早撮りで映画を量産。「ピンクの巨匠」と称される。1965年に設立された若松プロダクションには大和屋竺、足立正生、荒井晴彦といった才能が集まった。主な監督作に『鉛の墓標』（64）『情事の履歴書』『壁の中の秘事』（65）『胎児が密猟する時』『堕胎』（66）『性犯罪』『犯された白衣』（67）『ゆけゆけ二度目の処女』『処女ゲバゲバ』『狂走情死考』（69）『新宿マッド』（70）『われに撃つ用意あり READY TO SHOOT』（90）『寝盗られ宗介』（92）『実録・連合赤軍　あさま山荘への道程《みち》』（07）ほかがある。内田裕也とは『餌食』（79）『水のないプール』（82）『エロティックな関係』（92）で共闘している。

工藤栄一
1929〜2000
1959年、中編の二部作映画『富嶽秘帖』『富嶽秘帖　完結篇』で監督デビュー。63年の『十三人の刺客』で、暴君暗殺に向かう刺客の暗闘に込めた政治性、十数分間に及ぶ凄惨な殺陣が絶賛される。〈集団時代劇〉と称された非情なアンチ・ヒロイズムのスタイルは『大殺陣』（64）『十一人の侍』（67）と続く。深作欣二、恩地日出夫などの個性派監督も演出として参加した『傷だらけの天使』（74〜75）では、最終回まで最多の6話分を担当した。そのほかの主な監督作に『八荒流騎隊』（61）『忍者秘帖　梟の城』（63）『その後の仁義なき戦い』（79）『影の軍団　服部半蔵』（80）『ヨコハマBJブルース』（81）『野獣刑事《デカ》』（82）などがある。

勝新太郎
1931〜1997
1954年、大映に入社。同年、『花の白虎隊』で映画デビューを飾る。森一生監督『不知火検校』(60)で注目を集め、『悪名』(61)、そして勝のライフワークとなる『座頭市物語』(62)でトップスターとなる。『悪名』(61〜74年、全16作)、『座頭市』(62〜89、全26作)、『兵隊やくざ』(65〜72、全9作)と人気シリーズを3本も持つ。ほかの主な出演作に『ドドンパ酔虎伝』(61)『無法松の一生』(65)『とむらい師たち』『燃えつきた地図』(68)『やくざ絶唱』(70)『王将』(73)『無宿　やどなし』(74)『帝都物語』(88)などがある。

リドリー・スコット
Ridley Scott
1937〜
イギリスの映画監督。BBCに入社して数々のTVの演出を手がけ、退社後は個性的なCM監督として活躍する。1977年、『デュエリスト／決闘者』で監督デビュー。『エイリアン』(79)『ブレードランナー』(82)でその評価を確固たるものにする。ほかの主な監督作に『ブラック・レイン』(89)『テルマ&ルイーズ』(91)『グラディエーター』(00)『ハンニバル』『ブラックホーク・ダウン』(01)などがある。

松田優作
1949〜1989
金子信雄主宰の劇団「新演劇人クラブ・マールイ」、文学座附属演劇研究所で演技を学び1973年、TVドラマ『太陽にほえろ!』のジーパン刑事役で俳優デビュー。同年、『狼の紋章』で映画に進出する。主な映画出演作に『竜馬暗殺』『あばよダチ公』(74)『人間の証明』(77)『最も危険な遊戯』『殺人遊戯』(78)『俺達に墓はない』『蘇える金狼』『処刑遊戯』(79)『野獣死すべし』(80)『ヨコハマBJブルース』(81)『家族ゲーム』(83)『それから』(85)『ア・ホーマンス』(86、監督も)『嵐が丘』(88)『ブラック・レイン』(89)ほかがある。

萩原健一
1950〜2019
日本の俳優、歌手。1967年、「ザ・テンプターズ」の一員としてメジャーデビュー。ヴォーカルを担当し、〈神様お願い!〉〈エメラルドの伝説〉などの大ヒットで人気アイドルとなる。ザ・テンプターズ解散後の72年、TVドラマ『太陽にほえろ!』に新人刑事・マカロニ役で出演する。『傷だらけの天使』(74〜75)では、都会の片隅で生き、汚れ迷う若者を好演。鮮烈なイメージを刻んだ。主な映画出演作に『股旅』『化石の森』(73)『青春の蹉跌』(74)『アフリカの光』(75)『影武者』(80)『魔性の夏　四谷怪談より』(81)『誘拐報道』(82)『もどり川』(83)『カポネ大いに泣く』『瀬降り物語』『恋文』(85)『離婚しない女』(86)『夜汽車』『竜馬を斬った男』(87)『226』(89)『いつかギラギラする日』(92)ほかがある。

安岡力也
1947〜2012
日本の俳優、ロック歌手、キックボクサー、タレント。主な映画出演に『自動車泥棒』(64)『不良番長』シリーズ(70〜72)『スーパーGUNレディ　ワニ分署』(79)『野獣死すべし』(80)『ヨコハマBJブルース』『嗚呼!おんなたち　猥歌』(81)『水のないプール』『さらば相棒ROCK is SEX』(82)『俺っちのウエディング』『十階のモスキート』(83)『火まつり』『タンポポ』(85)『コミック雑誌なんかいらない!』(86)『フライング　飛翔』(88)『座頭市』『ブラック・レイン』(89)『いつかギラギラする日』(92)ほかがある。

秋野暢子
1957〜
日本の女優。1975年のNHK連続テレビ小説『おはようさん』のヒロイン・殿村鮎子役で本格的に女優活動をスタート。主な映画出演作に『真田幸村の謀略』(79)『獅子王たちの最后』(93)『岸和田少年愚連隊』(96)『学校Ⅲ』(98)『十五才　学校Ⅳ』(00)『ハッシュ!』(01)ほかがある。

片翼だけの天使
1986
離婚歴のある独身の中年作家(二谷英明)と、韓国生まれで亭主持ちのソープランド嬢(秋野暢子)。そのふたりの「純愛」を描く。監督は舛田利雄、脚本は田村孟、原作は生島治郎の同名小説。ケーシー高峰、長門裕之、タモリ、田村高廣、北村和夫共演。主題歌は秋野暢子の〈HOLD ME 抱きしめて〉。

植木等
1926〜2007
日本のコメディアン、俳優、歌手。1960年代にクレージーキャッツの一員としてTV『シャボン玉ホリデー』や、東宝映画「無責任シリーズ」「日本一の男シリーズ」等に出演、〈スーダラ節〉をはじめ数々のコミックソングもヒットさせるなど、国民的喜劇スターとして人気を博す。70年代以降は性格俳優に転身し、TVドラマや映画、CMなど晩年まで活躍を続けた。

ハナ肇とクレージーキャッツ
1960年代に一世を風靡したコミックバンド。ハナ肇をリーダーに、植木等、谷啓らが所属した。略称「クレージー」。

ジャズ喫茶での音楽ギャグで人気を博し、『おとなの漫画』、『シャボン玉ホリデー』などのテレビ出演で人気が爆発。映画出演作も東宝のドル箱シリーズとなり（東宝クレージー映画）、挿入歌として発表されたシングル〈スーダラ節〉〈ハイそれまでョ〉〈ドント節〉なども大ヒットを記録した。

ウホッホ探険隊
1986
榎本登起子（十朱幸代）はインタビュアーとして忙しく働きながら、中学生と小学生のふたりの息子と暮らしている。ある日登起子は、単身赴任先から一時帰京した夫（田中邦衛）から、愛人がいると告白される。監督は根岸吉太郎、脚本は森田芳光、原作は干刈あがたの同名小説。

根岸吉太郎
1950〜
日本の映画監督。1978年に日活ロマンポルノ『オリオンの殺意より　情事の方程式』で監督デビュー。『濡れた週末』（79）『狂った果実』（81）などの名作を発表し、ATG配給の『遠雷』（81）で芸術選奨新人賞などを受賞する。一躍脚光を浴びる。他の主な監督作に『キャバレー日記』（82）『探偵物語』（83）『ウホッホ探険隊』（86）『雪に願うこと』（05）『ヴィヨンの妻　〜桜桃とタンポポ〜』（09）などがある。

火宅の人
1986
作家の桂一雄（緒形拳）は妻に先立たれ、いまは後妻のヨリ子（いしだあゆみ）と暮らしている。子どもの病気をきっかけにして怪しげな宗教にすがっていくヨリ子。同じ頃、一雄は新劇女優の恵子（原田美枝子）の虜になり、恵子と同棲を始めるようになっていく。監督は深作欣二、脚本は神波史男と深作欣二。原作は檀一雄による同名の自伝的小説。

深作欣二
1930〜2003
日本の映画監督。1961年、『風来坊探偵・赤い谷の惨劇』でデビュー。『誇り高き挑戦』（62）『ジャコ萬と鉄』（64）『狼と豚と人間』（64）など力作を連発。菅原文太主演『現代やくざ　人斬り与太』（72）で手応えを持て73年、菅原文太主演、笠原和夫脚本『仁義なき戦い』で東映の実録やくざ路線への転換を決定づける。20年にわたる広島やくざ抗争史を描いた『仁義なき戦い』5部作（73〜74）のほか、『人斬り与太　狂犬三兄弟』（72）『仁義の墓場』（75）『暴走パニック　大激突』『やくざの墓場　くちなしの花』（76）『北陸代理戦争』（77）『いつかギラギラする日』（92）『バトル・ロワイアル』（00）などの傑作群を遺した。

石橋凌
1956〜
日本の俳優、ミュージシャン、歌手。『ア・ホーマンス』でキネマ旬報ベスト・テン新人男優賞を受賞、以降大河ドラマ『武田信玄』（88）、『ボクの女に手を出すな』（86）『Aサインデイズ』（89）『月はどっちに出ている』（93）『キッズ・リターン』（96）『冷たい血』（97）などに出演している。

ア・ホーマンス
1986
二つの組織が対立する新宿に、過去の記憶を失った男が現れる。「風《ふう》さん」と呼ばれるようになったその男が、やがてやくざの抗争に巻き込まれていくのだが……。監督・主演は松田優作、脚本は『遊戯』シリーズの丸山昇一。原作は『漫画アクション』に短期連載された作・狩撫麻礼、画・たなか亜希夫による同名劇画。共演は石橋凌道、手塚理美、ポール牧、阿木燿子、片桐竜次ほか。

ボクの女に手を出すな
1986
みなし児のツッパリ娘（小泉今日子）が大富豪・米倉家のお坊ちゃま・進（山田哲平）の家庭教師をすることになり、やがて誘拐事件に巻き込まれていく。監督は中原俊、脚本は齋藤博と中原俊の共同執筆、原作は桑原譲太郎の同名小説。共演は森下愛子、河原崎次郎、夏八木勲ほか。

さらば相棒 ROCK is SEX
1982
ロックスターを夢見る青年ラチ（石橋凌）とピサロ嬢・クミコ（太田あや子）、皿洗いの銀次（山根銀次）は一緒に九州から上京してきた仲間同士だ。クミコと銀次からビッグになる夢を託されたラチは、ある音楽事務所からレコーディングの話が舞い込む。監督は宇崎竜童、脚本は宇崎竜童と黒沢清が共同執筆、撮影は長田勇市。

阪東妻三郎
1901〜1953
日本の歌舞伎俳優、映画俳優。歌舞伎界から映画界、また歌舞伎界へ流れ流れて1923年、牧野省三（映画監督・マキノ雅広の父）が立ち上げたマキノ・プロダクションに入社。大部屋俳優から出発し1923年、『鮮血の手型　前・後篇』で注目され、『火の車お萬』で地歩を固める。主な出演作に『雄呂血』（25）『素浪人　前・後篇』（26）『鼠小僧次郎吉』（27）『清水次郎長傳』（29）『月形半平太』（31）『魔像』（36）『血煙高田の馬場』（37）『大岡政談　魔像』（38）『国定忠治』（46）『素浪人罷通る』（47）『王将』（48）『破れ太鼓』（49）『おぼろ駕籠』（51）『丹下左膳』（52）などがある。

片岡千恵蔵
1903～1983
日本の俳優。戦前・戦後期にわたって活躍した時代劇スター。阪東妻三郎、大河内傳次郎、嵐寛寿郎、市川右太衛門、長谷川一夫とともに「時代劇六大スタア」と称された。主な出演作に『番場の忠太郎　瞼の母』（31）『國士無双』（32）『赤西蠣太』（36）『自来也　忍術三妖伝』（37）『弥次喜多道中記』（38）『鴛鴦（おしどり）歌合戦』（39）『多羅尾伴内』シリーズ（46～60）『にっぽんGメン』シリーズ（48～51）『新選組』三部作（52）『大菩薩峠』第一部～第三部（53）『忠治旅日記　喧嘩大鼓』（53）『一本刀土俵入』（54）『血槍富士』（55）『赤穂浪士　天の巻・地の巻』（56）『旗本退屈男』（58）ほかがある。

光
戦前に人気だったタバコの銘柄。金属粉を塗布する事で、パッケージに施された光を鮮やかさに彩色していた。しかし太平洋戦争が長期化、金属は軍用物資として貴重品となっていく。そして戦局の悪化に比例するように「光」の金色は黄色、遂には一色だけといったように、どんどん色を失っていった。

ジョニー・ワイズミュラー
Johnny Weissmuller
1904～1984
アメリカ合衆国で活躍した水泳選手・俳優。1924年のオリンピックでは100m自由形、400m自由形、自由形リレーの3つで金メダルを、水球で銅メダルを獲得。1928年のアムステルダム・オリンピックでは100m自由形、自由形リレーの2つで金メダルを獲得。モデルとしての活動を経て1929年、『アメリカ娘に栄光あれ』に出演する。1932年の『類猿人ターザン』でターザン役を演じ、世界にセンセーションを巻き起こす。合計12本のターザン映画に出演、200万ドルを稼いだと言われている。

石原慎太郎
1932～
日本の作家、政治家。一橋大学在学中の1955年、『太陽の季節』で第1回文學界新人賞、芥川賞をW受賞。同作は映画化もされ、「太陽族」という流行語を生む。1968年の参院選に自民党公認で出馬、初当選を果たす。1995年の議員辞職から4年後の1999年、東京都知事選挙に立候補し当選。2012年、知事職を辞任し、国政へ復帰後、2014年に政界を引退している。

テリー伊藤
日本の演出家、テレビプロデューサー、タレント、司会者、評論家、著作家。日本テレビ『天才・たけしの元気が出るテレビ!!』（85～96）総合演出、『ビートたけしのお笑いウルトラクイズ』（89～96）構成、テレビ東京『浅草橋ヤング洋品店』（92～96）演出。TVバラエティに一時代を築いた。

理由なき反抗
Rebel Without a Cause
1955
酒に酔って逮捕された少年ジム（ジェームズ・ディーン）は、その晩に起こった集団暴行事件の犯人であるとの嫌疑をかけられ連行される。そこで彼は、美しいジュディ（ナタリー・ウッド）とあどけない表情のプラトー（サル・ミネオ）と出逢う。当時のハイ・ティーンが大人世代に抱いていた苛立ちを、監督・原案のニコラス・レイが見事に描いた。

ジェームズ・ディーン
James Dean
1931～1955
アメリカの俳優。いくつかのTV番組、映画に出演した後1955年、『エデンの東』の主役キャル・トラスクを演じ、アカデミー賞の主演男優賞にノミネートされる。同年『理由なき反抗』に主演、さらには『ジャイアンツ』（56）で準主役を演じた。その『ジャイアンツ』の撮影終後、レース出場のため愛車のポルシェを運転していて交差点でフォードと衝突、即死した。

ダイアナ
Diana
1957年にポール・アンカが作詞・作曲。自ら歌った楽曲。

上條英男
1941～
日本の実業家・芸能プロデューサー。1966年、4・9・1（フォー・ナイン・エース）を結成、1966年には芸能プロデューサーに転進。ジョー山中、西城秀樹、安西マリア、舘ひろし、川島なお美らを発掘・育成した。

日劇ウェスタンカーニバル
1958年2月から1977年8月まで、有楽町の日本劇場で開催されていた音楽フェスティバル。1950年代にはロカビリーブーム、1960年代後半にはGS（グループ・サウンズ）ブームの発火点となった。

エルヴィス・プレスリー
Elvis Presley
1935～1977
アメリカのミュージシャン、映画俳優。チャック・ベリー、リトル・リチャード、ビル・ヘイリーら共にロック・アンド・ロール草創期を代表するスターであり、キング・オブ・ロックンロールとも呼ばれる。映画俳優としても活躍、主な出演作に『やさしく愛して』（56）『監獄ロック』（57）『G―ブルース』『燃える平原児』（60）『ブルー・ハワイ』（61）『アカプルコの海』（63）『ハワイアン・パラダイス』（66）『ブルー・マイアミ』（67）ほかがある。

監獄ロック
Jailhouse Rock
１９５７
エルヴィス・プレスリー主演3作目となるミュージカル映画。監督はリチャード・ソープ。ジュディ・タイラー、ミッキー・ショーネシー、ジェニファー・ホールデンほか共演。プレスリーが歌う同名曲が主題歌として使用されている。

ジョン・レノン
John Lennon
１９４０～１９８０
イギリスの歌手。ビートルズのリーダーとして有名。同バンドでは、ポール・マッカートニーとのコンビで数々のヒット曲を生み出し、世界的なポップ／ロック・スターへと上り詰めた。１９７０年のビートルズ解散後はアメリカを主な活動拠点とし、ソロ・ミュージシャンとして、また妻で芸術家のオノ・ヨーコと共に平和運動家としても活動した。１９８０年、ニューヨークの自宅アパート前においてファンを名乗る男性に射殺された。

ロックンロール・ミュージック
“Rock and Roll Music”
１９５７年にリリースされたチャック・ベリーの楽曲。ビートルズ、ビーチ・ボーイズらによってカバーされたことでも有名。１９６６年のビートルズの日本武道館公演では1曲目に演奏された。

チャック・ベリー
Chuck Berry
１９２６～２０１７
アフリカ系アメリカ人の歌手、ギタリスト。ロックンロール創始者の一人で、特徴的なギターリフを使った音楽スタイルは、ジョン・レノンをはじめ、後輩ロック・ミュージシャンに多大な影響を与えた。

アイム・ダウン
“I'm Down”
ビートルズの楽曲。１９６５年に発表した10枚目のシングル〈ヘルプ！〉のB面曲。コンサートではラスト・ナンバーとして歌われることが多かった。後に編集盤《パスト・マスターズＶｏｌ．１》に収録された。

リトル・リチャード
Little Richard
１９３２～
アフリカ系アメリカ人の歌手。ロックンロールの創始者の一人。エネルギッシュな歌唱法で、草創期のロックに決定的な影響を与えた。

ベン・E・キング
Benjamin Earl King
１９３８～２０１５
アメリカのソウル歌手。１９５８年、ドリフターズに加入。リードシンガーとして〈ダンス・ウィズ・ミー〉〈ラストダンスは私に〉などのヒット曲を放つ。ソロ転向後の１９６１年、〈スタンド・バイ・ミー〉が大ヒット。ジョン・レノンをはじめ多くのカバーがある。

ローリング・ストーンズ
The Rolling Stones
イギリスのロックバンド。１９６２年のロンドンで、ブライアン・ジョーンズ、イアン・スチュワート、ミック・ジャガー、キース・リチャーズによって結成。ロックンロールやブルースなど黒人音楽をベースにした音楽性で60年代半ばに世界的な成功をおさめ、以後、幾度かのメンバーチェンジを経ながらも、半世紀以上にわたって活躍。現在もロック界の最高峰に君臨するバンドである。

ボブ・ディラン
Bob Dylan
１９４１～
ユダヤ系アメリカ人の歌手。出生名ロバート・アレン・ジマーマン。独特の歌声と歌詞で知られ、１９６２年のレコード・デビュー以来、音楽界のみならず世界の文化に多大な影響を与えてきたフォーク／ロックを代表するミュージシャン。２０１６年、歌手として初めてノーベル文学賞を受賞。現在も「ネヴァー・エンディング・ツアー」と呼ばれる年間１００公演ほどのライブを精力的にこなしている。

クルセイダーズ
The Crusaders
アメリカのフュージョングループ。主に１９７０年代に活躍した。トロンボーンとテナーサックスによるアンサンブルに、ベースとエレクトリック・ピアノがからむ洗練されたサウンドで人気を博した。

ウィリー・ネルソン
Willie Nelson
１９３３～
アメリカの歌手、俳優。イギリス、アイルランド、チェロキーの血を引く。カントリーミュージックからスタートしながら、フォークやロックのミュージシャンとも交流。雑多な音楽性から、ナッシュヴィルの異端児、カントリー界のアウトローと呼ばれ、多くのミュージシャンから尊敬を集めている。

Rolling 01

団令子
1935〜2003

日本の女優。1958年、『裸の大将』でデビュー。他の主な出演作に『お姐ちゃん』シリーズ（59〜63）『狐と狸』（59）『娘・妻・母』『女が階段を上る時』『接吻泥棒』（60）『特急にっぽん』『小早川家の秋』（61）『椿三十郎』『女難コースを突破せよ』（62）『素晴らしい悪女』『喜劇 とんかつ一代』（63）『赤ひげ』『血と砂』（65）『殺人狂時代』『伊豆の踊子』（67）ほかがある。

久保明
1936〜

日本の俳優。主な出演作に『潮騒』（54）『あすなろ物語』（55）『不良少年』（56）『蜘蛛巣城』『雨情』（57）『東京の休日』（58）『独立愚連隊西へ』（60）『椿三十郎』『妖星ゴラス』（62）『マタンゴ』（63）『怪獣大戦争』（65）『斬る』『怪獣総進撃』『連合艦隊司令長官 山本五十六』（68）『ガメラ 大怪獣空中決戦』（95）ほかがある。

宮口精二
1913〜1985

日本の俳優。1944年、黒澤明監督『續姿三四郎』で映画デビューする。主な出演作に『麥秋』（51）『生きる』（52）『七人の侍』（54）『彼奴（きゃつ）を逃すな』『早春』『流れる』（56）『蜘蛛巣城』『あらくれ』（57）『無法松の一生』『楢山節考』（58）『悪い奴ほどよく眠る』（60）『素晴らしい悪女』（63）『赤い殺意』（64）『さらば箱舟』（82）『人魚伝説』（84）ほかがある。

藤原釜足
1905〜1985

日本の俳優。1933年、P.C.L.（東宝の前進）第1回作品『音楽喜劇 ほろよひ人生』で映画デビュー。主な出演作に『妻よ薔薇のやうに』（35）『鶴八鶴次郎』（38）『ジャコ万と鉄』（49）『宗方姉妹』（50）『生きる』（52）『七人の侍』（54）『生きものの記録』（55）『どん底』（57）『隠し砦の三悪人』（58）『悪い奴ほどよく眠る』（60）『用心棒』（61）『椿三十郎』（62）『天国と地獄』（63）『赤ひげ』（65）『どですかでん』（70）『喜劇 特出しヒモ天国』（75）『アフリカの光』（75）『影武者』（80）『セーラー服と機関銃』（81）がある。

白坂依志夫
1932〜2015

日本の脚本家。『極楽大一座 アチャラカ誕生』（56）で脚本家デビュー。主な脚本作に『青空娘』『暖流』（57）『結婚のすべて』『巨人と玩具』（58）『最高殊勲夫人』（59）『偽大学生』（60）『好色一代男』（61）『東京オリンピック』『けものみち』（65）『盲獣』（69）『でんきくらげ 可愛い悪魔』（70）『大地の子守歌』（76）『曽根崎心中』（78）ほかがある。

恩地日出夫
1933〜

日本の映画監督。堀川弘通監督に師事し1961年、『若い狼』で監督デビュー。主な監督作に『素晴らしい悪女』（63）『あこがれ』（66）『伊豆の踊子』（67）『めぐりあい』（68）『生きてみたいもう一度 新宿バス放火事件』（85）『四万十川』（91）がある。

アラン・パーカー
Alan Parker
1944〜

イギリスの映画監督。1976年、『ダウンタウン物語』で映画監督デビュー。第2作目『ミッドナイト・エクスプレス』（78）でアカデミー賞6部門にノミネート、2部門を受賞する。ほかの主な監督作に『フェーム』（80）『ピンク・フロイド／ザ・ウォール』（82）『エンゼル・ハート』（87）『ミシシッピー・バーニング』（88）『ザ・コミットメンツ』（91）『ライフ・オブ・デビッド・ゲイル』（03）ほかがある。

ザ・コミットメンツ
THE COMMITMENTS
1991

ソウル・バンドとしての成功を夢みるアイルランドの若者たちの青春群像。監督はアラン・パーカー、出演はロバート・アーキンズ、マイケル・エイハーン、アンジェリン・ボールほか。

四万十川
1991

昭和30年代の高知県・四万十川を舞台に、一人の少年の眼を通して、その流域に住む人々の生活模様を見つめる。原作は笹山久三の同名小説。監督は恩地日出夫、脚本は古田求、撮影は安藤庄平。

コント55号
萩本欽一と坂上二郎のお笑いコンビ。1966年に結成。1968年、前田武彦と組んだフジテレビの『お昼のゴールデンショー』『コント55号の世界は笑う』でお茶の間の人気者に。「なんで（どーして）そうなるの！」（萩本）、「飛びます！ 飛びます！」（坂上）などの流行語を生んだ。コント55号としての主演作に『コント55号 世紀の大弱点』『コント55号と水前寺清子の神様の恋人』(68)『コント55号　人類の大弱点』(69)『こちら55号　応答せよ!危機百発』(70)『コント55号とミーコの絶体絶命』(71)ほかがある。

ザ・ドリフターズ

日本の音楽バンド、コントグループ。1970年代から1980年代中頃を全盛期に、TBS系の『8時だョ!全員集合』やフジテレビ系の『ドリフ大爆笑』などのTV番組に出演、文字通り一世を風靡した。1974年の荒井注の脱退後、リーダー・いかりや長介と加藤茶、高木ブー、仲本工事、志村けんのメンバー構成となる。ザ・ドリフターズとしての主演作に『ドリフターズですよ!　前進前進また前進』(67)『ドリフターズですよ!　冒険冒険また冒険』(68)『ドリフターズですよ!　特訓特訓また特訓』(69)ほかがある。

中尾ミエ
1946〜

日本の歌手、女優。1961年に園まり・伊東ゆかりらとスパーク3人娘を結成。クレージーキャッツの『シャボン玉ホリデー』(61〜1972年、1976年〜1977、日本テレビ)などに出演。16歳でリリースした〈可愛いベイビー〉が大ヒット。人気歌手の座を得る。映画出演作に『日本一のゴマすり男』(65)『なにはなくとも全員集合!!』『座頭市血煙り街道』(67)『クレージー　メキシコ大作戦』(68)ほかがある。

伊東ゆかり
1947〜

日本の女性歌手、女優。1958年、〈かたみの十字架/クワイ河マーチ〉で歌手デビュー。スパーク3人娘として活躍する。主な映画出演作に『私と私』(62)『若社長大奮戦』(67)『僕達急行　A列車で行こう』(12)ほかがある。

田川譲二
1940〜

日本の歌手。寺内タケシ脱退後のブルー・ジーンズでリーダー兼ヴォーカルを務める。〈太陽の彼方に〉が代表曲。

内田也哉子
1976〜

日本のエッセイスト、歌手、女優。父は内田裕也、母は樹木希林。夫は本木雅弘。映画出演作に『東京日和』(97)『東京タワー〜オカンとボクと、時々、オトン〜』(07)『わが母の記』(12)がある。

本木雅弘
1965〜

日本の俳優、司会者、元歌手。本名・内田雅弘。1982年、アイドルグループ・シブがき隊のメンバーとしてデビュー。シブがき隊解隊後、本格的に俳優活動を始める。主な出演作に『ファンシイダンス』(89)『シコふんじゃった。』『魚からダイオキシン!!』(92)『GONIN』(95)『中国の鳥人』(98)『双生児-GEMINI-』(99)『おくりびと』(08)ほかがある。

谷啓
1932〜2010

日本の俳優、コメディアン、トロンボーン奏者。学生時代からバンドマンとして活躍し、1956年にクレージーキャッツの前身バンドに加わる。『おとなの漫画』『シャボン玉ホリデー』などに出演、「ガチョーン」などのギャグで人気者となる。『無責任』シリーズ(62〜66)、『日本一』シリーズ(63〜70)、『クレージー作戦』シリーズ(63〜71)などのクレージーキャッツ映画の他に、『宮本武蔵・二刀流開眼』(63)『同・一乗寺の決斗』『図々しい奴』(64)『釣りバカ日誌』シリーズ(88〜09)ほかに出演している。

藤田まこと
1933〜2010

地方回りの劇団での司会や歌、コメディアンとしての活動を経て、朝日放送の『ダイラケのびっくり捕物帖』(57〜60)からTVに出演する。主演した『てなもんや三度笠』(62〜71)は大阪で60%、東京で50%の視聴率を獲得するお化け番組となる。主な映画出演作に『てなもんや三度笠』(63)『稲妻』(67)『衝動殺人　息子よ』(79)『炎のごとく』(81)ほかがある。

星由里子
1943〜2018

日本の女優。堀川弘通監督『すずかけの散歩道』で女優デビュー。主な出演作に『妻として女として』『大学の若大将』(61)『恐怖の時間』『モスラ対ゴジラ』(64)『千曲川絶唱』(67)『燃えろ!青春』(68)『富士山頂』(70)ほかがある。

寺内タケシとブルージーンズ

日本のコンボ・バンド。1962年、日本のエレキ・ギタリストの草分け、寺内タケシを中心に結成。初期は内田裕也をヴォーカルに擁するロカビリー・バンドだった。63年にギター・コンボに編成を変え、エレキ・ブームとともに日本のエレキ・バンドの頂点に立つ。68年に寺内が脱退するが、69年に再結成。以降エレキ文化のトップ・ランナーとして、メンバー・チェンジを繰り返しながら膨大なアルバムを発表。世界各地でのライヴも行なっている。

ボビー・ダーリン
Bobby Darin
1936〜1973

アメリカの歌手、作曲家、俳優。自作の

ロックンロール・ナンバーやジャズ・スタンダード、フォーク・ソングに至るまで、どんな楽曲でも歌いこなす天才的エンターテイナー。41曲を全米チャートに送り込むという偉業を達成したが、持病により37歳という若さで生涯を閉じた。

キャラバン
"Caravan"
1936年、デューク・エリントンと、エリントン楽団のトロンボーン奏者ファン・ティゾールが作曲した楽曲。1937年にはアーヴィング・ミルズによって歌詞がつけられた。アフロ・キューバン・ジャズの代表曲とされる。

沢田研二
1948〜
日本の歌手、俳優、作詞・作曲家。1965年、岸部おさみ（のち岸部一徳）、加橋かつみらとファニーズを結成。内田裕也に見出されて上京、「ザ・タイガース」として67年〈僕のマリー〉でメジャーデビュー。71年にザ・タイガースは解散。沢田は岸部や萩原健一と新たに〝PYG〟を結成。この時期、〈許されない愛〉(72)〈危険なふたり〉(73)〈追憶〉(74)〈勝手にしやがれ〉(77)などの名曲を残している。多数のTVドラマ、映画に出演。主な映画出演作に『炎の肖像』(74)『太陽を盗んだ男』(79)『魔界転生』(81)『水のないプール』『男はつらいよ　花も嵐も寅次郎』(82)『ときめきに死す』(84)『カポネ大いに泣く』(85)『夢二』(91)ほかがある。

東京都立松沢病院
東京都が設置・運営する精神科専門病院。

ダニー・ケイ
Danny Kaye
1911〜1987
ユダヤ系アメリカ人の喜劇俳優、歌手。13歳でホテルやナイトクラブの給仕兼芸人の卵となり、1939年ブロードウェイにデビュー。映画デビューは『ダニー・ケイの新兵さん』(44)。『虹を掴む男』(47)「アンデルセン物語」(52)ほかに出演した。

〈虹を掴む男〉
The Secret Life of Walter Mitty
1947年のアメリカのファンタジー・コメディ映画『虹を掴む男』で主演のダニー・ケイが歌う同名の主題歌。

Rolling 02

荒井晴彦
1947〜
日本の脚本家、映画監督。若松プロダクションで助監督をしながら脚本家の田中陽造に師事する。1977年、曽根中生監督『新宿乱れ街　いくまで待って』で脚本家デビュー。内田裕也出演作品では『不連続殺人事件』『餌食』『スーパーGUNレディ　ワニ分署』(79)『嗚呼！おんなたち　猥歌』(81)の脚本を手がけている。『Wの悲劇』で1984年、『噛む女』『リボルバー』で1988年、『ヴァイブレータ』で2003年、『大鹿村騒動記』で2011年のキネマ旬報ベスト・テン日本映画脚本賞を受賞。『身も心も』(97)『この国の空』(15)『火口のふたり』(19)の監督作品もある。季刊誌『映画芸術』編集・発行人。

齋藤博
1951〜1994
日本の脚本家。主な脚本作に『セーラー服　百合族』(83)『不純な関係』(84)『Aサインデイズ』(89)『ザ・中学教師』(92)『乳房』(93)がある。

ニューイヤーズワールドロックフェスティバル
内田裕也主催。1973年から毎年大晦日に開催されている、年越しロック・イベント。浅草国際劇場から銀座博品館劇場に会場を移し、46回を数えた2018年のラストは内田裕也が〈きめてやる今夜〉で締め括った。

田中陽造
1939〜
日本の脚本家。若松プロダクションからキャリアをスタートさせ、以降数々の名作映画の脚本を手がけている。脚本を担当した主な映画に、鈴木清順監督『殺しの烙印』(67、具流八郎名義)『ツィゴイネルワイゼン』(80)『陽炎座』(81)『夢二』(91)、相米慎二監督『セーラー服と機関銃』(81)『魚影の群れ』(83)『雪の断章―情熱―』(85)、深作欣二監督『新仁義なき戦い　組長の首』(75)『暴走パニック　大激突』(76)、神代辰巳監督『やくざ観音　情女仁義』(73)、大和屋竺監督『裏切りの季節』(66)『愛欲の罠』(73)ほかがある。

いつかギラギラする日
1992
共謀して銀行を襲撃、現金強奪に成功するも仲間割れ、運命の歯車が暗転していく犯罪者の男女を追うピカレスク・ロマン。監督は深作欣二、脚本は丸山昇一。萩原健一、千葉真一、木村一八、荻野目慶子ほか出演。

坂口安吾
1906～1955
日本の小説家。主な作品に『堕落論』『白痴』『二流の人』『不連続殺人事件』など。

小林旭
1938～
1956年、日活第3期ニューフェースに合格。同年10月封切りの川島雄三監督『飢える魂』でデビュー。主な出演作に『錆びたナイフ』『絶唱』(58)『嵐を呼ぶ友情』『女を忘れろ』『二連銃の鉄』『爆薬（ダイナマイト）に火をつけろ』(59)ほか。『渡り鳥』シリーズ（59～62年、計9本）、『旋風児』シリーズ（59～63、計6本）、『暴れん坊』シリーズ（60～63、計5本）はドル箱になった。

若山富三郎
1929～1992
日本の俳優。1955年、『忍術児雷也』でデビュー。主な出演作に『任～柔一代』『お尋ね者七人』(66)『博奕打ち　総長賭博』(68)ほか。また『極道』シリーズ（68～74、計11本）、『前科者』シリーズ（68～69、計3作）、『極悪坊主』（68～71、計5作）そして『子連れ狼』（72～74、計6作）の人気シリーズがある。俳優の勝新太郎は実の弟。

二代目 中村吉右衛門
1944～
日本の歌舞伎役者。主な映画出演作に『敵は本能寺にあり』『笛吹川』(60)『忠臣蔵　花の巻・雪の巻』(62)『藪の中の黒猫』(68)『心中天網島』『あゝ海軍』(69)『お吟さま』(78)『利休』(89)ほかがある。

新宿乱れ街　いくまで待って
1977
新宿の裏街を舞台に、酒と女を求めて離合集散する若者たちのグラフィティ。監督・曽根中生、脚本・荒井晴彦。山口美也子、絵沢萠子、中田彩子、日夏たより、青木真知子ほか出演。

T・レックス
T. Rex
イギリスのロックバンド。1968年にティラノザウルス・レックスとしてレコードデビュー。マーク・ボランをリーダーに、1970年代前半にグラムロックと呼ばれるムーブメントを巻き起こした。

デヴィッド・ボウイ
David Bowie
1947～2016
イギリスの歌手、俳優。1960年代半ばから歌手として始動。1970年代にグラムロックの先駆者として台頭し、世界的名声を得る。時代の変遷とともに、音楽性を大胆に変化させながら、長年にわたってスターであり続けた。端正なルックスを活かし、俳優としても『地球に落ちて来た男』(76)以降、たびたび映画に出演。『戦場のメリークリスマス』(83)で内田裕也とも共演している。

ピンク・フロイド
Pink Floyd
イギリスのロックバンド。1960年代半ばにサイケデリック・ロックバンドとして始動。1970年のアルバム《原子心母》により、プログレッシブ・ロックの先駆的グループとなり、1973年の《狂気》の大ヒットによりその名声を確立。たびたびのメンバーチェンジや解散・再結成を経ながら、2014年頃まで活動した。

長谷川和彦
1946～
日本の映画監督。日活で助監督をしながら澤田幸弘監督『濡れた荒野を走れ』(73)、神代辰巳監督『青春の蹉跌』『宵待草』(74)、沢田研二主演のTVドラマ『悪魔のようなあいつ』(75)などのシナリオを執筆、注目される。1976年、中上健次原作『蛇淫』を脚色し、水谷豊、原田美枝子主演の『青春の殺人者』で監督デビュー。キネマ旬報ベスト・ワンに選出される。つづく1979年の沢田研二、菅原文太主演『太陽を盗んだ男』では、キネマ旬報ベスト・テン2位を獲得した。

瑳川哲朗
1937～
日本の俳優・歌手。主な映画出演作に『大忍術映画　ワタリ』(66)『風林火山』(69)『不連続殺人事件』(77)『隠密同心　大江戸捜査網』(79)『ウルトラマンA（エース）　大蟻超獣対ウルトラ兄弟』(89)ほかがある。

殿山泰司
1915～1989
日本の俳優、エッセイスト。1939年、千葉泰樹監督『空想部落』で本格的に映画デビュー。『酔いどれ天使』(48)『醜聞〈スキャンダル〉』(50)『偽れる盛装』(51)『地獄門』(53)『幕末太陽傳』(57)『あした晴れるか』(60)『秋津温泉』(62)『「エロ事師たち」より　人類学入門』『白昼の通り魔』(66)『徳川セックス禁止令　色情大名』(72)『無宿やどなし』(74)『黒木太郎の愛と冒険』(77)『ヨコハマBJブルース』(81)『水のないプール』(82)ほか、出演作多数。

岡本太郎
1911～1996
日本の芸術家。主な作品に『日の壁』『月の壁』など11の陶板レリーフ（56、旧東京都庁舎）、油彩『遊ぶ』、彫刻『あし

（61）、『明日の神話』（68～69）、『太陽の塔』（70、大阪万国博覧会のテーマ展示館）、レリーフ壁画『天に舞う』（74、NHK放送センター・ロビー）ほかがある。

夏純子

1949～

日本の女優。主な出演作に『犯された白衣』（67）『女賭博師十番勝負』『ヤングパワー・シリーズ　新宿番外地』（69）『女子学園　悪い遊び』『女子学園　ヤバイ卒業』（70）『女子学園　おとなの遊び』『不良少女　魔子』（71）『河内のオッサンの唄』『河内のオッサンの唄　よう来たのワレ』（76）がある。

犯された白衣

1967

看護婦寮を訪れた美青年が突如拳銃を取り出し発砲、次々と女性を陵辱しなぶり殺していく。やがてたったひとりの少女だけが取り残され……若松孝二がアングラ演劇の旗手・「状況劇場」の唐十郎を主演に迎え、映画と演劇というふたつのジャンルを越境を試みる。監督は若松孝二、脚本は若松孝二、山下治、唐十郎。出演は唐十郎、林美樹、小柳冷子ほか。

宮下順子

1949～

日本の女優。主な出演作に『四畳半襖の裏張り』（73）『四畳半襖の裏張り　しのび肌』『㊙色情めす市場』（74）『実録阿部定』（75）『順子わななく』（78）『赫い髪の女』『濡れた週末』（79）『怪異談 生きてゐる小平次』（82）『人魚伝説』（84）ほかがある。

伊佐山ひろ子

1952～

日本の女優、作家。1970年、『日本の悪霊』でデビュー。主な出演作に『白い指の戯れ』『一条さゆり　濡れた欲情』『セックス・ハンター　濡れた標的』『女囚さそり 第41雑居房』（72）『エロスは甘き香り』（73）『嗚呼!!花の応援団』『河内のオッサンの唄　よう来たのワレ』（76）『不連続殺人事件』『ボクサー』（77）『ダイナマイトどんどん』（78）ほかがある。

岡本麗

1951～

日本の女優。主な映画出演作に、『女高生100人㊙モーテル白書』（75）『犯す！』『暴行切り裂きジャック』（76）『レイプ25時 暴姦』『不連続殺人事件』（77）『修道女ルシア 辱《けが》す』『人妻集団暴行致死事件』『博多っ子純情』（78）『堕靡泥《タビデ》の星 美少女狩り』（79）『野獣死すべし』（80）『ヨコハマBJブルース』（81）『蒲田行進曲』（82）『マルサの女2』『ラスト・キャバレー』（88）ほかがある。また『はぐれ刑事純情派』（88～05、テレビ朝日）ほかTVドラマへの出演も多数。

絵沢萠子

1939～

日本の女優。1968年、新藤兼人監督『強虫女と弱虫男』でデビュー。1972年の神代辰巳『濡れた唇』を皮切りに数々のロマンポルノに出演、八面六臂の活躍を見せる。主な映画出演作に『一条さゆり　濡れた欲情』『哀愁のサーキット』（72）『恋人たちは濡れた』『四畳半襖の裏張り』（73）『㊙色情めす市場』（74）『暴力金脈』（75）『祭りの準備』（75）『復讐するは我にあり』『赫い髪の女』（79）『Wの悲劇』（84）『マルサの女』（87）など。

ATG
（日本アート・シアター・ギルド）

1961年から1980年代、先鋭的かつ実験的な映画を製作・配給した映画会社。主な製作・配給作品に大島渚『忍者武芸帳』（67）『絞死刑』『新宿泥棒日記』（68）『少年』（69）『東京战争戦後秘話』（70）『夏の妹』（72）松本俊夫『薔薇の葬列』（69）、吉田喜重『エロス＋虐殺』『煉獄エロイカ』（70）『告白的女優論』（71）、実相寺昭雄『無常』（70）、寺山修司『書を捨てよ町へ出よう』（71）『田園に死す』（74）、若松孝二『天使の恍惚』（71）、中島貞夫『鉄砲玉の美学』（72）、森﨑東『黒木太郎の愛と冒険』（77）『生きてるうちが花なのよ 死んだらそれまでよ党宣言』（85）、井筒和幸『ガキ帝国』（81）、根岸吉太郎『遠雷』（81）、高橋伴明『TATTOO〈刺青〉あり』（82）、相米慎二『台風クラブ』（85）ほかがある。

西河克己

1918～2010

日本の映画監督。1952年、『伊豆の艶歌師』で監督デビュー。名コンビと言われた吉永小百合主演の文芸映画『伊豆の踊子』『エデンの海』（63）『潮騒』（64）『絶唱』（66）を山口百恵主演で、74～76年にリメイクしている。

八月の濡れた砂

1971

夏の湘南を舞台に若者たちの無軌道な青春を、スピードとセックスと暴力を通して描く。監督は藤田敏八、脚本は大和屋竺と峰尾基三。広瀬昌助、村野武範、藤田みどり、テレサ野田、渡辺文雄、地井武男、原田芳雄、山谷初男らが出演。

コミック雑誌なんかいらない！

頭脳警察が1972年に発表したセカンドアルバム収録の曲を、内田裕也がカバーしたもの。

日夏たより
1959～2016
日本の女優、脚本家。出演作に『新宿乱れ街　いくまで待って』（77）『人妻集団暴行致死事件』『帰らざる日々』（78）『高校エロトピア　赤い制服』『もう頬づえはつかない』（79）などがある。

小川恵
1955～？
日本の女優。主な出演作に『女子学生SEXレポート　実地研究』（76）『若妻日記・悶える』（77）『スケこまし群団』『さすらいの恋人　眩暈《めまい》』『ブルーフィルムの女　ちっそく』（78）『おんなの細道　濡れた海峡』『山の手夫人　性愛の日々』『スケバンマフィア　恥辱』（80）『ケンちゃんのお姉さん』（83）ほかがある。

岸部一徳
1947～
1967年、ザ・タイガースのメンバーとして〈僕のマリー〉でデビュー。75年、沢田研二が主演した『悪魔のようなあいつ』（75、TBS）にやくざ役で出演。『実録不良少女　姦』（77）からは「岸部一徳」という芸名で、本格的に俳優業に乗り出す。主な映画出演作に『天使を誘惑』（79）『時をかける少女』『ダブルベッド』（83）『お葬式』（84）『その男、凶暴につき』（89）『死の棘』（90）『青春デンデケデケデケ』（92）『D坂の殺人事件』（97）『座頭市』（03）『いつか読書する日』（04）ほかがある。

横山エミー
1959～
日本の女優。旭化成の水着キャンペーンモデルから、男性誌のグラビアを経てCMモデルや女優、バラエティー番組の司会などで活躍。主な映画出演作に『スーパーGUNレディ　ワニ分署』（79）『太陽のきずあと』『なんとなく、クリスタル』『後から前から』『モア・セクシー　獣のようにもう一度』『セクシー・ぷりん　癖になりそう』（81）がある。

佐藤慶
1928～2010
日本の俳優、ナレーター。1959年、『人間の條件　第三部』で映画デビュー。大島渚監督『青春残酷物語』『太陽の墓場』『日本の夜と霧』（60）『悦楽』（65）『白昼の通り魔』（66）『無理心中日本の夏』（67）『絞死刑』『帰って来たヨッパライ』（68）『新宿泥棒日記』（69）『儀式』（71、キネマ旬報ベスト・テン主演男優賞受賞）『夏の妹』（72）『愛の亡霊』（78）ほか、『切腹』（62）『真田風雲録』（63）『鬼婆』（64、パナマ国際映画祭主演男優賞受賞）『やくざの墓場　くちなしの花』（76）『殺人遊戯』（78）『蘇える金狼』『太陽を盗んだ男』『スーパーGUNレディ　ワニ分署』（79）『野獣死すべし』（80）『十階のモスキート』（83）『魚からダイオキシン!!』『エロティックな関係』（92）などに出演している。

Rolling 03

姫田眞左久
1916～1997
日本の撮影監督。1949年、『母紅梅』でカメラマン・デビュー。神代辰巳監督『かぶりつき人生』（68）『一条さゆり　濡れた欲情』（72）『恋人たちは濡れた』『四畳半襖の裏張り』（73）『青春の蹉跌』（74）『少女娼婦　けものみち』（80）、今村昌平監督『にあんちゃん』（59）『にっぽん昆虫記』（63）『赤い殺意』（64）『「エロ事師たち」より　人類学入門』（66）『復讐するは我にあり』（79）ほか、天才的な感受性と超絶技巧で数々の傑作を手がけた。著書に、自身の映画人生を語った『姫田眞左久のパン棒人生』がある。

今村昌平
1926～2006
日本の映画監督、脚本家、映画プロデューサー、日本映画学校（現・日本映画大学）創設者。1958年に『盗まれた欲情』で監督デビュー。主な監督作に『にあんちゃん』（59）『豚と軍艦』（61）『にっぽん昆虫記』（63）『赤い殺意』（64）『「エロ事師たち」より　人類学入門』（66）『人間蒸発』（67）『神々の深き欲望』（68）『復讐するは我にあり』（79）ほかがある。徹底した調査をもとに、図太く生きる人間の生態を凝視、日本の古層を抉った。自らそのスタイルを「重喜劇」と称している。国際的な評価も高く、『楢山節考』（83）『うなぎ』（97）ではカンヌ国際映画祭のパルム・ドールを受賞している。

自動車ショー歌
1964
歌：小林旭、作詞：星野哲郎、作曲：叶弦大の歌謡曲。1964年にリリースされヒット、翌年には主演は小林旭主演の黒い賭博師シリーズ第4弾『投げたダイスが明日を呼ぶ』（監督：牛原陽一）の挿入歌としても使用された。全国の地名・駅名を歌った〈鉄道唱歌〉をパロディにして、自動車の車種・メーカー名を歌詞に盛り込んだものだった名曲。

橋本文雄
1928～2012
日本の録音技師。1955年、西河克己監督の『生きとし生けるもの』で録音技師デビューする。マキノ雅広、川島雄三、井上梅次、中平康、今村昌平、舛田利雄、蔵原惟繕からロマンポルノまで数多くの映画を手がけ、〝日活の音〟を創造した。主な作品に『人生とんぼ返り』（55）『洲崎パラダイス赤信号』（56）『幕末太陽傳』『俺は待ってるぜ』（57）『錆びたナイフ』（58）『豚と軍艦』（61）『月曜日のユカ』（64）『嵐を呼ぶ男』（66）『嗚呼！ おんなたち 猥歌』（81）『Ｗの悲劇』（84）『それから』（85）『快盗ルビイ』（88）『顔』（00）ほか。また評論家・上野昻志との共著に『ええ音やないか　橋本文雄・録音技師一代』がある。

新井英一
１９５０～
福岡県出身の歌手。朝鮮半島の血を引く。ブルースに影響を受け、渡米して放浪生活を送った後、内田裕也に見出され、アルバム《馬耳東風》（79）でデビュー。父親の故郷、韓国・清河への旅と自らの半生を歌い上げたアルバム《清河への道～48番～》（96）が話題となる。その後も、ＮＹカーネギーホールでのライブなど、世界を舞台に精力的な活動を続けている。

島崎雪子
１９３１～
日本の女優、シャンソン歌手。１９５０年、『山のかなたに』でデビュー。１９５１年東宝に入社。映画『めし』（51）『若い人』（52）『七人の侍』（54）ほかに出演する。１９５５年、当時は日活の助監督であった神代辰巳と結婚。１９５９年からはシャンソン歌手としても活動を始め、同年の「第10回ＮＨＫ紅白歌合戦」に初出場した。

Rolling 04

人間の証明
１９７７
高級ホテルエレベーター内で、ある黒人青年（ジョー山中）の死体が発見された。棟居刑事（松田優作）が捜査を進めるうちに、戦後30年、日本とアメリカを股にかけたミステリーが解き明かされていく。『犬神家の一族』に次ぐ角川春樹事務所製作第2弾。監督は佐藤純彌、脚本は松山善三、撮影は姫田眞左久。岡田茉莉子、松田優作、高沢順子、范文雀、坂口良子、ジョージ・ケネディ、ハナ肇、夏八木勲、ジョー山中ほか出演。

ジョー山中
１９４６～２０１１
日本のミュージシャン、俳優、プロボクサー。１９６４年、安岡力也主演『自動車泥棒』（和田嘉訓監督）で映画俳優デビューする。１９６８年、内田裕也がプロデュースしたフラワー・トラベリン・バンドにヴォーカルとして参加。１９７０年アルバム《ＡＮＹＷＨＥＲＥ》でデビューする。１９７１年、2ndアルバム《ＳＡＴＯＲＩ》をアメリカ、カナダで同時発売。主な映画出演作に『不良番長』『恐喝こそわが人生』（68）『前科・仮釈放』（69）『野性の証明』（78）『ダンプ渡り鳥』（81）『座頭市』（89）『エロティックな関係』（92）ほかがある。

大藪春彦
１９３５～１９９６
１９５８年、『野獣死すべし』で小説家デビュー。松田優作主演・村川透監督で『最も危険な遊戯』『殺人遊戯』（78）『処刑遊戯』『蘇える金狼』（79）『野獣死すべし』（80）が映画化されている。

村川透
１９３７～
日本の映画監督、音楽家。１９７２年に荒木一郎、伊佐山ひろ子出演のロマンポルノ『白い指の戯れ』で監督デビュー（脚本は神代辰巳と共同）。１９７６年、ＴＶドラマ『大都会 闘いの日々』で松田優作と出会い、優作主演で『遊戯』シリーズほかの大藪春彦原作の映画を監督した。

家族ゲーム
１９８３
中学三年の沼田茂之（宮川一朗太）は高校受験を控えており、父の孝助（伊丹十三）、母の千賀子（由紀さおり）、兄の慎一（辻田順一）たちまで、家中がピリピリしている。出来のいい慎一と違って、茂之は成績も悪く、三流大学の七年生・吉本（松田優作）という男が、家庭教師として来る。監督・脚本は森田芳光。

森田芳光
１９５０～２０１１
日本の映画監督。１９７８年に自主製作した『ライブイン・茅ケ崎』で注目され、１９８１年『の・ようなもの』で商業映画監督デビュー。主な監督作に『家族ゲーム』（83）『ときめきに死す』『メイン・テーマ』（84）『キッチン』（89）『（ハル）』（96）『失楽園』（97）などがある。

高倉健
１９３１～２０１４
日本の俳優、歌手。１９５５年、東映入社わずか1カ月半で『電光空手打ち』『流星空手打ち』（56）の主役に抜擢される。美空ひばり映画の相手役を務めながら、名匠・内田吐夢監督の文芸大作『森と湖のまつり』（58）に出演。そしてマキノ雅弘監督の『日本～客伝』シリーズ（64～71）で理不尽に耐えに耐えた末怒りを爆発させ、池部良演じる風間重吉と殴り込みをかける辰巳の長吉を演じる。並行して『昭和残侠伝』シリーズ（65～75）に主演、藤純子が女侠客を演じる『日本女侠伝』（64～71）『緋牡丹博徒』（68～69）に助演。任侠やくざ映画を象徴する大スターとなった。

松田美由紀
1961～

日本の女優、写真家。『探偵物語』での共演をきっかけに松田優作と不倫関係に。1982年に長男・龍平が生まれ、1983年に正式に優作と結婚。長男の松田龍平、次男の松田翔太は共に俳優。主な映画出演作に『金田一耕助の冒険』（79）『BeRLiN』（95）『オーディション』（00）『ホットロード』（14）ほかがある。

マイケル・ダグラス
Michael Douglas
1944～

アメリカの俳優、プロデューサー。TVシリーズ『サンフランシスコ捜査線』（72～77）で注目を集め、1969年『ヒーロー』で映画デビュー。主な出演作に『コーマ』（78）『ロマンシング・ストーン／秘宝の谷』（84）『危険な情事』『ウォール街』（87）『ブラック・レイン』（89）『氷の微笑』（92）『ディスクロージャー』（94）『トラフィック』（00）『ウォール・ストリート』（10）ほかがある。

シャープ・ホークス

1963年に結成されたグループ・サウンズのバンド（コーラスグループ）。「歌って踊れる異色の混血グループ」として5人編成でスタート。メンバーを増員、入れ替えしながら1968年、バンド形態のザ・シャープ・ホークスへと再編され、1969年に解散する。

大脱走
THE GREAT ESCAPE
1963

スティーヴ・マックィーンをはじめ、ジェームズ・ガーナー、リチャード・アッテンボロー、ジェームズ・コバーン、チャールズ・ブロンソン、デヴィッド・マッカラムらオールスター・キャスト出演。第二次大戦中、脱出不可能と言われていたドイツの捕虜収容所から連合軍捕虜が大量脱走したという実話を映画化。監督・製作は名匠ジョン・スタージェス。

村上元一
1935～2006

日本の芸能プロモーター。渡辺プロダクション時代、内田裕也のマネージャーを担当。またイーストランド発起人の一人でもある、内田裕也の「盟友」。

小原宏裕
1935～2004

日本の映画監督。記念すべきロマンポルノ第一作、西村昭五郎監督『団地妻 昼下りの情事』でチーフ助監督を務め、翌1972年、『情炎お七恋唄』で監督デビュー。主な監督作に『檻の中の妖精』（77）『桃尻娘』シリーズ（78～80）『修道女　濡れ縄ざんげ』『ズームアップ 暴行現場』『桃子夫人の冒険』（79）『OH！タカラズカ』（82）ほかがある。

三浦朗

日本の映画プロデューサー。主なプロデュース作品に『嗚呼！おんなたち　猥歌』『ピンクのカーテン』シリーズ（82～83）『OH！タカラヅカ』（82）『ブルーレイン大阪』『暗室』（83）『ヴァージンなんて怖くない』（84）『恋文』（85）『離婚しない女』（86）ほかがある。

不良番長シリーズ

梅宮辰夫率いる不良グループ「カポネ団」が暴れ回る痛快アクションシリーズ。1968～1972年まで、計16本の映画が作られた。

五木寛之
1932～

日本の小説家・随筆家。1966年、『さらばモスクワ愚連隊』で小説現代新人賞を受賞、つづく『蒼ざめた馬を見よ』で翌年の直木賞を受賞する。他の主な作品に『青年は荒野をめざす』（67）『風に吹かれて』（68）『青春の門』（70～16）『遥かなるカミニト』（77）『浅の川暮色』（78）『四季・奈津子』（79）ほかがある。

横澤彪
1937～2011

日本のテレビプロデューサー。1962年、フジテレビ入社。1974年、『ママとあそぼう！ピンポンパン』でプロデューサーとなる。主なプロデュース番組に『THE MANZAI』（80～82）『らくごin六本木』（81～85）『スター千一夜』（59～81）『笑ってる場合ですよ！』（80～82）『森田一義アワー 笑っていいとも！』（82～14）『オレたちひょうきん族』（81～89）ほかがある。

オレたちひょうきん族

日本のお笑いバラエティ番組。1981年から1989年まで、毎週土曜日放送。「楽しくなければテレビじゃない」を標榜、1980年代TV界を席巻したフジテレビを代表するバラエティー番組。ビートたけし、明石家さんま、島田紳助、山田邦子、片岡鶴太郎、コント赤信号、太平サブロー・シロー、西川のりお、ぼんちおさむら若手芸人を大挙起用。真裏で放送されていたTBSザ・ドリフターズのお化け番組『8時だョ！

全員集合』（平均視聴率27．3%、最高視聴率50．5%）の牙城に挑んだ。

ホタテマン

『オレたちひょうきん族』の人気コント「タケちゃんマン」に、安岡力也が暴力団員役でゲスト出演。タケちゃんマンの助けを呼ぶ「ホラ貝」を「ホタテ貝」と、セリフをトチってしまう。それをほかの出演者にからかわれた安岡は大暴れ。しかしその姿が面白がられてホタテマンというキャラクターが生まれた。1983年には〈ホタテのロックンロール〉をリリース。作詞は内田裕也・横澤彪・城悠輔、作曲はザ・ワイルドワンズの加瀬邦彦。

ガッツ石松
1949～

日本の男性俳優、タレント。元プロボクサー。元WBC世界ライト級チャンピオン。主な映画出演作に『その後の仁義なき戦い』（79）『塀の中のプレイ・ボール』『太陽の帝国』（87）『ブラック・レイン』（89）『ミンボーの女』（92）『シベリア超特急5』（04）など。また、『カンバック』（90）では脚本・企画・監督・製作・出演を務めた。

ジョニー大倉
1952～2014

日本のミュージシャン、俳優。1971年に矢沢永吉らとキャロルを結成し、ギターと作詞を担当する。1975年のキャロル解散後は、ソロでの音楽活動と共に俳優業も始める。主な映画出演作に『異邦人の河』（75）『遠雷』（81、日本アカデミー賞優秀助演男優賞受賞）『総長の首』（79）『戦場のメリークリスマス』（83）『野蛮人のように』（85）『キャバレー』（86）ほかがある。

Rolling 05

黒い報告書

『週刊新潮』掲載の小説。1960年11月21日号開始、実際にあった事件を基にした一話読み切りの小説。

阿木燿子
1945～

日本の作詞家、女優、小説家、エッセイスト。1969年、〈ブルー・ロンサム・ドリーム〉で作詞家デビュー（作曲は宇崎竜童）。1971年、宇崎竜童と結婚。主な作詞担当曲にダウン・タウン・ブギウギ・バンド〈港のヨーコ・ヨコハマ・ヨコスカ〉（75）、山口百恵〈横須賀ストーリー〉（76）〈イミテイション・ゴールド〉（77）〈プレイバックPart2〉（78）〈さよならの向う側〉（80）などがある。また2006年には黒谷友香主演の映画『TANNKA 短歌』で初脚本・初監督を務めている。

ワンナイト・ララバイ

内田裕也1989年のアルバム《ドッグ・ランズ》に収録。作詞：阿木燿子、作曲者：宇崎竜童、編曲：ジョニー大倉。

田原俊彦
1961～

日本のアイドル歌手、俳優、タレント。1980年6月、〈哀愁でいと〉でデビュー。主な楽曲に〈ハッとして！Good〉（80）〈グッドラックLOVE〉（81）〈どうする～〉（87）〈抱きしめてTONIGHT〉〈かっこつかないね〉（88）〈ごめんよ涙〉〈ひとりぼっちにしないから〉（89）〈ジャングルJungle〉（90）ほか。

加納典明
1942～

日本の写真家。1969年、『平凡パンチ』ニューヨーク特集取材を機に個展「FUCK」を開催する。1993年、『月刊THE TENMEI』創刊。1994年には写真集『きクぜ！』を発売。また1997年にはSPEEDの写真集（ワニブックス）や沖縄アクターズスクールの写真展を手がけている。

篠山紀信
1940～

日本の写真家。ジョン・レノン、生前のラストアルバム《ダブル・ファンタジー》のジャケット写真をはじめ、主な作品に『女形・玉三郎展』（73）『坂東玉三郎の世界』（88）『Water Fruit』（樋口可南子）『white room』（本木雅弘）『Santa Fe』（宮沢りえ）（91）などがある。

中村れい子
1960～

日本の元女優。本名は中村 のり子。日本大学芸術学部在学中の1978年、『博多っ子純情』のオーディションに合格して映画デビュー。主な映画出演作に『嗚呼！おんなたち　猥歌』（81）『水のないプール』（82）『セカンド・ラブ』『十階のモスキート』（83）『竜馬を斬った男』（87）など。

高畑淳子
1954～

日本の女優、声優、タレント。劇団青年座所属。舞台を中心に活躍し、1988年には劇団公演『第二章』のジェニファー役で芸術祭賞個人賞、紀伊國屋演劇賞個人賞、2002年には『セイムタイム・ネクストイヤー』と『悔しい女』で読売演劇大賞特別賞、2004年には『越路吹雪物語』で菊田一夫演劇賞、

2013年には『ええから加減』で同演劇大賞を受賞している。主な映画出演作に『ワイルド・フラワーズ』(04)『男たちの大和/YAMATO』(05)他がある。

西田敏行
1947～
日本の俳優、歌手、タレント、司会者。1974年、『沖田総司』で映画俳優デビュー。堺正章、夏目雅子と出演した『西遊記』(78、日本テレビ)の猪八戒役で人気者となり、『池中玄太80キロ』(80、日本テレビ)でTVドラマ初主演。西田自身が歌った主題歌〈もしもピアノが弾けたなら〉でNHK紅白歌合戦に出場する。主な映画出演作に『悪魔が来りて笛を吹く』『太陽を盗んだ男』(79)『北斎漫画』(81)『ロケーション』(84)『敦煌』(88)『おろしや国酔夢譚』(92)ほかがある。

相棒
2000年から放送されているTVドラマシリーズ。劇場版4作とスピンオフ映画『相棒シリーズ 鑑識・米沢守の事件簿』(09)『相棒シリーズ X DAY』(13)も製作されている。

和泉聖治
1946～
日本の映画監督。1972年、『赤い空洞』で監督デビュー。主な監督作に『女囚性欲魔』(76)『暴漢　処女を襲う!』(79)『オン・ザ・ロード』(82)『股間連発テクニック』(84)『ワイセツな女黒い肌に泣く』(85)『沙耶のいる透視図』(86)『湘南爆走族』(87)『恋子の毎日』(88)『シャイなあんちくしょう』(91)ほかがある。

黒田征太郎
1939～
日本のイラストレーター、グラフィックデザイナー。1974年には『竜馬暗殺』のプロデューサーを務める。1985年には科学万博サントリー館の壁画、1992年には新千歳空港の壁画を作成。1994年には「野坂昭如/戦争童話集」映像化プロジェクトを開始。また2005年 にはPIKADON展を世界各地で開催するなど、多方面で活躍している。

好色一代男
1682(天和2)年、井原西鶴が著した、全8巻から成る浮世草子。前半4巻では、富裕な上方町人の子・世之介と腰元、従姉、仲居女、後家などとの恋模様が綴られていく。そして34歳になった世之介は、父の遺産を継ぐことになる。後半4巻では父の莫大な遺産をもとに、粋人・世之介が江戸・京都・大坂の三都の遊里を中心に好色の限りを尽くす。やがて世之介は60歳になり、仲間7人とともに「好色丸《よしいろまる》」という船を仕立て、女だけの住む島・女護の島へ船出する。

ローリング・オン・ザ・ロード
オリジナルは萩原健一1980年のアルバム『DON JUAN(ドン・ファン)』に収録。作曲:東海林良、作詞:大野克夫。

青春の蹉跌
1974
学生運動から足を洗い、江藤賢一郎(萩原健一)はアメリカン・フットボールの選手として活躍していた。大橋登美子(桃井かおり)の家庭教師して小遣い銭を稼いでいた。しかしフットボール部を退部し、いよいよ司法試験に専念する決意を固めた時、家庭教師の生徒だった登美子が短大に合格。その祝いにと登美子は賢一郎をスキーに誘った。雪山での夜、ふたりは不器用で性急に抱擁する。しばらくして成城の叔父の家に招かれた賢一郎は、そこで従妹の康子(檀ふみ)と再会するのだが……監督は神代辰巳、脚本は長谷川和彦、撮影は姫由眞左久。

与作
1978年に発表された北島三郎の演歌。作曲・作詞:七澤公典。

北島三郎
1936～
日本の演歌歌手、俳優、作詞家、作曲家、馬主。1962年、〈ブンガチャ節〉でデビュー。〈なみだ船〉(62)〈ソーラン仁義〉(64)〈兄弟仁義〉〈帰ろかな〉〈函館の女〉(65)〈博多の女〉(67)〈与作〉(78)〈風雪ながれ旅〉(80)〈まつり〉(84)〈北の漁場〉(86)など、多数のヒット曲を持つ。また『やくざの歌』『兄弟仁義』『兄弟仁義 関東三兄弟』(66)『兄弟仁義 関東命知らず』(67)『兄弟仁義逆縁の盃』『博徒列伝』(68)『関東兄弟仁義　仁侠』(71)ほかで、映画にも出演している。

Rolling 06

MIE
1958～
日本の歌手、女優、タレント。1976年、ピンク・レディーのメンバーのひとり、ミーとしてメジャーデビュー。〈ペッパー警部〉〈S・O・S〉(76)〈渚のシンドバッド〉〈ウォンテッド (指名手配)〉〈UFO〉(77)〈サウスポー〉〈透明人間〉(78)など大ヒット曲を連発、トップアイドルとなる。1981年、ピンク・レディーを解散する。1998年に未唯《みい》、

2006年には「未唯mie」と表記を改めている。主な映画出演作に『ピンク・レディーの 活動大写真』（78）『水のないプール』『コールガール』（82）『シングルガール』（83）ほかがある。

相馬一比古
1944～2005
日本の芸能プロモーター。いしだあゆみ、西城秀樹、平山三紀（現・平山みき）らのマネージメントを担当。T&Cミュージックの制作部長時代にピンク・レディーをスカウトする。後に独立して「ソーマオフィス」を設立した。

溝渕美保
1972～
日本の元女優、歌手。TVドラマ『ヴァンサンカン・結婚』（91）、映画『魚からダイオキシン!!』、東海旅客鉄道「クリスマスエクスプレス'91」（91）のCMに出演する。また1991年にシングル〈約束〉（作詞・松本隆、作曲・林哲司、編曲・新川博）をリリースした。

宇崎竜童
1946～
日本のロック歌手、作曲家、俳優、映画監督。 1970年代から、ダウン・タウン・ブギウギ・ファイティング・バンド、竜童組、宇崎竜童 & RUコネクション with 井上堯之などのバンドを率いながらソロとしても活動する。「作詞・阿木／作曲・宇崎」の黄金期には山口百恵のヒット曲を連発した。主な映画出演作に『曽根崎心中』（78）『ミスター・ミセス・ミス・ロンリー』（80）『ヨコハマBJブルース』（81）『TATTOO〈刺青〉あり』（82）『エロティックな関係』（92）ほかがある。また監督作『さらば相棒　ROCK is SEX』（82）『魚からダイオキシン!!』（92）では共に、俳優・内田裕也と組んでいる。作詞家の阿木燿子は妻。

八代亜紀
1950～
日本の演歌歌手およびジャズ歌手、女優、タレント、画家。1971年〈愛は死んでも〉でデビュー。1973年、〈なみだ恋〉が120万枚を超えるセールスを記録。ほかにも〈しのび恋〉〈愛ひとすじ〉（74）〈おんなの夢〉〈ともしび〉（75）〈花水仙〉〈もう一度逢いたい〉（76）〈おんな港町〉〈愛の終着駅〉（77）などのヒット曲がある。また主な映画主演作に『銀蝶流れ者　牝猫博奕』（72）『夜の歌謡シリーズ　なみだ恋』（73）『夜の演歌　しのび恋』（74）『おしゃれ大作戦 』（76）『トラック野郎　度胸一番星』（77）『多羅尾伴内』（78）ほかがある。

雨の慕情
1980年に発売された、八代亜紀のシングル。作曲：浜圭介、作詞：阿久悠。〈舟唄〉〈港町絶唱〉と合わせて、哀憐三部作とされている。

Rolling 07

内田栄一
1930～1994
日本の脚本家、劇作家。脚本を執筆した主な映画に『妹』『バージンブルース』『炎の肖像』（74）『スローなブギにしてくれ』『魔性の夏　四谷怪談より』（81）『水のないプール』『赤い帽子の女 （Die Frau mit dem ro""ten Hut）』（82）がある。

最も危険な遊戯
1978
財界の大物たちの誘拐事件が相次ぐ中、東日電気の社長・南条（入江正徳）が姿を消した。東日電気会長・小日向（内田朝雄）は、殺し屋・鳴海昌平（松田優作）に南条救出を依頼。鳴海は南条が監禁されている精神病院に潜入し。激しい銃撃戦の末に南条救出に成功するのだが……主演・松田優作、監督・村川透の「遊戯」シリーズ第1作。監督は村川透、脚本は永原秀一。田坂圭子、荒木一郎、内田朝雄共演。

相米慎二
1948～2001
日本の映画監督。1980年、『翔んだカップル』で監督デビュー。アクロバティックな超長廻し、エモーショナルな歌謡曲の使用など大胆不敵な作風で、80年代の日本映画シーンを独走した。主な監督作に『セーラー服と機関銃』（81）『ションベン・ライダー』『魚影の群れ』（83）『ラブホテル』『台風クラブ』『雪の断章―情熱―』（85）『光る女』（87）『東京上空いらっしゃいませ』（90）『お引越し』（93）『夏の庭 The Friends』（94）『あ、春』（98）『風花』（01）ほかがある。

遠雷
1981
宇都宮を舞台に、都市化の波に流される人々の中で、残されたわずかな土地にしがみつき、トマト栽培に懸ける青年の姿を描く。監督は根岸吉太郎、脚本は荒井晴彦。原作は立松和平の同名小説。永島敏行、ジョニー大倉、石田えり、横山リエ、ケーシー高峰ほか出演。

坂本龍一
1952～
日本の作曲家、編曲家、音楽プロデュー

サー、ピアニスト、キーボーディスト。１９７８年より細野晴臣、高橋幸宏と共にＹＭＯ（イエロー・マジック・オーケストラ）を結成。並行してプロデューサーやアレンジャーとしても活躍。他のアーティストへの楽曲提供も数多い。『戦場のメリークリスマス』（83）『ラストエンペラー』（87）『シェルタリング・スカイ』（90）『嵐が丘』（92）『御法度』（99）『ファム・ファタール』（02）ほかの映画音楽を作曲。また『戦場のメリークリスマス』『ラストエンペラー』には俳優として出演してもいる。

ジェレミー・トーマス
Jeremy Thomas
１９４９～
イギリスの映画プロデューサー。主な製作作品に『セックス・ピストルズ グレート・ロックンロール・スウィンドル』（80）『戦場のメリークリスマス』（83）『ラストエンペラー』（87）『シェルタリング・スカイ』（90）『裸のランチ』（91）『リトル・ブッダ』（93）『ＢＲＯＴＨＥＲ』（00）『ドリーマーズ』（03）『アメリカ，家族の、いる風景』『ローズ・イン・タイドランド』（05）ほかがある。

吉行和子
１９３５～
日本の女優、エッセイスト、俳人。１９５５年に初舞台を踏み１９５７年、『アンネの日記』のアンネ・フランク役で主役デビューする一方、『由起子』（55）で映画初出演。主な出演作品に『才女気質』（59）『あいつと私』（61）『キューポラのある街』（62）『座頭市あばれ火祭り』（70）『愛の亡霊』（78）『キッドナップ・ブルース』（82）『十階のモスキート』（83）『菊次郎の夏』（99）ほか。

小泉今日子
１９６６～
日本の女優、歌手。１９８２年、シングル〈私の16才〉でアイドル歌手としてデビュー。〈渚のはいから人魚〉（84）〈なんてったってアイドル〉（85）〈木枯しに抱かれて〉（86）〈快盗ルビイ〉（88）〈潮騒のメモリー〉（13）ほか、多数のヒット曲を持つ。80年代を代表するアイドルの一人。また『あんみつ姫』（83）『愛しあってるかい！』（89）『パパとなっちゃん』（91）『あまちゃん』（13）などＴＶドラマへの出演も多数。主な映画出演作には『十階のモスキート』（83）『生徒諸君！』（84）『ボクの女に手を出すな』（86）『快盗ルビイ』（88）『踊る大捜査線　ＴＨＥ ＭＯＶＩＥ』（98）『共犯者』（99）『風花　ｋａｚａ-ｈａｎａ』（01）『トウキョウソナタ』（08）ほかがある。

ローラー族
１９８０年代半ばに登場した。革ジャンにリーゼント、サーキュラー（裾を広げると円形になる）スカート、ポニーテールでロカビリーにあわせツイストを踊る若者の風俗、またはその集団の総称。

竹の子族
１９８０年代前半、原宿の代々木公園横の歩行者天国で、派手な衣装を着てラジカセからのディスコサウンドに合わせて踊っていた若者たちの風俗、またはその集団の総称。

アナーキー
日本のパンクロックバンド。１９８０年にシングル〈ノット・サティスファイド〉、アルバム《アナーキー》でデビュー。オリジナルメンバーは仲野茂（ヴォーカル）、逸見泰成（ギター）、藤沼伸一（ギター）、寺岡信芳（ベース）、小林高夫（ドラムス）。

ジャンボ杉田
日本の元俳優。主な映画出演作に『ねらわれた学園』（81）『水のないプール』（82）『ア・ホーマンス』（86）『マルサの女』（87）『マルサの女2』（88）『極道の妻たち 最後の戦い』（90）『極道の妻たち 赫い絆』（95）『キッズ・リターン』（96）ほかがある。

大沢樹生
１９６９～
日本の俳優。イーグルス、サンデーズを経て１９８７年、光ＧＥＮＪＩのメンバーとして再デビュー。１９９４年には光ＧＥＮＪＩを脱退し、ジャニーズ事務所を退社する。１９９６年、女優の喜多嶋舞と結婚、２００５年には離婚している。主な映画出演作に『ピエタ』（97）『共犯者』（99）ほかがある。

きうちかずひろ
１９６０～
日本の漫画家、漫画原作者、映画監督、脚本家。主な漫画作品に『ＢＥ-ＢＯＰ-ＨＩＧＨＳＣＨＯＯＬ』（83～03）、『サル番長』（96～97）、『ＭＩ-４』（98～99）ほかがある。また映画監督としても活躍しており、『ＣＡＲＬＯＳ／カルロス』（91）『ＪＯＫＥＲ』（96）、『共犯者』（99）、『Ｐａｙ Ｏｆｆ』（03）『アウト＆アウト』（18）ほかの監督作がある。

ビー・バップ・ハイスクール
日本の漫画作品。ツッパリ留年高校生、ヒロシとトオルの二人がケンカや恋に明け暮れる日常を描く。１９８５年には仲村トオル、清水宏次朗主演で実写映画化。全6作が製作される人気シリーズとなった。

ＣＡＲＬＯＳ／カルロス

ブラジル日系3世でサンパウロの暴力組織のボス・カルロス（竹中直人）。指名手配され東京に逃亡してきた彼はある日、早川組組長の暗殺の依頼を受けるが……。監督・原作きうちかずひろ。竹中直人、チャック・ウィルソン、春川ますみ、寺尾友美、大木実出演。

竹中直人
１９５６～

日本の俳優、声優、映画監督、タレント、コメディアン、歌手。１９８３年、テレビ朝日『ザ・テレビ演芸』のオーディションコーナー「飛び出せ！笑いのニュースター」に出演、グランドチャンピオンになり芸能界デビュー。１９８４年、『痴漢電車　下着検札』で映画初出演。主な映画出演作に『私をスキーに連れてって』（87）『天使のはらわた　赤い眩暈』（88）『ＣＡＲＬＯＳ／カルロス』（90）『シコふんじゃった。』『死んでもいい』（92）『ヌードの夜』（93）『棒の哀しみ』（94）『ＧＯＮ－Ｎ』（95）『ヌードの夜／愛は惜しみなく奪う』（10）『ペコロスの母に会いに行く』（13）『ＧＯＮ－Ｎサーガ』（15）がある。また、『無能の人』（91）『１１９』（94）『連弾』（01）『サヨナラ ＣＯＬＯＲ』（04）ほかでは監督を担当している。

松方弘樹
１９４２～２０１７

日本の俳優・タレント・司会者・映画監督・映画プロデューサー。１９６０年、『十七歳の逆襲　暴力をぶっ潰せ』で映画デビュー。主な出演作に中島貞夫監督『８９３（やくざ）愚連隊』（66）『東京＝ソウル＝バンコック　実録麻薬地帯』（73）『脱獄　広島殺人囚』（74）『暴動島根刑務所』『暴力金脈』（75）『実録外伝　大阪電撃作戦』『沖縄やくざ戦争』（76）『やくざ戦争　日本の首領（ドン）』『日本の首領（ドン）　野望篇』（77）、深作欣二監督『恐喝こそわが人生』（68）『仁義なき戦い』（73）『仁義なき戦い　頂上作戦』『新仁義なき戦い』（74）『県警対組織暴力』『資金源強奪』（75）『北陸代理戦争』（77）ほか、『修羅のみち』シリーズ（01～04）『修羅の群れ』シリーズ（02）『新・日本の首領』シリーズ（05～06）『十三人の刺客』（10）などがある。父の近衛十四郎、弟の目黒祐樹は共に俳優。女優の仁科亜季子は元妻。

哀川翔
１９６１～

日本の俳優、タレント、歌手、ラリードライバー。１９８４年、一世風靡セピアの一員として〈前略、道の上より〉でレコードデビュー。１９８８年、長渕剛の強い希望でＴＶドラマ『とんぼ』に出演。同年、『この胸のときめきを』で映画デビューを果たす。１９８９年、長渕剛主演の映画『オルゴール』に出演する。１９９０年、高橋伴明監督『ネオ チンピラ　鉄砲玉ぴゅ～』の大ヒットにより、以降数々のＶシネマに主演。『とられてたまるか！』（92～94）『勝手にしやがれ!!』（95～96）『修羅がゆく』（95～00）『借王〈シャッキング〉』（97～01）ほか、数々のヒットシリーズを生み、「Ｖシネマの帝王」の異名をとる。その他の出演作に『獅子王たちの夏』（91）『棒の哀しみ』『愛の新世界』（94）『鬼火』（96）『復讐　ＴＨＥ ＲＥＶＥＮＧＥ　消えない傷痕』（97）『極道黒社会　ＲＡＩＮＹ ＤＯＧ』（97）『蛇の道』（98）『ニンゲン合格』（99）ほか。

細川たかし
１９５０～

日本の演歌歌手。１９７５年、〈心のこり〉で歌手デビュー。〈北酒場〉（82）〈矢切の渡し〉（83）〈浪花節だよ人生は〉（84）などのヒット曲がある。俳優として『修羅のみち２　関西頂上決戦』（01）『男はつらいよ　旅と女と寅次郎』（83）に出演している。

万引き家族

風采の日雇い労働者（リリー・フランキー）と少年（城桧吏）の万引きコンビ、クリーニング工場で働く三十がらみの女（安藤サクラ）、風俗店でバイトする女子高生。彼・彼女らは年金生活の老婆（樹木希林）の長屋で、不思議な共同生活を行っている。そんなある日祥太は万引きの帰り道、凍えている幼い女の子（佐々木みゆ）を見つけ、「家族」の一員に迎えるのだが……。２０１８年カンヌ国際映画祭で最高賞のパルム・ドールを受賞。是枝裕和監督の国際的評価を高めた。

アン・ルイス
１９５６～

日本の元歌手。アメリカ人と日本人のハーフとして、神戸に生まれる。１９７１年、〈白い週末〉でデビュー。〈恋のブギ・ウギ・トレイン〉（79）〈六本木心中〉（86）ほかのヒット曲がある。

風祭ゆき
１９５３～

日本の女優。１９７４年「吉田さより」の芸名でＮＥＴ『非情のライセンス』でＴＶドラマ、１９７７年に新藤兼人監督『竹山ひとり旅』で映画デビュー。１９８０年、芸名を「風祭ゆき」に変え、小原宏裕監督『赤い通り雨』に主演。『妻たちの性体験 夫の眼の前で、今…』『後から前から』（80）『女教師 汚れた放課後』『セーラー服と機関銃』（81）『美姉妹 犯す』、『マダムスキャンダル10秒死なせて』（82）『十階のモスキート』『性的犯罪』『暗室』『武蔵野心中』（83）ほかの出演作がある。

桑名正博

1953～2012

日本のミュージシャン、俳優、実業家。1971年、ロックバンド「ファニーカンパニー」結成。翌年〈スイートホーム大阪〉でデビューする。バンドを解散後、ソロ活動を展開。〈哀愁トゥナイト〉（77）〈セクシャルバイオレットNo．1〉（79）などのヒット曲を生む。主な映画出演作に『ションベン・ライダー』『唐獅子株式会社』（83）『フライング　飛翔』（88）『風、スローダウン』（91）がある。歌手のアン・ルイスは元妻。

趙方豪

1956～1997

日本の俳優。1981年、大学在学中に出演した映画『ガキ帝国』でヨコハマ映画祭新人賞を受賞。他の主な出演作に『ガキ帝国　悪たれ戦争』（81）『ダイアモンドは傷つかない』『パン屋襲撃』（82）『十階のモスキート』『ダブルベッド』『時代屋の女房』（83）『コミック雑誌なんかいらない！』（86）『女衒ZEGEN』（87）『その男、凶暴につき』（89）ほかがある。

阿藤海（快）

194～2015

日本の俳優、タレント。主な出演映画に『女囚さそり 第41雑居房』（72）『修羅雪姫』（73）『祭りの準備』（75）『君よ憤怒の河を渉れ』（76）『襲う!!』『最も危険な遊戯』『野性の証明』『殺人遊戯』（78）『赫い髪の女』『俺達に墓はない』『蘇える金狼』（79）『影武者』『野獣死すべし』『ヒポクラテスたち』（80）『十階のモスキート』『唐獅子株式会社』（83）『夜汽車』（87）がある。

下元史朗

1948～

日本の俳優。『未亡人下宿 ただのり』（78、山本晋也監督）『ガキ帝国 悪たれ戦争』（81、井筒和幸監督）『TATTOO〈刺青〉あり』（82、高橋伴明監督）『変態家族 兄貴の嫁さん』（84、周防正行監督）『真昼の切り裂き魔』（84、滝田洋二郎監督）『地獄のローパー、緊縛・SM・18才』（86、片岡修二監督）ほか、多数のピンク映画に出演している。

ぶらり途中下車の旅

日本テレビで1992年10月3日から放送されている紀行・鉄道旅行番組。阿藤快と車だん吉はこの長寿番組の顔といえる旅人だった。

横山やすし

1944～1996

漫才師、タレント。1936年、「漫画トリオ」の横山ノック門下となり、芸名「横山やすし」と命名される。1966年、西川きよしと漫才コンビ「やすしきよし」を結成。ボケ・ツッコミが目まぐるしく入れ替わり、マイクから離れ動く――「どつき漫才」「型破り漫才」で一世を風靡、後進に絶大な影響を及ぼした。また映画界にも進出、『十階のモスキート』『唐獅子株式会社』（83）『ビッグ・マグナム黒岩先生』（85）『魚からダイオキシン!!』（92）ほかに出演している。

高橋明

1934～2011

日本の俳優。1960年、舛田利雄監督『青年の樹』で映画デビュー。名バイプレイヤーとして数多くのロマンポルノに出演。主な出演作に『女高生レポート　夕子の白い胸』『セックス・ライダー　濡れたハイウェイ』（71）『牝猫たちの夜』『一条さゆり　濡れた欲情』（72）『恋人たちは濡れた』『不良少女　野良猫の性春』『濡れた荒野を走れ』（73）『妹』『㊙色情めす市場』（74）『犯す！』（76）『レイプ25時　暴姦』『横須賀男狩り少女・悦楽』（77）『赫い髪の女』『俺達に墓はない』『蘇える金狼』（79）『少女娼婦　けものみち』（80）『嗚呼！おんなたち　猥歌』『遠雷』（81）『十階のモスキート』（83）『夜がまた来る』（94）などがある。

一条さゆり　濡れた欲情

1972

関西ストリップの女王・一条さゆりが自ら主演。新人ストリッパー・はるみ（伊佐山ひろ子）との間のライバル関係、新旧交代ドラマを描く。劇中では一条さゆりの十八番〝花笠お竜〟〝緋牡丹お竜〟〝ローソクショー〟などが披露され、大阪・野田に実在する吉野ミュージック劇場での、一条さゆり引退興行中の一斉検挙も再現されている。監督・脚本は神代辰巳、撮影・姫田眞左久。共演は白川和子、粟津號、中平哲仟、小沢昭一、絵沢萠子、中田カフス、中田ボタンほか。

内田裕也＆トルーマン・カポーティ・ロックンロールバンド

内田裕也（ヴォーカル）／三原康可（ボーカル、ギター）／柴田昭寛（ギター）／田中洋一（ベース）／高野哲秀（ドラム）で編成されたロックバンド。

白竜

1952～

日本の歌手、俳優。1979年、〈アリランの唄／シンパラム〉で歌手デビュー。1984年、『いつか誰かが殺される』で映画初出演を果たす。主な映画出演作に『その男、凶暴につき』（89）『獅子王たちの夏』（91）『棒の哀しみ』（94）『岸和田少年愚連隊』『男たちのかいた絵』（96）『HANA-BI』（97）『アウトレイジ ビヨンド』（12）『アウトレイジ最終章』（17）がある。また『止まり木ブルース』（96〜97）『首領《ドン》への道』（98〜05）『極道《やくざ》の紋章《だいもん》』（07〜14）など、オリジナル・ビデオの人気シリーズにも出演している。

細石照美

日本の映画美術監督。主な作品に『ガキ帝国　悪たれ戦争』（81）『水のないプール』（82）『パンツの穴』（84）『ビリィ★ザ★キッドの新しい夜明け』（86）『天使のはらわた　赤い眩暈』（88）『死んでもいい』（92）『undo　〝アンドゥー〟』『突然炎のごとく』（94）『PiCNiC』（96）などがある。

ウォーレン・ベイティ
Warren Beatty
1937〜

アメリカの俳優。1961年、『草原の輝き』で映画デビュー。1967年、ニューシネマの嚆矢となったアーサー・ペン監督『ボニーとクライド／俺たちに明日はない』を製作・自ら主演する。主な映画出演作に『ギャンブラー』（71）『シャンプー』（75）『天国から来たチャンピオン』（78）『レッズ』（81、監督も）などがある。妻は女優のアネット・ベニング。姉は女優のシャーリー・マクレーン。

ディック・トレイシー
DICK TRACY
1990

1930年代の犯罪都市。そこには呼び出し無線を腕に神出鬼没の活躍をする刑事ディック・トレイシー（ウォーレン・ベイティ）の姿があった。彼の宿敵は街を牛耳るギャングの親玉ビッグ・ボーイ・キャプリス（アル・パチーノ）。折りしもキャプリスは「クラブ・リッツ」オーナー・リップスを殺し、歌姫ブレスレス・マホニー（マドンナ）を奪い去ったところだった。孤児だったスリの少年キッド（チャーリー・コースモ）を片腕に、トレイシーは捜査を開始する。原作は半世紀以上にわたって連載されているアメリカン・コミック。製作・監督・主演はウォーレン・ベイティ。脚本はジム・キャッシュとジャック・エップス・ジュニア。撮影はヴィットリオ・ストラーロ。

Rolling 08

木滑良久
1930〜

日本の編集者。マガジンハウス取締役最高顧問。1955年、当時の平凡出版に入社。『週刊平凡』『平凡パンチ』『an・an』『POPEYE』『BRUTUS』『Olive』各編集長を歴任。1988年には『Hanako』を創刊している。

豊田商事会長刺殺事件

1985年6月18日、大阪市北区にある豊田商事会長・永野一男（32）のマンションに、自営業・飯田篤郎（56）と建築作業員・矢野正計（30）が乱入。多くの報道関係者が環視する中、永野会長を刺殺した事件。豊田商事は純金への投資を装ったペーパー商法で、4年間で2000億円も荒稼ぎ。年金暮らしの独居老人を狙ったその手口も悪質なものだった。

日航ジャンボ機墜落事故

1985年8月12日、羽田空港発・伊丹空港行の123便（B747）は航行中、整備不良により制御装置が破損。制御不能状態のまま群馬県の御巣鷹の尾根に墜落した事故。死者520人、負傷者4人を数える大惨事となった。

山口組と一和会の抗争

1984年8月5日から1989年3月30日までつづいた、山口組と一和会の暴力団抗争事件。三代目山口組組長・田岡一雄と若頭・山本健一の死による、組長・若頭不在という異常事態に端を発し、多数の死傷者と逮捕者を出す規模にまで抗争は発展した。明治以降、最大規模の暴力団の抗争事件と言われる。

松田聖子と神田正輝の結婚

1985年6月24日、目黒区のサレジオ教会で挙式。リムジンで移動したホテルニューオータニで披露宴が行われた。松田聖子の「聖」と神田正輝の「輝」を合わせて「聖輝の結婚」と言われた。

おニャン子クラブ

フジテレビのバラエティー番組『夕やけニャンニャン』（85〜87、企画・秋元康）から生まれたアイドルユニット。新田恵利、国生さゆり、城之内早苗、渡辺美奈代、渡辺満里奈、工藤静香、生稲晃子、高井麻巳子らが在籍。1987年、番組終了にともない解散した。

マイケル・ムーア
Michael Moore
1954〜

アメリカのドキュメンタリー監督。1989年、『ロジャー&ミー』で映画監督デビュー。『ボウリング・フォー・コロンバイン』（02）『華氏911』（04）『シッコ』（07）『華氏119』（18）などの話題作を手がけている。

大久保清
1935～1976

1971年に起きた、連続婦女暴行殺人事件の犯人。1971年3月、婦女子暴行で服役していた府中刑務所を出所。その後、127人以上の女性を誘い10数名を強姦、うち8名を殺害し妙義山麓などへ遺棄した。同年5月群馬県警藤岡署に逮捕され自供。1973年2月前橋地裁で死刑判決。1976年1月、死刑執行された。1983年に、TBS系列で放送されたスペシャルドラマ『昭和四十六年 大久保清の犯罪』で、ビートたけしは大久保清を演じた。

千石イエス
1923～2001

本名・千石剛賢。1960年、東京で聖書勉強会「極東キリスト集会」を開設。信者との共同生活を開始する。1975年、会名を「イエスの方舟」と改称。若い女性会員の数が増加する。信者家族との対立を避けて1978年、集団失踪。日本各地を転々とする。その流浪の旅が話題となり、マスコミは「千石ハーレム」「現代の神隠し」などとスキャンダラスに報じた。1980年7月、千石は心臓発作で倒れる。方舟の娘たちは揃って会見に臨み、「おっちゃん」の愛称で慕った千石との性的関係を否定した。千石への告訴は取り下げられ、書類送検されるも不起訴処分となった。1985年にTBS系列で放送されたスペシャルドラマ『イエスの方舟 イエスと呼ばれた男と19人の女たち』で、ビートたけしは千石イエスを演じた。

三億円事件

1968年12月10日、3億円を運ぶ現金輸送車を、白バイ警官を装った男が急停止させた。「(車内に)爆発物がある」として乗車していた銀行員を全員降ろさせ、輸送車のハンドルを握って速やかに走り去っていった。現場には遺留品が複数残され、警察は当初犯人逮捕を楽観的していたが捜査は難航。1975年に時効を迎え、未解決事件となった。2000年にフジテレビで放送されたスペシャルドラマ『三億円事件～20世紀最後の謎～』でビートたけしは、事件の真犯人を演じた。

金嬉老事件

1968年2月、在日朝鮮人・金嬉老(キム・ヒロ)は暴力団員を射殺し逃走。宿泊客を人質に寸又峡温泉の旅館にとって立て籠った。警察に対して、民族差別発言への謝罪を求め、籠城中の金は何度も記者会見を開く。そのことで世間の関心は事件自体から民族問題へスライドした。金は逮捕、裁判で無期懲役が確定。99年に仮釈放後は、韓国に出国した。1991年にフジテレビで放送されたスペシャルドラマ『金(キム)の戦争 ライフル魔殺人事件』でビートたけしは、金嬉老を演じた。

エホバの証人輸血拒否事件

宗教上の理由で輸血を拒否していたエホバの証人の信者が1992年9月16日、手術の際に無断で輸血を行った医師、病院に対して損害賠償を求めた事件。裁判は輸血に関する自己決定権をめぐって争われた。1993年にTBS系列で放送されたスペシャルドラマ『説得 エホバの証人と輸血拒否事件』でビートたけしは、患者の父親を演じた。

東條英機
1884～1948

日本の陸軍軍人、政治家。第40代内閣総理大臣。総理大臣就任後も陸相と内相を兼ね、対米英開戦の最高責任者となる。1944年、サイパン陥落に伴って総辞職。敗戦後、拳銃自殺を試みるも失敗。A級戦犯として逮捕、極東軍事裁判で死刑判決を受ける。巣鴨拘置所に収容され1948年12月23日、死刑執行。2019年にテレビ東京で放映されたスペシャルドラマ『二つの祖国』でビートたけしは、東條英機を演じた。

フライデー襲撃事件

1986年12月9日未明、ビートたけしが、「たけし軍団」を引き連れ写真週刊誌『フライデー』編集部を襲撃した事件。1987年6月10日、東京地方裁判所からたけしに懲役6カ月(執行猶予2年)の判決が下り、控訴しなかったため、刑が確定した。

逸見政孝
1945～1993

日本のアナウンサー。1968年、フジテレビに入社。『たけし・逸見の平成教育委員会』(91～97、フジテレビ系列)『夜も一生けんめい』(90～93、日本テレビ系列)『クイズ世界はSHOW by ショーバイ!!』(88～93、日本テレビ系列)などの番組にレギュラー出演した。『コミック雑誌なんかいらない!』『おニャン子ザ・ムービー 危機イッパツ!』(86)には本人役で出演している。1993年12月25日、スキルス胃癌・再発転移による癌性悪液質のため死去。享年48。『オレたちひょうきん族』『平成教育委員会』などで共演したビートたけしとは、親友同士だった。

奥山和由
1954～

日本の映画プロデューサー・映画監督。主な製作作品に『丑三つの村』(83)『離婚しない女』(86)『さらば愛しき人よ』(87)『ラッフルズホテル』(89)『3-4×10月』『つぐみ』(90)『陽炎』『幕末純情伝』(91)『外科室』『豪姫』『いつかギラギラする日』『寝盗られ宗介』(92)『ソナチネ』（93）などがある。

岡本公三
1947～
日本の新左翼系革命家、元日本赤軍メンバー。1971年、当時在学していた鹿児島大学にやってきた若松孝二・足立正生監督の映画『赤軍-PFLP・世界戦争宣言』に大いに感化される。1972年3月、極左武装集団である日本赤軍に参加、パレスチナ解放闘争に加わる。1972年、同志・奥平剛士、安田安之とテルアビブのロッド国際空港で自動小銃を無差別乱射。死者26名、重軽傷者73人の惨事となる。イスラエル軍事法廷で終身刑となるが、1985年、アラブ・イスラエル間の捕虜交換により釈放された。

三浦和義
1947～2008
日本の元実業家、随筆家、タレント、俳優。1981年にロサンゼルス市内で妻（当時28）を銃撃・殺害、多額の保険金をだまし取ったとして85年9月、警視庁に逮捕され、殺人などの罪に問われた。

〈お嫁サンバ〉
1981年5月にリリースされた、郷ひろみ38枚目のシングル。作詞・三浦徳子、作曲・小杉保夫、編曲・船山基紀。

郷ひろみ
1955～
日本の男性歌手、俳優。1972年、NHK大河ドラマ『新・平家物語』で俳優デビュー。同年、〈男の子女の子〉で歌手デビューする。1976年には、『さらば夏の光よ』で映画初主演を果たす。主な映画出演作に『おとうと』（76）『突然、嵐のように』『ワニと鸚鵡とおっとせい』（77）『ダブル・クラッチ』（78）『夢一族 ザ・らいばる』（79）『コールガール』（82）『瀬戸内少年野球団』（84）『コミック雑誌なんかいらない！』（86）『さらば愛しき人よ』（87）ほかがある。

久世光彦
1935～2006
日本の演出家、小説家、実業家、テレビプロデューサー。演出家、プロデューサーとして『寺内貫太郎一家』（74）『悪魔のようなあいつ』（75）などのTVドラマを数多く製作した。『夢一族 ザ・らいばる』（79）『自由な女神たち』（87）の映画監督作もある。

森繁久彌
1913～2009
日本の俳優、歌手、コメディアン、元NHKアナウンサー。NHKアナウンサーとなって満州国へ赴任。帰国後、舞台やラジオ番組に出演し、映画『三等重役』（52～53）『社長』シリーズ（56～70）『駅前』シリーズ（58～69）などのシリーズを抱える人気俳優となる。1955年の『夫婦善哉』『警察日記』では演技派として高い評価を受ける。主な映画出演作に『猫と庄造と二人のをんな』（56）『伴淳・森繁の糞尿譚』（57）『青べか物語』（62）『喜劇 とんかつ一代』（63）『喜劇 女は男のふるさとヨ』『喜劇 女生きてます』（71）『座頭市御用旅』『喜劇 女売り出します』（72）『夢一族 ザ・らいばる』（79）などがある。

〈お化けのロック〉
1977年9月にリリースされた郷ひろみ23枚目のシングル。郷ひろみ主演のTVドラマ『ムー』（77、TBS系列）のテーマ曲となった。悠木千帆から改名した樹木希林とのデュエット曲で、そのコミカルな振り付けが話題となった。

〈林檎殺人事件〉
〈お化けのロック〉に続いて1978年リリースした郷ひろみと樹木希林とのデュエット曲。イメージやコンセプトは、『ムー一族』プロデューサーの久世光彦の発案であり、「フニフニフニフニ……」という意味不明な歌詞も、久世一流のことば遊びだと言われている。

伊東四朗
1937～
日本のコメディアン、俳優、タレント、司会者。1961年、伊東は三波伸介・戸塚睦夫と共にコントグループ「てんぷくトリオ」を結成。1972年にはNHK『お笑いオンステージ』に出演するなど人気芸人となる。国民的大ヒットとなったNHK連続テレビ小説『おしん』（83～84）でおしんの父親を演じ、全国的な知名度を得た。主な映画出演作に『新座頭市 破れ！唐人剣』（71）『夢一族 ザ・らいばる』（79）『唐獅子株式会社』『スパルタの海』（83）『マルサの女』（87）『THE有頂天ホテル』（05）ほかがある。

岸本加世子
1960～
日本の女優。1977年、『ムー』（TBS系列）で女優デビュー。また1980年代以降、フジフィルムのCMで樹木希林と共演。80年にはCMでの岸本のセリフ、「美しい方はより美しく、そうでない方はそれなりに写ります」が流行語になった。『男たちの旅路』（79、82）『刑事ヨロシク』（82）『美空ひばり物語』（89）など、主にTVドラマで活躍。一方、『夢一族 ザ・らいばる』（79）『男はつらいよ 寅次郎紙風船』（81）『空がこんなに青いわけがない』（93）『HANA-BI』（98）『TAKESHIS'』（05）ほかの映画にも出演している。

小林亜星
1932～
日本の作曲家、作詞家、俳優、タレント。レナウン〈ワンサカ娘〉、〈日立の樹〉、ブリヂストン〈どこまでも行こう〉、〈酒は大関こころいき〉、〈セブラ・ボールペン〉、〈カメラのさくらや〉、〈ラオックスの歌〉、〈メガネドラッグの歌〉、ロート製薬〈パンシロンの歌〉など、多数のCMソングを作曲。 俳優としては久世光彦プロデュース、向田邦子脚本『寺内貫太郎一家』（74）に主演。『キンキンのルンペン大将』（76）『HOUSE　ハウス』（77）『冬の華』（78）ほかの映画にも出演している。

西城秀樹
1955～2018
日本の歌手、俳優。1972年にシングル〈恋する季節〉で歌手デビュー。同年の〈チャンスは一度〉でトップアイドルとなる。主なヒット曲に〈傷だらけのローラ〉（74）〈この愛のときめき〉（75）〈君よ抱かれて熱くなれ〉（76）〈YOUNG MAN（Y．M．C．A．）〉〈勇気があれば〉（79）がある。俳優としても活躍し、TVドラマ『水曜劇場 寺内貫太郎一家』（74）『寺内貫太郎一家2』（75、TBS）では頑固おやじ・寺内貫太郎の息子・周平を演じた。また『愛と誠』『あゝ決戦航空隊』（74）『ブロウアップヒデキ』（75）『傷だらけの勲章』（86）ほかの映画にも出演している。

ヤングマン「Y．M．C．A．」
1979年2月にリリースされた、西城秀樹28枚目のシングル。アメリカのヴィレッジ・ピープル〈YMCA〉のカバー曲。

寺内貫太郎一家
東京・谷中で石屋を営む貫太郎一家と隣近所との交流を描いたコメディー。1974年、TBS系列の水曜劇場枠で放送。平均視聴率31．3％を記録した。貫太郎（小林亜星）のちゃぶ台返し、「ジュリ～～（沢田研二）!!」というきん（悠木千帆、樹木希林）の身悶えなどが名物シーンとなった。向田邦子脚本、久世光彦プロデュース。共演は西城秀樹、浅田美代子、伴淳三郎、由利徹、梶芽衣子、左とん平、加藤治子ほか。

原田芳雄
1940～2011
日本の俳優。1966年、『若者たち』（フジテレビ）でTVドラマ、翌1968年には『復讐の歌が聞える』で映画デビュー。主な出演作に『反逆のメロディー』（70）『八月の濡れた砂』（71）『修羅雪姫 怨み恋歌』『竜馬暗殺』『田園に死す』（74）『祭りの準備』（75）『ツィゴイネルワイゼン』（80）『スローなブギにしてくれ』（81）『水のないプール』（82）『さらば箱舟』（84）『生きてるうちが花なのよ死んだらそれまでよ党宣言』（85）『コミック雑誌なんかいらない！』（86）『大鹿村騒動記』（11）ほかがある。

亜湖
1958～
日本の女優。1978年、『星空のマリオネット』で映画女優デビュー。主な出演作に『桃尻娘』シリーズ（78～80）『オリオンの殺意より　情事の方程式』（78）『赫い髪の女』『濡れた週末』『関白宣言』（79）『ハードスキャンダル　性の漂流者』（80）『ええじゃないか』『蔵の中』（81）『不純な関係』（84）『メイク・アップ』（85）『待ち濡れた女』（87）などがある。

大阪で生まれた女
1979年にリリースされた、BORO2枚目のシングル。萩原健一によるカバーでも知られている。

竹田かほり
1958～
日本の元女優。1977年、『ピラニア軍団 ダボシャツの天』にて川谷拓三の恋人役で映画デビュー。1982年、ミュージシャンの甲斐よしひろとの結婚・出産を機に芸能界を引退する。主な映画出演作に『桃尻娘』シリーズ（78～80）『帰らざる日々』『殺人遊戯』（78）『俺達に墓はない』『十九歳の地図』（79）『スローなブギにしてくれ』（81）『オン・ザ・ロード』『化石の荒野』（82）などがある。

片桐夕子
1952～
日本の女優。 1971年、『女高生レポート　夕子の白い胸』の主演に抜擢され映画デビュー。主な出演作に『八月はエロスの匂い』『㊙女郎市場』（72）『実録 白川和子　裸の履歴書』『不良少女 野良猫の性春』『㊙極楽紅弁天』（73）『妹』（74）『性と愛のコリーダ』『こちら葛飾区亀有公園前派出所』（77）『サード』『桃尻娘　ピンク・ヒップ・ガール』（78）『ズーム・イン　暴行団地』（80）『NAGISA なぎさ』（00）『女はバス停で服を着替えた』（02）ほかがある。ロマンポルノのエースのひとり、小沼勝監督と結婚するも、のちに離婚している。

Rolling 09

近藤正臣
1942～
日本の俳優。1966年、今村昌平監督『エロ事師たちより 人類学入門』で映画デビュー。主な出演作に『893《やくざ》愚連隊』(66)『懲役十八年』『兄弟仁義続・関東三兄弟』(67)『日本暗殺秘録』(69)『動脈列島』(75)『衝動殺人 息子よ』(79)などがある。

伊藤俊也
1937～
日本の映画監督、脚本家。1970年、『やくざ刑事 マリファナ密売組織』(野田幸男と共同監督)で映画監督デビュー。主な監督作に『女囚さそり』シリーズ(72～73)『犬神の悪霊』(77)『誘拐報道』(82)『花園の迷宮』(88)『プライド・運命の瞬間』(98)『ロストクライム 閃光』(10)などがある。

Dream Power
ジョン・レノン スーパー・ライヴ
「どんな些細なことでも夢を持つこと。それが世界を変えていく大きな力となるのです」「ひとりで見る夢はただの夢、みんなで見る夢は現実になる」。ジョン・レノン未亡人で前衛芸術家のオノ・ヨーコのそんな呼びかけで行われた、チャリティ・コンサート。学校建設ほか教育に恵まれない世界の子どもたちの支援を目的としていた。2001～03年はさいたまスーパーアリーナで、2004～09年は日本武道館で開催。

俊藤浩滋
1916～2001
日本の映画、テレビドラマのプロデューサー。主な企画作品に『顔役』(65)『博徒七人』(66)『博奕打ち』『懲役十八年』『あゝ同期の桜』(67)『博奕打ち 総長賭博』『あゝ予科練』『緋牡丹博徒』(68)『シルクハットの大親分』(70)『女渡世人』『女渡世人』(71)『ボクサー』(77)『総長の首』(79)ほかがある。女優の藤(現・富司)純子は実の娘。

岡田茂
1924～2011
日本の映画プロデューサー。東映〝中興の祖〟とされ、松竹の城戸四郎、東宝の森岩雄と共に日本映画界のドンとして君臨した。1950年、戦没学生の遺稿集『はるかなる山河』を原作に『日本戦歿学生の手記 きけ、わだつみの声』を製作。これが岡田の実質的な初プロデュース作とされている。戦争、歌謡、やくざ、ポルノ……興行至上主義、何でもありの東映イズムを築いた、文字通りの大立者。

安藤昇
1926～2015
日本の元ヤクザ、俳優、小説家、歌手、プロデューサー。終戦後、愚連隊として名を轟かせ1952年、渋谷に東興業を設立。不動産や興行関係から次第に賭博など、闇の仕事を扱うようになっていく。最盛期、安藤組には500人以上の構成員が在籍、そこには有名大学の学生も多数含まれていた。1958年、安藤組組員が実業家・横井英樹を襲撃。安藤は殺人未遂罪で逮捕、1961年前橋刑務所に収監される。1964年の安藤の出所と共に、安藤組は解散。1965年、安藤は自叙伝を映画化した『血と掟』に主演、映画俳優デビューを飾る。主な出演作に『男の顔は履歴書』(66)『懲役十八年』『網走番外地 吹雪の斗争』(67)『実録 私設銀座警察』『実録安藤組 襲撃篇』(73)『安藤組外伝 人斬り舎弟』(74)『仁義の墓場』(75)『安藤昇のわが逃亡とSEXの記録』(76)ほかがある。

鶴田浩二
1924～1987
日本の俳優、歌手。高倉健、池部良、藤純子と共に、東映の任侠ヤクザ路線を支えた大スターである。1949年、『フランチェスカの鐘』で映画デビュー。『人生劇場』(63～64)『博奕』(64～72)、『関東』(65～66)『兄弟仁義』(66～67)などのシリーズにくわえ『明治侠客伝 三代目襲名』(65)『日本大侠客』『博徒七人』(66)『総長賭博』『人間魚雷 あゝ回天特別攻撃隊』(68)『女渡世人』『日本やくざ伝 総長への道』(71)ほかがある。

島田陽子
1953～
日本の女優。1970年、TVドラマ『おさな妻』で女優デビュー。『続・氷点』(71～72)『われら青春!』(74)などで人気女優となる。1980年、アメリカのTVドラマ『将軍 SHOGUN』のヒロイン・まり子役を演じ、ゴールデン・グローブ賞の主演女優賞を受賞。国際派女優と呼ばれた。主な映画出演作に『初めての愛』(72)『砂の器』(74)『吾輩は猫である』(75)『トラック野郎 望郷一番星』『犬神家の一族』(76)『白昼の死角』(79)『リトルチャンピオン』(81)『竜馬を斬った男』(87)『花園の迷宮』(88)ほかがある。

名高達郎
1951～
日本の俳優、画家、タレント。1976年、TBS『婚約時代』でモデルから俳優に転向。1983～85、87年、『ザ・ハングマン』シリーズに主演する。1978年、『渚の白い家』で映画俳優デビュー。主な映画出演作に『沙耶のいる透視図』（86）『花園の迷宮』『嵐が丘』（88）『悲しきヒットマン』（89）ほかがある。旧芸名は名高達朗、現在の芸名は名高達男。

あさま山荘事件

1972年2月19日から2月28日にかけて、連合赤軍の闘志たちが、長野県北佐久郡軽井沢町の「浅間山荘」（河合楽器の保養所）で人質をとり占拠した事件。警視庁と長野県警の機動隊が山荘を包囲し人質救出を試みるも難航する。民間人1名と機動隊員2名の合計3名の死者を出し、報道関係者1名と機動隊員26名が重軽傷を負う惨事となる。事件発生から10日目の2月28日、機動隊が強行突入して人質を救出、犯人5名を全員逮捕。2月28日の突入作戦時にはNHK・民放5社が犯人連行の瞬間までを中継、最高視聴率は89．7％に達した。

山崎洋子

1947～

日本の小説家、ノンフィクションライター。1986年、『花園の迷宮』で江戸川乱歩賞を受賞、小説家デビュー。主な作品に『ヨコハマ幽霊（ゴースト）ホテル』『熱月（テルミドール）』『天使はブルースを歌う』ほか。

木村大作

1939～

日本のカメラマン。1973年、須川栄三監督『野獣狩り』で撮影監督デビュー。『八甲田山』（77）『復活の日』（80）『駅STATION』（81）『居酒屋兆治』（83）『鉄道員』（99）ほかの作品で撮影を担当。『劔岳　点の記』（09）『春を背負って』（14）『散り椿』（18）では監督も手掛けた。

西岡善信

1922～

日本の美術監督。美術を担当した主な映画に『祇園の姉妹』（56）『炎上』（58）『ぼんち』（60）『座頭市喧嘩旅』（63）『眠狂四郎　女妖剣』『忍びの者　続・霧隠才蔵』（64）『華岡青洲の妻』（67）『顔役』（71）『股旅』（73）『竜馬を斬った男』（87）『花園の迷宮』『肉体の門』（88）『豪姫』（92）ほかがある。

松田寛夫

1933～

日本の脚本家。脚本を担当した主な映画に『恐喝こそわが人生』（68）『博徒外人部隊』（71）『女囚701号　さそり』『人斬り与太　狂犬三兄弟』『女囚さそり　第41雑居房』（72）『女囚さそり　けもの部屋』『女囚701号怨み節』（73）『0課の女　赤い手錠（ワッパ）』（74）『柳生一族の陰謀』（78）『花園の迷宮』（88）ほかがある。

真田広之

1960～

日本の俳優、歌手。1966年、千葉真一主演『浪曲子守唄』で下沢広之として子役デビュー。中学校入学と同時に千葉真一の主宰するJAC（ジャパンアクションクラブ）に入団。1974年には『直撃！ 地獄拳』に出演。1978年、『柳生一族の陰謀』のオーディションに合格、芸名を「真田広之」とする。主な映画出演作に『蒲田行進曲』（82）『翔んだカップル』『伊賀野カバ丸』『里見八犬伝』（83）『コータローまかりとおる！』（84）『快盗ルビイ』（88）『つぐみ』（90）『リング』（98）『真夜中まで』（99）『たそがれ清兵衛』（02）『ラスト サムライ』（03）ほかがある。

黒木瞳

1960～

日本の女優、タレント、歌手、映画監督。1981年、宝塚歌劇団入団。『宝塚春の踊り』で初舞台を踏む。娘役としては史上最速となる入団2年目で、大地真央の相手役として『情熱のバルセロナ』で月組トップ娘役に就任。1985年、宝塚を退団、芸能界へ転進する。1986年、映画主演デビュー作となった東陽一監督『化身』に、堂々全裸で挑んだ。主な映画出演作に『花園の迷宮』（88）『藏』（95）『失楽園』（97）『千里眼』（00）『仄暗い水の底から』（01）ほかがある。

江波杏子

1942～2018

日本の女優。1960年、映画『明日から大人だ』でデビューする。1966年、『女の賭場』で映画初主演。女賭博師「昇り竜のお銀」を好演、1971年の『新女賭博師・壺ぐれ肌』まで全17本が製作される人気シリーズとなった。1973年には『津軽じょんがら節』で、キネマ旬報ベスト・テン主演女優賞を受賞している。

寺田農

1942～

日本の俳優、声優。1965年、五所平之助監督『恐山の女』で映画デビュー。主な映画出演作に『自動車泥棒』（64）『肉弾』（68）『赤毛』（69）『座頭市と用心棒』（70）『津軽じょんがら節』（73）『日本の首領《ドン》　完結篇』（78）『真田幸村の謀略』（79）『セーラー服と機関銃』（81）『ションベン・ライダー』『暗室』『里見八犬伝』（83）『ラブホテル』『台風クラブ』『雪の断章―情熱―』（85）『女衒　ZEGEN』（87）『獅子王たちの夏』（91）『屋根裏の散歩者』『夏の庭　The Friends』『夜がまた来る』（94）がある。

伊武雅刀

1949～

日本の俳優、声優、ナレーター。1967年、NHK名古屋制作のTVドラマ『高校生時代』で俳優デビュー。主な映画出演作に『ウィークエンド・シャッフル』(82)『ションベン・ライダー』『俺っちのウエディング』(83)『晴れ、ときどき殺人』(84)『火まつり』『ラブホテル』『雪の断章—情熱—』(85)『離婚しない女』(86)『太陽の帝国』(87)『花園の迷宮』(88)『彼女が水着にきがえたら』(89)『バタアシ金魚』『天と地と』(90)『御法度』(99)ほかがある。

工藤夕貴

1971～

日本の歌手、女優。1983年に芸能界デビュー。1984年には石井聰亙監督『逆噴射家族』で映画初出演。1985年、相米慎二監督『台風クラブ』に主演している。主な出演作に『花園の迷宮』(88)『ミステリー・トレイン』(89)『ヒマラヤ杉に降る雪』(99)『SAYURI』(05)『リミッツ・オブ・コントロール』(09)ほかがある。

将軍
SHOGUN

1980

アメリカ・NBCで制作・放送されたTVドラマ。アメリカでは〝ショーグン現象〟と呼ばれるほどの大ブームを巻き起こした。時は17世紀、オランダ船で航海を続けている主人公のイギリス人航海士ジョン・ブラックソーン（リチャード・チェンバレン）は、異なる社会制度や生活習慣に困惑しながらも、吉井虎長（三船敏郎）らの武将やヨーロッパ人宣教師らと交わって、動乱の日本を生きぬいていく。島田陽子は虎長の臣下の妻で、按針（ブラックソーン）の通訳を務める女性・まり子を演じた。

いしだあゆみ

1948～

日本のアイドル、歌手、女優。1962年〈夢みる恋〉を本名・石田良子名義でリリース。1964年、〈ネェ、聞いてよママ〉で「いしだ・あゆみ」名義でレコードデビュー、またTVドラマ『七人の孫』に出演。1968年、〈ブルー・ライト・ヨコハマ〉が大ヒットを記録する。主な映画出演作に『千曲川絶唱』(67)『駅 STATION』(81)『迷走地図』『積木くずし』(83)『夜叉』(85)『火宅の人』(86)『海へ See You』(88)がある。歌手で俳優の萩原健一は元夫。

岩下志麻

1941～

日本の女優。1958年、NHKドラマ『バス通り裏』に出演。1960年、篠田正浩監督『乾いた湖』で映画女優デビューを果たす。主な出演作に『秋刀魚の味』(62)『馬鹿が戦車（タンク）でやって来る』(64)『雪国』(65)『智恵子抄』(67)『心中天網島』(69)『化石の森』(73)『はなれ瞽女おりん』(77)『鬼畜』(78)『鬼龍院花子の生涯』『この子の七つのお祝いに』(82)がある。夫は映画監督の篠田正浩。

フリージャック
FREEJACK

1992

新進気鋭のF1レーサー、アレックス・ファーロング（エミリオ・エステヴェス）はレース中に前走車と接触事故を起こしてしまう。死んだものと思われた彼だが実は事故の瞬間、18年後の未来へとタイムスリップしていた。彼が迷い込んだ先の未来では環境破壊が進み、一握りの金持ちがスピリチュアル・スイッチボードと呼ばれるコンピュータ装置を使用して、別の若く新鮮な体に自分自身を移植。寿命を延ばすディストピアと化していた……。監督はジェフ・マーフィ、共演はアンソニー・ホプキンス、ミック・ジャガー、レネ・ルッソ、ジョナサン・バンクスほか。

スティング
Sting

1951～

イギリスのミュージシャン、シンガーソングライター、俳優。主な映画出演作に『さらば青春の光』(79)『砂の惑星』(84)『バロン』(88)『ロック、ストック&トゥー・スモーキング・バレルズ』(98)などがある。

Rolling 10

奥村雄大（鴈龍太郎）

1964～

日本の俳優。父は俳優の勝新太郎、母は女優の中村玉緒。1989年、勝新太郎監督・主演の映画『座頭市』でデビュー。殺陣の場面を撮影中、誤って重傷を負わせた俳優が間もなく死亡。業務上過失致死罪の疑いで事情聴取を受ける。1994年3月、勝新太郎演出・主演の舞台『不知火検校』で本格復帰した。主な映画出演作に『極道戦争 武闘派』(91)『ビリケン』(96)『売春暴力団』(97)『安藤組外伝 群狼の系譜2』『修羅がゆく7 四国烈死篇』(98)がある。

イーグルス
The Eagles

アメリカのロックバンド。グレン・フライ、ドン・ヘンリー、ランディ・マイズナー、バーニー・レドンによって1971年に結成されデビュー。1970年代後半にかけて、カントリー・ロックをベースとする音楽性で、アメリカ西海岸を拠点に活動しながら世界的人気を誇った。代表曲に〈ならず者〉(73)〈ホテル・カリフォルニア〉(77)など。1982年に解散するも1994年に再結成し、息の長い活動を続けている。

マイケル・ジャクソン
Michael Jackson
1958〜2009

アフリカ系アメリカ人の歌手。「キング・オブ・ポップ」と称される、史上最もレコードが売れたアーティストの1人。幼少より兄弟のボーカル・グループでの活動を経て、1971年にソロ・デビュー。名音楽プロデューサー、クインシー・ジョーンズとの出会いで転機を迎え、1980年代にMV時代に対応したパフォーマンスと音楽性で一世を風靡。ポップ・ミュージック界の頂点を極める。2000年代以降は、整形や少年への性的虐待など音楽以外の問題も取り出された。自宅で心不全に陥り、50歳で死去。全世界に衝撃を与えた。

アル・パチーノ
Al Pacino
1940〜

アメリカの俳優。1969年『ナタリーの朝』で映画デビュー。1972年、『ゴッドファーザー』でアカデミー賞助演男優賞にノミネート。以後4年連続でオスカー候補となり、名実ともに大スターとなる。1992年『セント・オブ・ウーマン　夢の香り』でアカデミー主演男優賞を受賞。他の主な出演作に『セルピコ』(73)『ゴッドファーザーPARTⅡ』(74)『狼たちの午後』(75)『スカーフェイス』(83)『ディック・トレイシー』(90)『カリートの道』(93)『ヒート』(95)『インソムニア』(02)ほかがある。

セント・オブ・ウーマン　夢の香り
SCENT OF A WOMAN
1992

盲目の退役軍人（アル・パチーノ）と名門ハイスクールに在籍する少年（クリス・オドネル）がニューヨークに旅に出、心を通わせていく様を描く。アル・パチーノは同作で1992年度のアカデミー賞最優秀主演男優賞を受賞している。監督・製作はマーティン・ブレスト。

陣内孝則
1958〜

日本の俳優、歌手、タレント、映画監督。1980年、〈WHO TH eROCKERS〉でバンドデビュー。主な映画出演作に『爆裂都市BURST CITY』(82)『時計　アデュー・リベール』(86)『ちょうちん』(87)『座頭市』(89)ほかがある。

緒形拳
1937〜2008

日本の俳優。1960年に新国劇の舞台『遠い一つの道』で主演。同名作品で映画デビューを果たす。主な出演作に『セックス・チェック　第二の性』(68)『風林火山』(69)『砂の器』(74)『鬼畜』(78)『野獣刑事（デカ）』(82)『楢山節考』『魚影の群れ』(83)『MISHIMA』(85)『火宅の人』(86)『女衒　ZEGEN』(87)『座頭市』(89)『GONIN2』『ピーター・グリーナウェイの枕草子』(96)ほかがある。

樋口可南子
1958〜

日本の女優。1978年、『ポーラテレビ小説・こおろぎ橋』で主演デビュー。1980年、『戒厳令の夜』で映画初出演を果たす。主な出演作に『北斎漫画』(81)『卍』(83)『もどり川』(83)『ときめきに死す』(84)『男はつらいよ　寅次郎恋愛塾』(85)『ベッドタイムアイズ』(87)『座頭市』(89)『四万十川』(91)『アキレスと亀』(08)ほかがある。夫はコピーライターの糸井重里。

蟹江敬三
1944〜2014

日本の俳優、ナレーター。1967年、劇団青俳の『ヴォルフガング・ボルヒェルトの作品からの九章 - 詩・評論・小説・戯曲より - 』（構成・演出：蜷川幸雄）で舞台デビュー。同年、『あゝ同期の桜』で映画初出演。『やさしいにっぽん人』『顔役』(71)『犯す！』『花芯の刺青　熟れた壷』(76)『横須賀男狩り　少女・悦楽』『聖母観音大菩薩』(77)『鬼畜』(78)『天使のはらわた　赤い教室』『もっとしなやかに　もっとしたたかに』『十九歳の地図』『天使を誘惑』(79)『泥の河』『ヨコハマBJブルース』『遠雷』(81)『さらば愛しき大地』(82)『探偵物語』(83)『伽揶子のために』(84)『火まつり』(85)『座頭市』(89)『眠る男』(96)ほかがある。

三木のり平
1925〜1999

日本の俳優、演出家、コメディアン。1950年、清水金一主演『無敵競輪王』で映画デビュー。1956年、『のり平の三等亭主』で映画初主演。森繁と共演した『社長』シリーズ(56〜70)、森繁、伴淳三郎、フランキー堺と共演した『駅前』シリーズ(58〜69)ほかで人気俳優となった。

十一代目　市川海老蔵

1977〜

日本の歌舞伎役者、俳優。1983年、『源氏物語』の〝春宮〟で初お目見得。1985年、『外郎売』の貴甘坊を勤め、七代目市川新之助を襲名。以降、数々の舞台を勤める。主な映画出演作に『出口のない海』(06)『一命』(11)『利休にたずねよ』(13)ほかがある。

勅使河原宏

1927〜2001

日本の映画監督、華道家、美術家。主な監督作に『砂の女』(64)『他人の顔』(66)『燃えつきた地図』(68)『利休』(89)『豪姫』(92)ほかがある。

豪姫

1992

秀吉の養女にして奔放な豪姫（宮沢りえ）と、猛将にして利久亡き後の反骨の茶人・織部（仲代達矢）。権力者・家康（井川比佐志）になびくことなく自由を貫いた2人の生き様を描く、監督・脚本は勅使河原宏。共同脚本は同作の赤瀬川原平。永澤俊矢、三國連太郎、松本幸四郎、江波杏子ほか共演。

兵隊やくざ

1965〜1972

昭和18年、ソ連と満州の国境近くの兵舎。元ヤクザの用心棒で横紙破りの新兵・大宮貴三郎（勝新太郎）とインテリ上官の有田（田村高廣）。奇妙な友情で結ばれた凸凹コンビが時にユーモラスに、時に荒々しく軍隊生活をサバイバルしてゆく。原作は有馬頼義『貴三郎一代』。1965〜72年にかけて全9作品が製作された。

悪名

1961〜1974

無頼の暴れん坊の着流しヤクザ・八尾の朝吉（勝新太郎）とその弟分のチンピラ・清次（田宮二郎）。旅先で出遭った悪に退治する。原作は今東光が『週刊朝日』に連載していた同名小説。1961〜74年まで全16作品が製作される人気シリーズになった。

安部公房

1924〜1993

日本の小説家、劇作家、演出家。1948年、『終りし道の標べに』で小説家デビュー。主な作品に『飢餓同盟』(54)『けものたちは故郷をめざす』(57)『砂の女』(62)『他人の顔』(64)『燃えつきた地図』『人間そっくり』(67)『箱男』(73)『方舟さくら丸』(84)などがある。

燃えつきた地図

1968

妻と別居中の男（勝新太郎）は、「最も職業らしくない職業」という理由で、興信所の調査員になった。男はある女（市原悦子）から、失踪した夫の行方・動向調査を依頼される……。原作者の安部公房が自身の原作を脚色、勅使河原宏が監督した。勝新太郎、市原悦子、渥美清ほか出演。

原田美枝子

1958〜

日本の女優。1974年、日活児童映画『ともだち』、次いで『恋は緑の風の中』に出演。1976年、増村保造監督『大地の子守歌』、長谷川和彦監督『青春の殺人者』でキネマ旬報ベスト・テン主演女優賞などを受賞する。主な出演作に『トラック野郎　突撃一番星』(78)『その後の仁義なき戦い』(79)『ミスター・ミセス・ミス・ロンリー』(80)『もどり川』(83)『乱』(85)『火宅の人』(86)『愛を乞うひと』(98)などがある。

堤康二

一般財団法人セゾン現代美術館評議員。現セゾン文化財団理事。父は元セゾングループ代表で小説家、詩人の堤清二。祖父は西武グループ創業者の堤康次郎。

マルチェロ・マストロヤンニ
Marcello Mastroianni

1924〜1996

20世紀のイタリアを代表する映画俳優。1948年、リッカルド・フレーダ監督『レ・ミゼラブル』で俳優デビュー。同年、巨匠ルキノ・ヴィスコンティ演出の舞台に立つ。ルキノ・ヴィスコンティはじめヴィットリオ・デ・シーカ、フェデリコ・フェリーニ、ミケランジェロ・アントニオーニ、ニキータ・ミハルコフ、テオ・アンゲロプロス、エットーレ・スコラ、ジュゼッペ・トルナトーレら世界的名監督と組み、多くの傑作を遺した。

中村玉緒

1939〜

日本の女優、タレント。1953年、『景子と雪江』で映画初出演。1954年、大映へ入社。市川雷蔵や山本富士子、若尾文子といった大映が誇るスターたちの脇を固める。主な映画出演作に『新・平家物語』(55)『残菊物語』(55)『祇園の姉妹』(56)『赤胴鈴之助』シリーズ(57〜58)『ぼんち』(60)『大菩薩峠』シリーズ(60〜61)『釈迦』(61)『燃えつきた地図』(68)『日本侠客伝　昇り龍』(70)『王将』(73)『炎のごとく』(81)などがある。

草月会館

1927年に創流されたいけばな草月流の50周年を記念して開業。丹下健三の設計によって1958年6月に竣工。1977年、現在の建物に再建されている。草月会主催の式典の他、演劇公演やコンサート、上映などにも使用されている。

Rolling 11

長田勇市

日本のカメラマン。撮影を担当した主な映画に『TATTOO〈刺青〉あり』『さらば相棒　ROCK is SEX』(82)『スキャンティドール　脱ぎたての香り』『変態家族　兄貴の嫁さん』(84)『夢みるように眠りたい』(86)『ファンシイダンス』(89)『あさってDANCE』(91)『エロティックな関係』(92)ほかがある。

豊見山明長

日本の照明技師。照明を担当した主な映画に『ガラスの脳』(00)『回路』『仄暗い水の底から』(01)『害虫』(02)『呪怨』『ドッペルゲンガー』(03)『埋もれ木』(05)ほかがある。

寝盗られ宗介
1992

女房を他の男と駆け落ちさせるドサ回り一座の座長(原田芳雄)とその妻(藤谷美和子)、そして劇団人たちのおかしくも哀しい人間模様を描く。監督・若松孝二、原作/脚本・つかこうへい。共演は久我陽子、筧利夫、山谷初男、岡本信人、佐野史郎、玉川良一、吉行和子ほか。

つかこうへい
1948〜2010

日本の劇作家、演出家、小説家。大学在学中から劇作家・演出家として活動を始め、1974年に戯曲『熱海殺人事件』で岸田國士戯曲賞、1981年には小説『蒲田行進曲』で直木賞を受賞。脚本を執筆した映画に『蒲田行進曲』(82)『寝盗られ宗介』(92)『薔薇ホテル』(96)ほかがある。

狂走情死考
1969

全共闘活動家の男(吉沢健)と、彼の兄である警察官の夫(戸浦六宏)を撃ち殺してしまった女(武藤洋子)。ふたりは互いへの愛情を確かめ合いながら北へと逃れ、やがて生まれ故郷に辿り着く……。監督は若松孝二、脚本は出口出、共演は山谷初男、佐藤重臣、足立正生ほか。

愛のコリーダ
1976

軍部によるクーデターにより風雲急を告げる、1936(昭和11)年の帝都。待合の仲居・阿部定(松田暎子)とその愛人・石田吉蔵(藤竜也)は密室にこもり、ひたすら性愛に溺れていた。そんな情事の果てに末に定は、性交中に吉蔵を扼殺。局部を切り取ってしまう。その猟奇性ゆえにセンセーショナルに報じられた、昭和犯罪史に残る事件を映画化。監督・脚本は大島渚。中島葵、芹明香、阿部マリ子、三星東美、殿山泰司、小山明子ほか共演。

17歳の風景　少年は何を見たのか
2005

2000年に岡山県で起きた、17歳の少年による母殺し事件に着想。母親を殺した後、ひたすら北へと自転車を走らせる少年(柄本佑)。その逃避行に伴走するようにして、少年が何を見、何を感じていたのかを追究する。監督は若松孝二、脚本は山田孝之、出口出、志摩敏樹。

実録・連合赤軍　あさま山荘への道程《みち》
2008

1972年のあさま山荘立てこもり事件に至る、革命戦士を志した若者たちの姿を克明に追う。監督・製作・企画・構成・脚本は若松孝二。共同脚本は掛川正幸、大友麻子。坂井真紀、ARATA(現・井浦新)、並木愛枝ほか出演。ナレーションは原田芳雄が担当している。

足立正生
1939〜

日本の映画監督、脚本家、俳優。日本大学芸術学部在学中に制作した『椀』(61)で学生映画祭大賞受賞。独立プロダクション・若松プロに参加。脚本を手掛けた主な作品に、若松孝二監督『胎児が密猟する時』(66)『犯された白衣』(67)『腹貸し女』(68)『ゆけゆけ二度目の処女』『狂走情死考』(69)『新宿マッド』(70)『天使の恍惚』(72)、大島渚『帰って来たヨッパライ』(68)『新宿泥棒日記』(69)など。監督作には『堕胎』(66)『女学生ゲリラ』(69)『略称・連続射殺魔』(71)ほかがある。1974年、日本赤軍に合流、パレスチナ解放闘争に身を投じ国際指名手配。1997年、レバノンで逮捕。2001年、日本へ強制送還された。

キスより簡単
1989

自由奔放に生きる女子大生・泉まあこ(早瀬優香子)とそれを取り巻く男たちとの恋模様を描く。監督は若松孝二、脚本は小水一男。原作は石坂啓の同名コミック。共演は原田芳雄、杉浦幸、河原崎長一郎、石橋蓮司、室田日出男、田中みお、ジョー山中、篠原勝之、佐野史郎ほか。

キスより簡単2 漂流篇
1991

石坂啓原作の同名コミックの映画化第2弾。監督は若松孝二、出演は西條晴美、原田芳雄、石橋蓮司、泉谷しげる、室田日出男ほか。

完全なる飼育　赤い殺意
２００４
監禁する男と監禁される少女の倒錯した愛を描いた「完全なる飼育」シリーズ第6弾。中年男（佐野史郎）に監禁された少女（伊東美華）が暮らすある家に偶然、殺人を犯した青年（大沢樹生）が逃げ込み、三者の間で奇妙な愛憎が交錯する。監督は若松孝二。脚本は久保寺和人、出口出。原案は松田美智子。

松田美智子
１９４９～
日本の作家。俳優の松田優作は元夫。著書に『大学助教授の不完全犯罪』『女子高校生誘拐飼育事件』（『完全なる飼育』と改題されて映画化、シリーズとなる）『ＥＭ（エンバーミング）』『越境者松田優作』などがある。

和田勉
１９３０～２０１１
日本の演出家、映画監督。ＮＨＫディレクター時代、演出を担当した番組で数々の賞を受賞する。１９８７年にＮＨＫを定年退職後は、タレントとしても活躍。映画『ハリマオ』（89）『完全なる飼育』（99）では、監督も務めた。

Rolling 12

パワー・トゥ・ザ・ピープル
Power to the People
１９７１年に発表されたジョン・レノンの楽曲。

今夜はひとりかい?
Are You Lonesome Tonight
１９６０年に発表されたエルヴィス・プレスリーの楽曲。オリジナルは26年にロイ・タークとルー・ハンドマンによるもので、以降、多数のミュージシャンにカバーされている。

ドクター中松
１９２８～
日本の発明家、実業家。本名・中松義郎。灯油ポンプ、フライングシューズ（ピョンピョンシューズ）のほか、フロッピーディスクも自身の発明だと主張。１９９１年東京都知事選挙に無所属で立候補、〝21世紀の地球都市を発明する〟の基本政策を掲げるも、得票数２万７１４５票で落選した。

ウドー音楽事務所
１９６７年設立。外国人ミュージシャンの日本でのプロモーションを手掛け、エリック・クラプトン、ボブ・ディラン、イーグルス、ビリー・ジョエルほかを初めて日本に招聘している。

鈴木俊一
１９１０～２０１０
日本の政治家、内務・自治官僚。１９９１年の東京都知事選挙には現職として、4選を目指し出馬。元ＮＨＫ記者の磯村尚徳ほか総勢16人で争われた激戦を勝ち抜き、見事当選を果たした。

磯村尚徳
１９２９～
元ニュースキャスター。１９５３年にＮＨＫに入局。東京報道局、外信部、以降インドシナ、中東、ヨーロッパ総局パリ支局特派員、ヨーロッパ総局長などを歴任。１９９１年ＮＨＫを退職、その華々しいキャリアを提げて東京都知事選挙へ立候補するも落選。磯村擁立を主導した当時の自民党幹事長・小沢一郎は辞任に追い込まれた。

アントニオ猪木
１９４３～
日本の元プロレスラー、実業家、政治家。１９８９年、スポーツ平和党を結成、参議院議員選挙に比例区から出馬し当選、国会議員となる。キャッチコピーは「国会に卍固め、消費税に延髄斬り」。１９９０年、日本を含む国際連合からの非難・制裁措置に対してフセイン政権下のイラクは、当時クウェート在住の日本人41人などを人質としてイラクに連行、国外移動禁止処分にする。同年12月1日、猪木はイラクでの「平和の祭典」開催を発表。トルコ航空機をチャーターし、関係者・人質被害者41人の家族・計46人と共に、バグダードへ入ることに成功。平和の祭典開催後には、すべての在留日本人と人質を解放に導いた。翌１９９１年、都知事選への立候補を画策するも、断念。この報道を受け内田裕也は出馬を表明した。

黒澤明
１９１０～１９９８
１９４３年、『姿三四郎』で監督デビュー。１９５０年に『羅生門』でヴェネチア映画祭金獅子賞、１９８０年『影武者』でカンヌ国際映画祭パルム・ドール、１９８９年にはアカデミー名誉賞を受賞した〝世界のクロサワ〟。他の主な監督作に『野良犬』（49）『生きる』（52）『七人の侍』（54）『隠し砦の三悪人』（58）『悪い奴ほどよく眠る』（60）『用心棒』（61）『椿三十郎』（62）『天国と地獄』（63）『どですかでん』（70）『デルス・ウザーラ』（75）ほかがある。

フランシス・フォード＝コッポラ
Francis Ford Coppola
１９３９～
アメリカの映画監督。主な監督作に『フィニアンの虹』（68）『ゴッドファーザー』三部作（72、74、90）『カンバセーション…盗聴…』(74)『地獄の黙示録』(79)『ワン・フロム・ザ・ハート』(81)『アウトサイダー』『ランブルフィッシュ』(83)『コットンクラブ』(84)『ペギー・スーの結婚』(86)『ドラキュラ』(92)『コッポラの胡蝶の夢』(07)ほかがある。

市民ケーン
1941
世界映画史に燦然と輝くマスターピース。「バラのつぼみ」という謎の言葉を遺して、新聞王ケーン(オーソン・ウェルズ)が死んだ。新聞記者のトンプソン(ジョゼフ・コットン)は、その言葉の意味を求めて、生前のケーンを知る様々な人物に取材する。そしてそれらの証言から、新聞界のタイクーン(大物)の実像が浮かび上がる。製作・監督・脚本・主演オーソン・ウェルズ。共同脚本ハーマン・J・マンキウィッツ。

〈東京ラプソディ〉
1936年6月に発売された昭和歌謡。歌:藤山一郎、作詞:門田ゆたか、作曲:古賀政男。

Santa Fe
1991年11月に朝日出版社から発売された、宮沢りえのヌード写真集。撮影は篠山紀信。

高田賢三
1939~
日本のファッションデザイナー。文化服装学院デザイン科師範科卒業。1965年に渡仏し、1970年独立。フランス、パリ2区のギャルリ・ヴィヴィエンヌでブティック「ジャングル・ジャップ」(現ケンゾー)をオープン。同年には高田がデザインした服が、『ELLE』の表紙を飾っている。

ティファニーで朝食を
1961
ニューヨークの安アパートに暮らすホリー(オードリー・ヘップバーン)は毎朝、ティファニーのショー・ウィンドウを眺めながらクロワッサンを食べるのを、習慣にしている。玉の輿に乗って何不自由ない暮らしをすることを、彼女は夢見ているのだ。そんなある日アパートの隣室に、作家志望の青年ポール(ジョージ・ペパード)が引っ越してくる。作家業が上手くいっていない彼は、マダム「2E」(パトリシア・ニール)の愛人として糊口をしのぐ日々だ。そんなポールは不思議な魅力をもつホリーに、やがて惹かれていくのだが……。監督はブレイク・エドワーズ。原作はトルーマン・カポーティ。音楽はヘンリー・マンシーニ。

ジバンシィ
1952年、ユベール・ド・ジバンシィが設立したフランスのハイブランド。服飾、装飾品、香水、化粧品など、幅広く商品展開している。

ニキータ
Nikita
1990
警官を射殺して捕らえられた麻薬中毒の不良少女・ニキータ(アンヌ・パリロー)。政府の秘密機関に属する暗殺者になることを強制された彼女は3年後、特訓の末にプロの殺し屋となる。監督/脚本・リュック・ベッソン。ジャン=ユーグ・アングラードほか共演。

オシャレ泥棒
1989
「オトナの押し付けたカワイイもの」はニセモノで「本当にカワイイもの」は女の子がいちばんよく知っている。だから自分たちで選んだこの世のカワイイものすべてを、奪い取ってやる! 3人の少女たち=オシャレ泥棒が生きることの意味、「カワイイを超えたもの」の存在に気付くまでを描く。原作はアイドル評論家・中森明夫。宮沢りえ主演、共演は中嶋朋子、西尾麻里。

加山麗子
1956~
日本の女優。主な出演作に『新女囚さそり 特殊房X』『肉体の門』(77)『帰らざる日々』『ハワイアン・ラブ 危険なハネムーン』『エロチックな関係』『金曜日の寝室』(78)『黄金の犬』(79)『制覇』(82)ほかがある。

荒戸源次郎
1946~2016
日本の映画プロデューサー、映画監督、俳優。唐十郎主宰の劇団状況劇場に入団するも、暴力沙汰を起こし10カ月で馘首。1972年、劇団天象儀館を旗揚げする。1973年には大和屋竺監督、田中陽造脚本で『愛欲の罠』を製作、自ら主演した。1980年、大正ロマン三部作の幕開けとなる鈴木清順監督『ツィゴイネルワイゼン』を製作。以降、監督・阪本順治、俳優・赤井英和のデビュー作『どついたるねん』(89)、鈴木清順監督『陽炎座』(81)『夢二』(91)、阪本順治監督『鉄拳』(90)『王手』(91)『トカレフ』(94)、坂東玉三郎監督『外科室』(92)など、話題作を次々手がけた。1995年、内田春菊原作『ファザーファッカー』で映画監督デビュー。2003年には車谷長吉原作の『赤目四十八瀧心中未遂』を監督、キネマ旬報ベスト・テンで第2位に選出された。

寺島しのぶ
1972~
日本の女優。2000年、『シベリア超

特急2』で映画女優デビュー。2003年、『赤目四十八瀧心中未遂』『ヴァイブレータ』に主演。日本アカデミー賞最優秀主演女優賞をはじめ、国内外の賞を多数受賞。一躍評価を高めた。2010年、若松孝二監督『キャタピラー』ではキネマ旬報ベスト・テン主演女優賞、さらにはベルリン国際映画祭で最優秀女優賞を受賞する快挙を果たす。母親は女優の富司（藤）純子、父親は七代目尾上菊五郎。

大西滝次郎（現・信満）
1975〜
日本の俳優。2003年、『赤目四十八瀧心中未遂』で映画デビュー。主な出演作に『実録・連合赤軍　あさま山荘への道《みち》程』（07）『キャタピラー』（10）『海燕ホテル・ブルー』『11・25自決の日　三島由紀夫と若者たち』（11）『千年の愉楽』（12）ほかがある。

沖山秀子
1945〜2011
日本の女優、ジャズ歌手、歌謡曲歌手。主な出演作に『神々の深き欲望』（68）『喜劇　女は度胸』（69）『喜劇　男は愛嬌』『どですかでん』（70）『黒木太郎の愛と冒険』（77）『十九歳の地図』（79）『陽炎座』（81）『赤目四十八瀧心中未遂（03）ほかがある。

麿赤兒
1943〜
日本の俳優、舞踏家、演出家。暗黒舞踏集団・大駱駝艦主宰。1964年、唐十郎の劇団状況劇場に参加し数々の舞台を踏む。以降、多数の映画・TVドラマに出演している。主な映画主演作に『荒野のダッチワイフ』（67）『毛の生えた拳銃』（68）『新宿泥棒日記』（69）『黒木太郎の愛と冒険』（77）『ツィゴイネルワイゼン』（80）『陽炎座』（81）『どついたるねん』（89）『夢二』（91）『月はどっちに出ている』（93）『赤目四十八瀧心中未遂』（03）ほかがある。

梶芽衣子
1947〜
日本の女優。主な出演作に『反逆のメロディー』（70）『野良猫ロック』シリーズ（70〜71）『銀蝶渡り鳥』（72）『女囚さそり』シリーズ（72〜73）『銀蝶流れ者　牝猫博奕』（72）『修羅雪姫』（73）『修羅雪姫　怨み恋歌』『無宿　やどなし』（74）『やくざの墓場　くちなしの花』（76）『曽根崎心中』（78）ほかがある。

女囚さそり
原作は篠原とおるの漫画『さそり』。愛する男に騙され冤罪で収監された「女囚701号」ナミは、自分を裏切った男への復讐を誓う。1972〜74年にかけ4本製作されたこのシリーズで、梶芽衣子は瞳に暗い情念のこもった女というダークヒーロー像を確立。梶自身が歌った主題歌〈怨み節〉もヒットした。また梶の熱狂的なファンであるクエンティン・タランティーノは同曲を、『キル・ビル』（03）のエンディング曲に使用している。

安藤庄平
1933〜
日本のカメラマン。主な撮影作品に『野良猫ロック　ワイルド・ジャンボ』（70）『団地妻　昼下りの情事』『花芯の誘い』（71）『らしゃめんお万　雨のオランダ坂』『八月はエロスの匂い』（72）『㊙色情めす市場』（74）『泥の河』『スローなブギにしてくれ』『遠雷』（81）『麻雀放浪記』（84）ほか。

山口百恵
1959〜
日本の歌手・女優。1973年、映画『としごろ』に出演、同名曲で歌手デビュー。作曲・宇崎竜童、作詞・阿木燿子とのコンビでヒット曲を連発。また三浦友和との共演で『赤い』シリーズなどのTVドラマ、映画に出演した。主な映画出演作に『伊豆の踊子』（74）『絶唱』（75）『エデンの海』『風立ちぬ』『春琴抄』（76）『泥だらけの純情』『霧の旗』（77）『ふりむけば愛』（78）『ホワイト・ラブ』（79）『古都』（80）がある。1980年11月、三浦友和との結婚を機に芸能界を引退した。

三浦友和
1952〜
日本の俳優。1972年のTBS『シークレット部隊』で俳優デビュー。山口百恵との共演を除く主な出演作に、『台風クラブ』（85）『226』『悲しきヒットマン』（89）『私を抱いてそしてキスして』（92）『空がこんなに青いわけがない』（93）『傷だらけの天使』（97）『あ、春』（98）『M／OTHER』（99）『なごり雪』（02）『松ヶ根乱射事件』（06）『アウトレイジ』（10）『アウトレイジ ビヨンド』（12）ほかがある。

泥だらけの純情
1977
山口百恵・三浦友和のコンビ第6作目で、初の現代劇。外交官の令嬢とチンピラヤクザの恋を中心に、与えられた環境の中で精いっぱい生きる若者を描く。監督は富本壮吉、脚本は石森史郎、撮影は安藤庄平。

ハンフリー・ボガート
Humphrey Bogart
1899〜1957
アメリカの映画俳優。主な出演作に『ハイ・シエラ』（41）『カサブランカ』（42）『三つ数えろ』（46）『大いなる別れ』（47）『黄金』『キー・ラーゴ』（48）『暗黒への転落』(49)『孤独な場所で』(50)『アフリカの女王』(51)『麗しのサブリナ』(54)ほか。51年、『アフリカの女王』でアカデミー賞主演男優賞を受賞。また『脱出』(44)で初共演したローレン・バコールとは25歳差を乗り越えて結婚している。

マルタの鷹
THE MALTESE FALCON
1941
名匠ジョン・ヒューストンの監督デビュー作で、ヒューストン自身がダシール・ハメットの同名小説を脚色。マルタの鷹と呼ばれる彫像をめぐる争いに、私立探偵サム・スペードが巻き込まれる。ハンフリー・ボガート主演、共演はメアリー・アスター、グラディス・ジョージ、ピーター・ローレほか。

セルジュ・ゲンスブール
Serge Gainsbourg
1928〜1991
フランスの作曲家、作詞家、歌手、映画監督、俳優。映画出演作に『スローガン』(69)『ガラスの墓標』(70)『マドモアゼルａＧｏＧｏ』(72)、監督作には『ジュ・テーム…』(76、出演も)『赤道』(83)『シャルロット・フォー・エヴァー』(86、出演も)『スタン・ザ・フラッシャー』(90)がある。

フランス・ギャル
France Gall
1947〜2018
フランスの歌手。代表曲に〈夢見るシャンソン人形〉〈涙のシャンソン日記〉(65)〈すてきな王子様〉〈アニーとボンボン〉(66)がある。

ロベール・ブレッソン
Robert Bresson
1901〜1999
フランスの映画監督。主な監督作に『罪の天使たち』(43)『抵抗』(56)『スリ』(59)『バルタザールどこへ行く』(66)『少女ムシェット』(67)『やさしい女』(69)『白夜』(72)『ラルジャン』(83)がある。

スリ
PICKPOCKET
1959
ロベール・ブレッソン監督・脚本・台詞。貧しい大学生ミシェル(マルタン・ラサール)はある日、自分にスリの才能があることに気付く。しかしミシェル単独でのスリ行為はやがて、仲間を引き込んだ大掛かりなものになっていく。マリカ・グリーン、ピエール・レーマリ、ジャン・ペルグレ共演。

Last Rolling

セックス・ピストルズ
Sex Pistols
イギリスのロックバンド。1970年代後半にロンドンで勃興した、パンク／ニュー・ウェイヴ・ムーヴメントを代表するグループ。シンプルなロックンロール、破壊的で反体制的な歌詞が特徴。活動期間は短命ながら、後世のミュージック・シーンやファッション界にも多大な影響を与えた。

ザ・グレート・ロックンロール・スウィンドル
The Great Rock 'n' Roll Swindle
1980
セックス・ピストルズのドキュメンタリー映画。ナレーションはパンクロック・ムーブメントの仕掛け人、マルコム・マクラーレン。いかにしてピストルズがロック業界の頂点に上りつめたか、挑発的なフレーズを散りばめ、まくしたてる。ピストルズの未公開映像やアニメーションも挿入される、異色のロックンロール・ムービー。監督はジュリアン・テンプル。

シド・ヴィシャス
Sid Vicious
1957〜1979
イギリスの歌手。同国のパンクロック・バンド「セックス・ピストルズ」のヴォーカル、ベーシストとして知られる。バンド解散後、薬物乱用により若くして他界した。その過激なパフォーマンスと波乱に満ちた生涯がパンク・ムーブメントの伝説として語り継がれ、映画化もされた。

マイ・ウェイ
My Way
フランク・シナトラの楽曲。1969年にシングルおよび同名のアルバムとして発売された。英語作詞はポール・アンカ、作曲はクロード・フランソワ、ジャック・ルヴォー。エルヴィス・プレスリーはじめ数多くの歌手によりカバーされた、スタンダード・ポップ・ナンバー。

●素晴らしい悪女（1963）
1963年2月16日公開　製作・配給：東宝　89分
監督：恩地日出夫　脚色：白坂依志夫　原作：石原慎太郎　製作：森田信　撮影：内海正治　美術：阿久根巌　照明：大野晨一　録音：藤好昌生　音楽：武満徹　スチル：秦大三
出演　団令子、久保明、田村奈己、内田裕也、鹿内タカシ、神山繁、木村俊恵、藤原釜足、武智豊子、山田竹子、上原ゆかり、宮口精二、小池朝雄、タロー関本、小松方正、小栗一也

●エレキの若大将（1965）
1965年12月19日公開　製作・配給：東宝　94分
監督：岩内克己　脚本：田波靖男　製作：藤本真澄　撮影：西垣六郎　美術：竹中和雄　音楽：広瀬健次郎　録音：吉沢昭一　照明：平野清久　編集：黒岩義民　スチル：石月美徳
出演　加山雄三、有島一郎、中真千子、飯田蝶子、田中邦衛、高田稔、江原達怡、星由里子、芝木優子、松原光子、丘照美、金子富美子、松本めぐみ、寺内タケシ、ジェリー藤尾、北あけみ、上原謙、久慈あさみ、内田裕也、山本清、勝部義夫、二瓶正也、黒沢年男、井上紀明、内山みどり、伊原徳、大前亘、佐竹弘行、小松英三郎

●クレージーだよ　奇想天外（1966）
1966年5月28日公開　製作：東宝＝渡辺プロ　配給：東宝
監督：坪島孝　脚本：田波靖男　製作：渡辺晋　撮影：宇野晋作　照明：小島正七　美術：村木忍　録音：伴利也　音楽：広瀬健次郎、萩原哲晶　編集：武田うめ
出演　谷啓、藤田まこと、植木等、星由里子、吉田次昭、野川由美子、内田裕也、桜井センリ、ハナ肇、塩沢とき、進藤英太郎、山茶花究、藤木悠、二瓶正也、緒方燐作、高橋紀子、安田伸、犬塚弘、柳谷寛、石田茂樹、草川直也、桐野洋雄、大村千吉、佐田豊、石橋エータロー

●パンチ野郎（1966）
1966年9月10日公開　製作・配給：東宝　85分
監督：岩内克己　脚本：田波靖男　製作：藤本真澄　撮影：宇野晋作　照明：小島正七　美術：竹中和雄　録音：伴利也　音楽：三保敬太郎　整音：下永尚　編集：藤井良平　製作担当者：鈴木政雄　助監督：西村潔　スチル：吉崎松雄　合成：三瓶一信
出演　黒沢年男、風見章子、松本めぐみ、頭師佳孝、三井弘次、和久田竜、砂塚秀夫、星由里子、藤岡琢也、内田裕也、宮口精二

●お嫁においで（1966）
1966年10月20日　製作・配給：東宝　101分
監督：本多猪四郎　脚本：松山善三　製作：藤本真澄　撮影：宇野晋作　照明：大野晨一　美術：育野重一　録音：伴利也　音楽：広瀬健次郎　整音：下永尚　助監督：渡辺邦彦　記録：米山久江　スチル：秦大三　編集：武田うめ

製作担当者：山田順彦　合成：三瓶一信
出演　加山雄三、笠智衆、笠間雪雄、村田知栄子、内藤洋子、黒沢年男、田村亮、有島一郎、内田裕也

●昭和元禄　TOKYO196X年（1968）
1968年10月23日公開　製作：東京映画　配給：東宝　83分
監督：恩地日出夫　脚本：倉本聰　製作：藤本真澄、大森幹彦　撮影：黒田徳三　照明：今泉千仭　美術：樋口幸男　録音：神蔵昇　音楽：林光　編集：諏訪三千男　スチル：池上恭介
出演　伊丹十三、橋本功、荘司肇、吉田未来、出情児、内田裕也とザ・フラワーズ

●コント55号　世紀の大弱点（1968）
1968年11月2日公開　製作・配給：東宝　87分
監督：和田嘉訓　脚本：松木ひろし　企画：浅井良二　製作：安達英三郎　撮影：中井朝一　美術：加藤雅俊　音楽：山本直純　録音：吉沢昭一　整音：小沢渡　照明：山口虎男　編集：岩下広一　衣裳：小林正光　製作担当者：坂井靖史　助監督：合月勇　記録：岡本キミ子　スチル：田中一清　合成：三瓶一信　振付：土居甫
出演　萩本欽一、坂上二郎、水垣洋子、真理アンヌ、三浦恭子、天本英世、上田吉二郎、由利徹、内田裕也、宮地晴子、藤あきみ、曽我町子、田中純一、大竹省二、前田武彦、森光子

●ドリフターズですよ！　特訓特訓また特訓（1969）
1969年1月15日　製作・配給：東宝　87分
監督：渡辺祐介　脚本：渡辺祐介、東盛作　製作：渡辺晋、青木伸樹　撮影：梁井潤　照明：山口虎男　美術：薩本尚武　録音：吉沢昭一　音楽：森岡賢一郎　スチル：橋山直己　編集：福井貞男
出演　いかりや長介、荒井注、高木ブー、仲本工事、加藤茶、中原早苗、山本陽子、三木のり平、左とん平、南利明、大坂志郎、西村晃、河村憲一郎、内田裕也

●ドリフターズですよ！　全員突撃（1969）
1969年4月27日公開　製作：東宝＝渡辺プロ　配給：東宝　85分
監督：和田嘉訓　脚本：佐々木守　製作：渡辺晋、神谷一夫　撮影：内海正治　照明：山口虎男　美術：薩本尚武　録音：吉沢昭一　音楽：山本直純　スチル：橋山直己
出演　いかりや長介、荒井注、高木ブー、仲本工事、加藤茶、梓みちよ、左とん平、小松政夫、内田裕也

●野蛮人のネクタイ（1969）
1969年5月1日公開　製作・配給：日活　84分
監督：鍛冶昇　脚本：白坂依志夫　原作：石原慎太郎　企画：増井正武　撮影：山崎善弘　照明：高島正博　美術：坂口武玄　録音：片桐登司美　音楽：佐藤允彦　スチル：目黒祐司　編集：辻井正則
出演　川口恒、柴田昌宏、尾藤イサオ、池田秀一、宍戸錠、ミッキー安川、原恵子、人見きよし、野呂圭介、深江章喜、

内田裕也、岡田光弘、山本陽子、カルーセル麻紀

●キャロル（1974）

1974年6月22日公開　製作：怪人二十面相プロ＝ATG　111分

監督：龍村仁　脚本：小野耕世　企画：小野耕世　製作：龍村仁、葛井欣士郎、怪人二十面相　撮影：仙元誠三　美術：飯尾昌紀、深井国　録音：日吉裕治、櫂の会　編集：安井進、吉岡雅春　特別撮影：横須賀功光、鋤田正義、西宮正明、井出情児

出演　矢沢永吉、内海利勝、ユウ岡崎、ジョニー大倉、山口小夜子、山本寛斎、沢田研二、南こうせつ、ガロ、谷川俊太郎、内田裕也、キース・エマーソン夫人、三宅一生、ピエール・カルダン、杏梨、デヴィ夫人

●不連続殺人事件（1977）

1977年3月12日公開　製作：タツミキカク＝ATG　配給：ATG　140分

監督：曽根中生　脚本：大和屋竺、田中陽造、曽根中生、荒井晴彦　原作：坂口安吾　企画：西村隆平　製作：木石巌、麻生誠　撮影：森勝　照明：三尾三郎、小林恒雄　美術：坂口武玄　音楽：コスモスファクトリー　編集：鍋島惇　スチル：瀬戸山修一

出演　瑳川哲朗、夏純子、水原明泉、福原ひとみ、金田龍之介、泉じゅん、田村高廣、桜井浩子、内田裕也、内田良平、小坂一也、殿山泰司、初井言栄、伊佐山ひろ子、石浜朗、楠侑子、神田隆、絵沢萠子、江角英明、根岸とし江、木村元、内海賢二、松橋登、宮下順子、粟津號、岡本麗、梓ようこ、谷本一、浜村純

●実録不良少女　姦（1977）

製作・配給：日活　77分

監督：藤田敏八　脚本：出倉宏　原作：港マコ　企画：成田尚哉　製作：岡田裕、栗林茂　制作補：服部紹男　撮影：萩原憲治　照明：新川真　美術：菊川芳江　録音：神保小四郎　編集：井上治　音楽：CREATION　助監督：高橋芳郎　スチル：目黒祐司

出演　日夏たより、内田裕也、小川恵、積千恵美、平井元、岸部一徳、江角英明、渡辺とく子、中島葵、福原秀雄、青木和子、木島一郎、橋田良江、清水国雄

●桃尻娘　ピンク・ヒップ・ガール（1978）

1978年4月29日公開　製作：日活　配給：にっかつ　87分

監督：小原宏裕　脚本：金子成人　原作：橋本治　企画：成田尚哉　製作：岡田裕　制作補：山本勉　撮影：森勝　美術：林隆　音楽：長戸大幸　録音：木村瑛二　照明：直井勝正　編集：鍋島惇　助監督：菅野隆　スチル：浅石靖

出演　竹田かほり、亜湖、高橋淳、野上祐二、桑崎晃男、森川麻美、清水国雄、佐々木梨里、片桐夕子、内田裕也、遠山牛、大竹智子、一谷伸江、関悦子、岸部シロー、橋本治

●エロチックな関係（１９７８）

１９７８年７月８日公開　製作：日活　配給：にっかつ　93分

監督：長谷部安春　脚本：中島紘一、長谷部安春　企画：成田尚哉　製作：栗林茂　制作補：青木勝彦　撮影：安藤庄平　照明：高島利隆　美術：菊川芳江　録音：古山恒夫　編集：井上治　助監督：黒沢直輔　スチル：浅石靖

出演　内田裕也、加山麗子、牧ひとみ、田中浩、井上博一、花上晃、西村昭五郎、南条マキ、岡尚美、恵千比絽、江角英明、安岡力也、日野繭子、田島はるか

●餌食（１９７９）

１９７９年６月23日公開　製作：獅子プロ　配給：東映　80分

監督：若松孝二　脚本：荒井晴彦、高田純、出口出　企画・製作：向井寛　撮影：志村敏雄　照明：斉藤正治　録音：東映東京撮影所録音部　音楽：ピーター・トッシュ、マトウンビ　編集：中島照雄　助監督：一ノ倉二郎　スチル：金谷肇

出演　内田裕也、多々良純、宮田明、栗田洋子、水島彩子、鹿内孝、草薙良一、佐々木剛、佐藤蛾次郎、本郷直樹

●スーパーＧＵＮレディ　ワニ分署（１９７９）

１９７９年８月18日公開　製作・配給：にっかつ　96分

監督：曽根中生　ガンアクション：トビー門口　脚本：荒井晴彦、高田純、曽根中生　原作：篠原とおる　企画：奥村幸士　製作：三浦朗　撮影：水野尾信正　照明：直井勝正　美術：渡辺平八郎　録音：橋本文雄　編集：山田真司　音楽：松本健　助監督：斉藤信幸　スチル：目黒祐司　カー・スタント：三石尋とマイクスタントマン・チーム

出演　横山エミー、ジャンボかおる、岸田森、山谷初男、河村弘二、入江正徳、高瀬将嗣、檀喧太、風間健、益富信孝、深見博、安岡力也、佐藤慶、今井健二、内田裕也、深水龍作、古尾谷雅人、遠藤征慈、坂田金太郎、川島めぐ、織田俊彦

●夢一族　ザ・らいばる（１９７９）

１９７９年12月22日公開　製作：東映京都　配給：東映　90分

監督：久世光彦　脚本：田中陽造　原作：コーネル・ウールリッチ　企画：俊藤浩滋、氷川佳助　プロデューサー：佐藤雅夫、奈村協、島田昭彦　撮影：増田敏雄　美術：佐野義和　音楽：都倉俊一　録音：荒川輝彦　照明：増田悦章　編集：市田実　助監督：依田智臣　スチル：都筑輝孝

出演　森繁久彌、郷ひろみ、内田裕也、岸本加世子、伊東四朗、成田三樹夫、石田ゆり、亜湖、結城しのぶ、大上留利子、衣麻遼子、叶和貴子、金井太、福山象三、三谷昇、舟倉たまき、疋田泰盛、由利徹、大月正太郎、桂登志子、西田治子、新井美子、西田良、志賀勝、蓑和田良太、石田久美、榊潤、小林亜星、西村康治、丸山俊也、秋山勝俊、富永佳代子

●赤い暴行（１９８０）

１９８０年１月５日公開　製作・配給：にっかつ　77分

監督：曽根中生　脚本：佐治乾　企画：成田尚哉？　製作：

三浦朗　撮影：森勝　照明：川島晴雄　美術：川船夏夫　録音：小野寺修　音楽：デビル　助監督：川崎善広　スチル：井本俊康　編集：山田真司

出演　紗貴めぐみ、高橋不二夫、相良光紀、ジェームス・ハント、伊藤達明、岡本ひろみ、山科ゆり、芽樹あやこ、深水龍作、トビー門口、市村博、内田裕也

●少女娼婦　けものみち（1980）

1980年3月29日公開　製作・配給：にっかつ　71分

監督：神代辰巳　脚本：岸田理生、神代辰巳　製作：三浦朗　撮影：姫田真佐久　照明：新川真　美術：渡辺平八郎　録音：橋本文雄　編集：井上治　音楽：新井英一　助監督：伊藤秀裕　スチル：井本俊康

出演　吉村彩子、内田裕也、無双紋、水島美奈子、珠瑠美、高橋明、三谷昇

●ヨコハマＢＪブルース（1981）

1981年4月25日公開　製作：東映セントラルフイルム　配給：東映　112分

監督：工藤栄一　脚本：丸山昇一　原案：松田優作　企画：黒澤満、岡田裕　制作補：青木勝彦、田中雅夫　撮影：仙元誠三　照明：渡辺三雄　美術：今村力　録音：宗方弘好　音楽：クリエーション　主題曲・歌：松田優作　編集：田中修　助監督：小池要之助　記録：今村治子　スチル：関谷嘉明　色彩計画：仁村秀信

出演　松田優作、辺見マリ、蟹江敬三、田中浩二、山田辰夫、山西道広、鹿沼えり、岡本麗、吉川遊士、財津一郎、安岡力也、堀礼文、貞永敏、トビー門口、殿山泰司、馬渕晴子、宇崎竜童、内田裕也

●無力の王（1981）

1981年8月29日公開　製作：ニッポン放送＝セントラルフイルム　配給：東映セントラルフィルム　95分

監督：石黒健治　脚本：渡辺千明　原作：粕谷日出美、東條雅紀　企画：吉田達、高畠久　撮影：長谷川元吉　音楽：永井龍雲　録音：岩田広一　照明：佐藤勝彦　編集：中静達治　製作主任：藤倉博　助監督：吉富友也　製作協力：イドールプロダクション

出演　高樹澪、柄沢次郎、倉淵雅也、西沢守、池田善彦、大村波彦、吉田淳、有近真澄、景山真澄、円浄順子、稲田ゆみ子、吉野みどり、沢田和美、根津甚八

●嗚呼！おんなたち　猥歌（1981）

1981年10月23日公開　製作・配給：にっかつ

監督：神代辰巳　脚本：荒井晴彦、神代辰巳　プロデューサー：三浦朗　撮影：山崎善弘　照明：加藤松作　美術：渡辺平八郎　録音：橋本文雄　編集：鈴木晄　選曲：小野寺修　製作担当：栗原啓祐　助監督：加藤文彦　スチル：目黒祐司

出演　角ゆり子、中村れい子、内田裕也、絵沢萌子、太田あや子、安岡力也、いずみ由香、黒田征太郎、珠瑠美、石橋蓮司

●水のないプール（1982）

1982年2月20日公開　製作：若松プロ　配給：東映セントラルフィルム　103分

監督：若松孝二　脚本：内田栄一　製作：若松孝二、浅岡弘行、清水一夫　撮影：袴一喜　照明：磯貝一　美術：細石照美　録音：杉崎喬　音楽：大野克夫　編集：中島照雄

出演　内田裕也、MIE　中村れい子、藤田弓子、紗貴めぐみ、浅岡朱美、殿山泰司、安岡力也、常田富士男、赤塚不二夫、黒田征太郎、タモリ、沢田研二、原田芳雄

●コールガール（1982）

1982年9月18日公開　製作：ジャック・プロ　配給：松竹映像
企画＝松竹　91分

監督：小谷承靖　脚本：中野顕彰、小川英、田波靖男　企画：奥山和由　製作：田波靖男　プロデューサー：井上高、相馬一比古、結城良熈　協力：内田裕也　撮影：安藤庄平　美術：薩谷和夫　音楽：伊藤詳　録音：福島信雅　照明：田島武志　編集：井上治　助監督：村上修　スチル：目黒祐司

出演　MIE、峰岸徹、谷隼人、内田裕也、宇崎竜童、郷ひろみ、根岸季衣、一色彩子、小林雅美、神田隆、風間健、佐原健二、小林トシ江、平田昭彦、安岡力也、有吉ひとみ、藤木悠、大河内稔

●さらば相棒　ROCK is SEX（1982）

1982年11月20日公開　製作：ディレクターズ・カンパニー　配給：ジョイパックフィルム　58分

監督：宇崎竜童　脚本：宇崎竜童、黒沢清　製作：高橋伴明　撮影：長田勇市　音楽：A・R・B　照明：三好和宏　編集：菊池純一　助監督：水谷俊之　技闘：戸井十月

出演　石橋凌、太田あや子、山根銀次、安岡力也、島崎奈保美、蘭童セル、島武美、黒田征太郎、内田裕也

●戦場のメリークリスマス（1983）

1983年5月28日公開　製作：シネベンチャー・プロ／レコーデッド・ピクチュアー・カンパニー／大島渚プロ／テレビ朝日／ニュージーランド／ブロードバンク・インベストメンツ・リミテッド　配給：松竹富士　125分

監督：大島渚　脚本：大島渚、ポール・マイヤーズバーグ　原作：ローレンス・ヴァン・デル・ポスト　製作：ジェレミー・トーマス　撮影：成島東一郎　美術：戸田重昌　音楽：坂本龍一　録音：マイク・ウエストゲイト　照明：ウォーレン・ミアタス　編集：大島ともよ　助監督：ロジャー・パルバース　スチル：ケン・ジョージ、上野尭　字幕：戸田奈津子

出演　デイヴィッド・ボウイ、坂本龍一、ビートたけし、トム・コンティ、ジャック・トンプソン、内田裕也、三上寛、ジョニー大倉、室田日出男、戸浦六宏、金田龍之介

●十階のモスキート（1983）

1983年7月2日　製作：NCP　配給：ATG　108分

監督：崔洋一　脚本：内田裕也、崔洋一　プロデューサー：

結城良煕　撮影：森勝　美術：細石照美　照明：小山勲　録音：佐藤富士男　音楽：大野克夫　編集：山田真司　挿入歌：白竜（「誰のためでもない」）　助監督：磯村一路　スチル：中島俊雄
出演　内田裕也、アン・ルイス、小泉今日子、中村れい子、宮下順子、風祭ゆき、ビートたけし、横山やすし、阿藤海、清水宏、下元史朗、鶴田忍、梅津栄、小林稔侍、高橋明、浅見小四郎、草薙良一、伊藤公子、安岡力也、仲野茂、趙方豪、吉行和子、佐藤慶

●コミック雑誌なんかいらない！（１９８６）

１９８６年２月１日公開　製作：ニュー・センチュリー・プロデューサーズ　１２４分
監督：滝田洋二郎　脚本：内田裕也、高木功　製作：多賀英典、内野二郎、岡田裕　プロデューサー：海野義幸　撮影：志賀葉一　照明：金沢正夫　美術：大澤稔　録音：杉崎喬　編集：酒井正次　音楽：大野克夫　助監督：藤原幣吉　スチル：中島俊雄
出演　内田裕也、渡辺えり子、麻生祐未、原田芳雄、小松方正、殿山泰司、常田富士男、ビートたけし、スティービー原田、郷ひろみ、片岡鶴太郎、港雄一、久保新二、桑名正博、安岡力也、篠原勝之、村上里佳子、小田かおる、志水季里子、片桐はいり、橘雪子、趙方豪、三浦和義、逸見政孝、横澤彪、下元史朗、池島ゆたか、斉藤博、新井義春、桃井かおり、おニャン子クラブ

●さらば愛しき人よ（１９８７）

１９８７年９月１２日公開　製作：松竹富士＝バーニング・プロ　配給：松竹　１０３分
監督・脚本：原田眞人　原作：西岡琢也　製作：奥山和由、周防郁雄　プロデューサー：茂庭喜徳　撮影：藤沢順一　照明：高屋齋　美術：丸山裕司　録音：井家眞紀夫　音楽：中西俊博　編集：大島ともよ　助監督：門奈克雄　スチル：副田宏明
出演　郷ひろみ、石原真理子、木村一八、佐藤浩市、南條玲子、嶋大輔、高品格、柄本明、笹野高史、安岡力也、大地康雄、余貴美子、内藤陳、景山民夫、松金よね子、大竹まこと、原田芳雄、内田裕也

●花園の迷宮（１９８８）

１９８８年１月２５日公開　製作：東映京都撮影所　配給：東映　１１８分
監督：伊藤俊也　脚本：松田寛夫　原作：山崎洋子　企画：日下部五朗　プロデューサー：本田達男、中山正久　撮影：木村大作　照明：増田悦章　美術：西岡善信　録音：芝氏章　編集：市田勇　音楽：池辺晋一郎　主題曲：マーサ・三宅　助監督：藤原敏之　スチル：中山健司
出演　島田陽子、工藤夕貴、野村真美、黒木瞳、辻沢杏子、伊藤祐未、首藤真沙保、朝比奈順子、久米朗子、斉藤厚子、広瀬朋子、中尾彬、白木万理、丸平峰子、小島三児、大木晤郎、伊武雅刀、寺田農、三浦賢二、岩尾正隆、高並功、野口貴史、粟津號、中島葵、菅貫太郎、西田健、名高達郎、

江波杏子、内田裕也

●座頭市（１９８９）

１９８９年２月４日公開　製作：三倶＝勝プロモーション　配給：松竹　１１６分

監督：勝新太郎　脚本：勝新太郎、中村努、市山達巳　脚色：中岡京平　原作：子母沢寛　製作：勝新太郎、塚本ジューン・アダムス　プロデューサー：塚本潔、真田正典　撮影：長沼六男　照明：熊谷秀夫　美術：梅田千代夫　録音：堀内戦治　編集：谷口登司夫　音楽：渡辺敬之　主題歌：ＪＯＨＮＮＹ（「ＴＨＥ　ＬＯＮＥＲ」）　助監督：南野梅雄　スチル：金田正、大谷栄一

出演　勝新太郎、樋口可南子、陣内孝則、片岡鶴太郎、奥村雄大、草野とよ実、泉谷しげる、三木のり平、川谷拓三、蟹江敬三、ジョー山中、安岡力也、内田裕也、緒形拳

●ブラック・レイン（１９８９）

１９８９年10月７日公開　製作：ジャッフェ／ランシング・プロ作品　配給：ユニヴァーサル映画＝ＵＩＰ映画　１２５分

監督：リドリー・スコット　脚本：クレイグ・ボロティン、ウォーレン・ルイス　製作総指揮：クレイグ・ボロティン、ジュリー・カーカム　製作：スタンリー・Ｒ・ジャッフェ、シェリー・ランシング　撮影：ヤン・デ・ボン　美術：ノリス・スペンサー　音楽：ハンス・ジマー　編集：トム・ロルフ　字幕：戸田奈津子

出演　マイケル・ダグラス、アンディ・ガルシア、高倉健、ケイト・キャプショー、松田優作、神山繁、ジョン・スペンサー、ガッツ石松、内田裕也、若山富三郎、小野みゆき、國村隼、島木譲二、安岡力也

●魚からダイオキシン!!（１９９２）

１９９２年２月22日公開　製作：ケイエスエス＝フロム・ファースト＝ＤＥＮグループ提携（製作協力：ニュー・センチュリー・プロデューサーズ）　配給：松竹　１２１分

監督：宇崎竜童　脚本：内田裕也　原作：荒井晴彦、高田純、高橋伴明、小水一男　企画：内田裕也　製作：小口健二　プロデューサー：海野義幸　撮影：長田勇市　照明：豊見山明長　美術：山崎輝　録音：杉崎喬　編集：村本勝　音楽：大野克夫　助監督：上山勝　スチル：目黒祐司　製作協力：須崎一夫、田名部太郎、朝隈敏行

出演　内田裕也、本木雅弘、溝渕美保、佐藤慶、高沢順子、鹿内孝、尾藤イサオ、佐藤蛾次郎、草薙良一、本郷直樹、大伴修、景山民夫、横山やすし、ビートたけし

●エロティックな関係（１９９２）

１９９２年10月17日公開　製作：ケイエスエス（製作協力：ニュー・センチュリー・プロデューサーズ）　配給：松竹　95分

監督：若松孝二　脚本：内田裕也、長谷部安春　原作：レイモン・マルロー　製作総指揮：奥山和由　製作：小口健二、須崎一夫　プロデューサー：岡田裕、内田裕也　撮影：長田勇市　照明：豊見山明長　美術：山崎輝　録音：北村峰晴　編集：鈴木歓　音楽：大野克夫　助監督：石田和彦

スチル：竹内健二
出演　内田裕也、宮沢りえ、ビートたけし、ジェニファー・ガラン、荒戸源次郎、佐藤慶、宇崎竜童、叶岡正胤、斉藤洋介、ジョー山中、ジュン・クン・リー

●共犯者（1999）

1999年4月10日公開　製作：東映＝東映ビデオ＝東北新社（製作協力：セントラル・アーツ　企画協力：バーニングプロダクション＝フロム・ファーイーストプロダクション）配給：東映　102分
監督・脚本：きうちかずひろ　企画：黒澤満　プロデューサー：紫垣達郎、國松達也　撮影：仙元誠三　撮影効果：南好哲、竹内純　美術：今村力　装飾：大庭信正　音楽：フジヤマ　音楽プロデューサー：高桑忠男　録音：曾我薫　音響効果：真道正樹　照明：渡辺三雄　編集：田中修　衣裳：越智雅之　選曲：秋本彰　製作担当：橋本靖　助監督：中村隆彦　スクリプター：勝原繁子　スチル：安保隆　スペシャルエフェクト：東映化学デジタルテック
出演　竹中直人、小泉今日子、内田裕也、大沢樹生、岩尾正隆、北村一輝、山西道広、宮崎光倫、酒井伸泰、緋田康人、マコ・イワマツ、成瀬正孝、江幡高志、徳井優、橘雪子、ウガンダ・トラ、李ぢょんほ、家根本渉、問田憲輔、城明男、土平友厚、片岸雅浩、竹嶋康成、平野貴夫、保木本竜也、諏訪太朗、スティーブ・バートン、フュリンアーノ・ロペス、パウリーニョ・ヴァルガス

●修羅のみち2　関西頂上決戦（2001）

2002年2月27日公開　製作：KnacK（制作協力：オフィス・ルート・エス）配給：東映ビデオ　112分
監督：小澤啓一　脚色：井上鉄勇　原作：鈴川鉄久　企画・製作：西野聖市　プロデューサー：瀬戸恒雄、吉池邦彦、西野百子　撮影：鈴木耕一、神谷信武　美術：橋本千春　音楽：桜井真一、TAKUYA　録音：西岡正巳　音響効果：福島行朗　照明：三萩国明　衣裳：山田夏子　スタイリスト：遠藤都　選曲：山川繁　ラインプロデューサー：斎藤高弘　制作担当：森崎太陽　助監督：藤田保行　スクリプター：杉原温子　スチル：勝村勲　擬斗：中瀬博文
出演　哀川翔、松方弘樹、細川たかし、内田裕也、夏生ゆうな、小西博之、力也、新藤栄作、松田優、清水昭博、永倉大輔、川地民夫、亀石征一郎、菅原加織、川本淳市、小林滋央、白国秀樹、三木高志、目黒大樹、伊吹剛、大林丈史、江見俊太郎、小村哲、谷口大悟、たつかわ剛、崎山凛、山本修、高崎隆二、赤池高行、剛たつひと、佐倉萌、水谷ケイ、横山エミー、川原京、安生洋二、荒井まどか

●実録・安藤昇侠道伝　烈火（2002）

2002年9月14日公開　製作・配給：東映ビデオ　96分
監督：三池崇史　監修：安藤昇　脚本：武知鎮典　企画：安藤章　企画協力：安藤企画、武知鎮典、松島富士雄　製作：黒澤満　プロデューサー：瀬戸恒雄、佐藤和之、坂本忠久　撮影：伊藤潔　音楽：ジョー山中　照明：松岡泰彦　CGプロデューサー：坂美佐子　製作協力：東映東京撮影所

出演　竹内力、美木良介、遠藤憲一、山口祥行、丹波哲郎、内田裕也、千葉真一、石橋蓮司、力也、ジョー山中、原田大二郎、勝村美香、野本美穂、中山一也、山之内幸夫、志賀勝、山口仁、りりィ

●すてごろ　梶原三兄弟激動昭和史（2003）

2003年6月14日公開　製作：「すてごろ」製作委員会　配給：ジーピー・ミュージアム＝リベロ　108分

監督：光石富士朗　監修・脚本・原作：真樹日佐夫　企画：中島仁、田中政裕、渡来猛人　製作：北側雅司、真樹日佐夫　プロデューサー：小野誠一、石井誠一郎、山本芳久　撮影：河中金美　音楽：遠藤浩二　照明：小川満　ポストプロダクションプロデューサー：金子尚樹　キャスティング：辰巳佳太　ラインプロデューサー：井苅安英　製作協力：及川次雄

出演　哀川翔、奥田瑛二、真樹日佐夫、松方弘樹、内田裕也、赤井英和、中山忍、久ヶ沢徹、國村隼、力也、夏樹陽子、神保悟志、藤原喜明、中村愛美、浅草キッド、十勝花子、ジョニー大倉、中山一也、村上竜司、永倉大輔、並樹史朗、栗原早記、梓陽子、吉川銀治、殺陣剛太

ナレーション　寺田農

●赤目四十八瀧心中未遂（2003）

2003年10月25日公開　製作：赤目製作所（提携：T．M．R．／企画：赤目製作所／企画協力：文藝春秋）　配給：赤目製作所　159分

監督：荒戸源次郎　脚本：鈴木棟也　原作：車谷長吉　製作：河津秋敏、石川富康、村山治、橘秀仁　プロデューサー：村岡伸一郎　協力プロデューサー：林海象、福原稔浩　撮影：笠松則通　美術：金勝浩一　装飾：佐々木博崇　音楽：千野秀一　録音：柿澤潔　音響効果：斎藤昌利　照明：石田健司　編集：奥原好幸　衣裳：宮本まさ江　選曲：浅梨なおこ　製作担当：田嶋啓次　助監督：佐藤英明　スクリプター：大和屋叡子　スチル：江森康之　視覚効果：石井教雄　達磨人形製作：加野正浩　題字：守拙日諄　刺青実技指導：三代目　彫よし　図匠：清野僚一　迦陵頻伽：浅草堀長本家

出演　大西滝次郎、寺島しのぶ、大楠道代、内田裕也、赤井英和、磨赤兒、新井浩文、大楽源太、大森南朋、榎田貴斗、秋山道男、渡辺謙作、大村琥珀、沖山秀子、内田春菊、絵沢萠子、牧口元美、上杉幸子、森下能幸、金子清文、江森檜男、森山一裕、貴山侑哉、武田一度、狸穴善五郎、小園久史、小島博幸、金堂修一、岩井美智子、辻本晴夫、崎山雅隆

●IZO（2004）

2004年8月21日公開　製作：IZOパートナーズ　配給：チームオクヤマ　128分

監督：三池崇史　脚本・原案・企画：武知鎮典　製作：高野秀夫、波多野保弘、伊藤秀裕　プロデューサー：向井達也　撮影：深沢伸行　美術：松宮敏之　音楽：遠藤浩二　編集：島村泰司　その他：奥山和由、友川かずき

出演　中山一也、桃井かおり、松田龍平、美木良介、高野八誠、原田龍二、ビートたけし、岡田眞澄、片岡鶴太郎、ボブ・サップ、内田裕也

●THE GOLDEN CUPS ワンモアタイム ONE MORE TIME（2004）

2004年11月20日公開　製作・配給：アルタミラピクチャーズ　130分

監督：サン・マー・メン　製作：桝井省志　撮影：長田勇市　音楽：ミッキー吉野

出演　ザ・ゴールデン・カップス、デイヴ平尾（ザ・ゴールデン・カップス）、ケネス伊東（ザ・ゴールデン・カップス）、エディ藩（ザ・ゴールデン・カップス）、ルイズルイス加部（ザ・ゴールデン・カップス）、マモル・マヌー（ザ・ゴールデン・カップス）、ミッキー吉野（ザ・ゴールデン・カップス）、北野武、忌野清志郎、アイ高野、柳ジョージ、内田裕也、横山剣（クレイジーケンバンド）、矢野顕子、萩原健一、チャー、土屋昌巳、井上堯之、ムッシュかまやつ、ジョー山中、鈴木ヒロミツ

●探偵物語（2007）

2007年9月22日公開　製作：真樹プロダクション　配給：メディア・ワークス　99分

監督：三池崇史　脚本：白土勉　製作総指揮：真樹日佐夫　企画：山本ほうゆう、中山一也　プロデューサー：山本芳久　撮影：田中一成　美術：坂本朗　音楽：遠藤浩二　録音：小原善哉　照明：三重野聖一郎　編集：島村泰司　ＶＥ：西畑慶一郎　キャスティングプロデューサー：松永琴　絵画著作者：きじめっか

出演　中山一也、真木蔵人、長谷川朝晴、菊池亜希子、井上晴美、阿藤快、渡辺裕之、大西麻恵、中倉健太郎、白石朋也、スティーブン・ヘインズ、ＳＵＥＫＩＣＨＩ、林家ペー、林家パー子、ＩＺＡＭ、角田信朗、風間トオル、真樹日佐夫、内田裕也

●JOHNEN 定の愛（2008）

2008年5月31日公開　製作・配給：東映ビデオ　109分

監督：望月六郎　脚本・原作・企画開発：武知鎮典　企画総括：石井徹　プロデューサー：瀬戸恒雄、前田茂司　撮影：石井浩一　美術：高橋俊秋　音楽プロデューサー：山崎綾　録音：久連石由文　音響効果：丹雄二　照明：櫻井雅章　編集：矢船陽介　ポストプロダクションプロデューサー：金子尚樹　キャスティングプロデューサー：伊東雅子　制作担当：善田真也　助監督：池本晋　杉本彩　特写フォト：管野秀夫　企画協力：西野禎秀

出演　杉本彩、中山一也、阿藤快、斉藤暁、村松利史、菅田俊、高瀬春奈、山下徹大、江守徹、内田裕也

友情出演　本宮泰風、風間トオル

●ロック誕生 The Movement 70's（2008）

2008年10月25日公開　製作：「ロック誕生」Partners（日本出版販売＝ユニバーサルミュージック＝エイベックス・マーケティ

ング＝ビタミン）　配給：「ロック誕生」Ｐａｒｔｎｅｒｓ＝日本出版販売　75分
監督：村兼明洋　製作：安西崇、町田晋、伏水純孝　プロデューサー：小林智浩、斉藤靖、吉野公彦、平山清人　編集：小深田真次　宣伝写真：篠山紀信　宣伝美術：斎藤倫世　プロモーション協力：清水聖太郎　監修：サミー前田　協力：中村俊夫
出演　内田裕也、ミッキー・カーチス、近田春夫、中村とうよう、加納秀人、森園勝敏、フラワー・トラヴェリン・バンド、頭脳警察、はっぴいえんど、イエロー、遠藤賢司、近田晴夫&ハルヲフォン、ファー・イースト・ファミリー・バンド、村八分、クリエイション、四人囃子、ジプシー・ブラッド

●総長を護《まも》れ（２０１０）

未公開　製作：記載なし　配給：サテライト　74分
監督：辻裕之　脚本：遠藤夏輝　撮影：今泉尚亮　美術：大島政幸
出演　白竜、北条隆博、ジョー山中、内田裕也

●星くず兄弟の新たな伝説（２０１７）

２０１８年1月20日公開　製作：星くず兄弟プロジェクト　配給：マジックアワー　１２８分
監督：手塚眞　脚本：手塚眞、ケラリーノ・サンドロヴィッチ　原案：近田春夫　プロデューサー：手塚眞、石毛栄典　アートディレクション：奥平イラ　撮影：谷川創平　美術：林千奈　装飾：布部雅人　音楽：近田春夫、赤城忠治、江蔵浩一、窪田晴男　録音：小川武　照明：李家俊理　衣装ディレクション&スタイリング：高木完　ライン・プロデューサー：金森保　振付：香瑠鼓
出演　三浦涼介、武田航平、荒川ちか、ＩＳＳＡＹ、藤谷慶太朗、高木完、久保田慎吾、谷村奈南、田野アサミ、ラサール石井、板野友美、野宮真貴、浅野忠信、夏木マリ、井上順、内田裕也

※出典：キネマ旬報映画データベース

内田裕也

1939年11月17日〜2019年3月17日(享年79)
神戸市出身 B型 蠍座
エルヴィス・プレスリーに憧れバンド活動を開始。

1959年　渡辺プロにスカウトされる。日劇ウェスタンカーニバルでデビュー。

1966年　ビートルズ日本公演にサポーティング・アクトとして出演。
タイガースの前身、ファニーズを発掘しデビューに尽力する。

1967年　ヨーロッパ放浪、リアルタイムでフラワームーブメントの洗礼を受ける。

1970年　フラワートラベリングバンドを結成し、世界を目指す。

1971年　日本のバンドとして初めてアトランティックレコードと正式に契約。
『SATORI』をリリース。

1973年　『ミュージック・マガジン』でオノ・ヨーコ氏と対談。
この時からジョン・レノン、オノ・ヨーコ夫妻との交流が始まる。
日本初の年越しロックイベント「フラッシュコンサート」を渋谷西武劇場で開催。
この時のポスターの制作が横尾忠則氏。
現在の「ニューイヤーズワールドロックフェスティバル」である。

1974年　「ワンステップフェスティバル」をプロデュース。

1975年　「ワールドロックフェスティバル」を主催し、オノ・ヨーコ、フランク・ザッパ、
ジェフ・ベック、ニューヨークドールズの来日に奔走した。

1977年　映画『不連続殺人事件』(監督 曽根中生)初主演。

1982年　企画、主演『水のないプール』(監督 若松孝二)

1983年　『戦場のメリークリスマス』(監督 大島渚)出演
企画、脚本、主演「十階のモスキート」(監督 崔洋一)

1985年　「昨日は何時間生きていましたか。」
自らの発案で洋服着用したままハドソン川を泳ぐパルコのCM撮影。

1986年　企画、脚本、主演『コミック雑誌なんかいらない!』(監督 滝田洋二郎)が
国内外で高く評価される。

1989年　『座頭市』(監督 勝新太郎)、『ブラック・レイン』(監督 リドリー・スコット)出演。

1991年　都知事選に立候補。無所属ではトップの54,654票を獲得。

1992年　企画、主演『魚からダイオキシン!!』(監督 宇崎竜童)
企画、主演『エロティックな関係』(監督 若松孝二)

2009年　芥川賞作家モブノリオ氏と共作　「JOHNNY TO BAD」文藝春秋社より刊行。
「俺は最低な奴さ」白夜書房より刊行。

2013年　1970−80年代にリリースした『ロックンロール放送局』
『ロックンロールカーニバル』『ア・ドッグ・ランズ』『さらば愛しき人よ』
『コミック雑誌なんかいらない』の5作品がデジタル・リマスターして再発される。

2014年　内田裕也 feat.指原莉乃〈シェキナベイベー〉リリース。

2016年　赤塚不二夫生誕80年記念「183の日本トレビアンROCK'N ROLL」に参加。

2018年　46thニューイヤーズワールドロックフェスティバルで〈朝日のあたる家〉
〈コミック雑誌なんかいらない〉〈きめてやる今夜〉〈ジョニー Bグッド〉の4曲を歌い切る。
これが最期のステージとなった。

奴には目が6つある！

Rolling Once More

『話の特集』1981年11月号から再録
『嗚呼！おんなたち　猥歌』

聾唖者の高校生の集団がすごい、
いきおいで会話を始めた……
仙川を過ぎた頃、鈍いショックで快速が止った。乗務員が線路わきを走った。
朝刊を四つに折った……
時間が長くあってアナウンス
「人身事故の為そのままでしばらくお待ち下さい、まもなく発車いたします」
冷静な目の奴、恐怖の目の奴、悲しい目の奴、野球部の高校生達の手話が激しく続いた。ストレンジ快速は、人間を殺して調布に着いた。
その日は全裸のファックシーンだった。
神代辰巳監督作品『嗚呼！おんなたち　猥歌』にっかつロマンポルノ十周年、6ステージだった。
プロデュース三浦朗　脚本荒井晴彦、
キャメラ姫田真佐久　監督神代辰巳
ヤル気を出さしてくれるスタッフ
ロマンポルノに参加するプライドを持たしてくれるメ

ンバーだった。

今年に入ってから何回と脚本が書き直された。ヒット曲もない中年のROCKシンガーが、FUCKにしか逃亡できず自滅して地ゴクに入っていく話は、俺の未来像を見る思いで、エキサイトしていた。

「きめてやる今夜」から「嗚々おんなたち 人妻 看ゴ婦 トルコ嬢」というタイトルに変った。

主演女優のほとんどに断られた。

テレビでぬいでる様な奴、ATGでは、ぬいでる奴、プレイ・ボーイではぬいでる奴、トルコ嬢も看ゴ婦も決まらなかった。

時間は、クランク・インに向って速かった。

東陽一は、関根恵子、中村嘉葎雄で、金子光晴『ラヴレター』をロマンポルノ十周年記念第一作として文芸的に撮り始めていた。

「詩人が若い女をいたぶる話　谷崎潤一郎の『鍵』と間違えてんじゃねえの」

「こっちは ROCKER の話だぜ　フザケンナ!」

ゴールデン街の「摘人」でパラヨッタ俺は、タチションに外へでて、ジャンプロ、元ゼンガク連の田村光昭にあいさつ位ちゃんとしろと演歌的にからんだりした。

プロデューサーの三浦朗はあせった。彼がやっとのおもいで、通した企画だった。

ROCKERが女とやりまくって、最後は、トルコボーイに落ちていく話。

にっかつは金がない。大きなクレーン車にぶら下った鉄のかたまりが、演技課の窓を「ズギャーン」と打ちくだいた時、

俺はワニ分署でそこに居た。

20年いたウラ方さんが号泣していた。

衣ショウ部のマウスや藤田敏八とスチールの目黒さんに宣材写真をとってもらった。

アル中の移動部の田中さんは、酔払って、自転車で帰る　飲めとビールを一ダースくれた。

今回は居なかった。独身、どうするんだろう。

根本サンは金サクで走り回っているという。

映画だけが生きがいで、安い遅れがちな給料。調布駅前のヤキ鳥屋で「純」と生ビールでのウサバラシとケンカ。食券で並ぶ昼食。働いているんだという実感、要領悪く生きてしまったいい顔をしたサツエイ部、照明部、美術部、録音部、スクリプター、男達、女達、いくたびに人生をふれる食堂。その前には団地が建っていた。

少し名の売れた女優は断った。

ハリウッドも大きく変ったのに……

君達の事は忘れない！

カントク、三浦朗とシノヤマ・キシンを訪ねた。

いい感セイを持った新人！　二、三度もめた。キシンは、スリ上った『写楽』のカヴァーガールをスイセンしてくれた。中村れい子といった。

面接した神代辰巳は、「肥っているのがいい」

看ゴ婦役が決った。

三浦朗がトルコ嬢をキャスティングした青年座の女優だという。

スカイの稽古場をかりて、リハーサルが始った。

人妻には絵沢萌子が決った。

安岡力也のマネージャー、石橋蓮司、高橋明のイジメ役、アナーキーもトップシーンでの新宿ロフトライヴが決った。太田あや子の犯される女。ピンクの女王珠留美さんのトルコの客　インポをなじられてトルコ嬢を殺す

MAD MANに黒田征太郎の友情出演。やっと「神代

組」は、スタートした。今年初めてのメガホンだった。にっかつ専ゾク最後の作品。カントクも、サトラレない様に力が入っていた。

リハーサルは、うまくいかなかった。

形が先行して、心が表現できなかった。

カメラの姫田真佐久も居た。

ボツにならないで良かった。カントクのクレームも気にならなかった。5時間が終って、メシを食った。四谷のウドンスキ屋は、開店したばかりで、この映画のスタートにタリピツだった。懸命に二人の女優に気を使った。青年座も、写楽も、助カントク二人、加藤、サイトーも、少しうちとけて、日本酒のオンザロック、レモンがしみた。

二日目のリハーサル　他の女と決めて帰って来た俺をシャワーで洗ってフェラチオの場面、青年座は、少し照れたが、黒板ふきをとっさにシャワーがわりにして、まじの演技だった。

なかなかやると思った。カントクは、クレームを続行していた。

「コレクター」の台本を持っていたのが気になった。

青年座の次の公演だという。……

3日目のリハーサルに出かけようとした時三浦朗から電話が来た「実は、青年座がおりたんだ……」ジョーク、ジョーク等と言っていた。稽古には、写楽しかいなかった。二人のシーンのリハーサルに入った。

誰もその事にふれない。ノラナカッタ。

終ってミーティング。二日後のクランク・インは延期。ヤバイと思った。にっかつ企画部は、ネームバリューを必要としていた。それを何とかいい映画にするという情熱だけでOKをとった。今さら主演女優がおりましたとは言えないだろうと思った。

酒も飲まないで、ワンルームに帰った。

何故だかはずかしさと、一年に一回位くる例の怒りが押しよせて「104」を回した。「青年座の番号!」女がでたが要領をえない。

自分でも、オクターブが違っているのが判った。

責任者をだせっ! 二、三度変った。

社長をだせっ! 「今出張中です」

マネージャーを出せっ! やっと出た。

「テレビ映画部と演劇部がありまして……そのスケジュール調整がどうしても……」

お前ら株式会社やってんのかヨー

新劇やってんだろう

「演劇部の方から稽古に支障を来たすから……」

てめえらロマンポルノをなめてんのか!

神代辰巳をなめてんのか!

にっかつをなめてんのか!

ロックンロールをなめてんのか!

そこ場所どこだ、すぐ行くから待ってろ!

「こられてもこまります。プロデューサーと話はついていますから」

何にィ　おっ　オイ　このヤロウー　オッオッオ前

何様だ　この映画、ポシャッタラぶっ殺してやるかっからな!

俺の知ってる奴お前んとこにいるのか

どんな役者いるんだ、何、西田敏行!

西田　出せっ!　西田!　フザケやがって

何が大河ドラマだ。えーっ　大河ドラマとロマンポルノと　どう差があるんだッ　えーっ!

この野郎　西田だせーっ!

「西田は劇団員でこの件とは何の関係もありません」

何にいっ！　同じ青年座だろう

連帯責任ってものがあるだろう。

お前ら新劇っていうのはな、新しい運動体だろうっ

えーっ　こっこの野郎！

「本人はこの二日悩みに悩んで、『コレクター』をとるか、にっかつをとるか」

声が痛くなって思いっきり受話器を投げつけてやった。

暗くなって、ベロベロンになった。

これは中止になるなと思うともどせなかった。

……………

一週間が過ぎた。姫田真佐久は、東映とケイヤクがあって、ツラそうに降りた。

何が新劇だ。何がスタニスラフスキーだ。

何が俳優座だ。何が文学座だ。何がチェーホフだ。

「座」の付くものは、皆キライになった！

あきらめきれなかった。テーマにほれていた。食堂にホレていた。神代組にほれていた。

ミーティングの内容は、きかなかった。

三浦朗は、『二十歳の原点』という映画に主演して、引退していた角ゆり子を連れて来た。10日ぶりにリハーサル。

赤いジーパンなんかはいてくんなよ等と、角サンに当った。急キョの代役、やりにくかっただろうに「神代さんを見たかったから」等とも言いやがった。

カメラは山崎善弘に変った。

甲府ロケに出発した。変る前の小さな都バスカラーのレンタカー　ロケバスは、神代辰巳が、運転手の横にふきげんそうに少しいげんを持って座り、後部座席は、衣

ショウの山、マウスは大切にそれを守る様に座り、俺は窓側　タイヤの上にかけて　中央高速を車体に似合わないスピードで走った。

途中昼食代の五百円札が全員に配られた。

体調をくずしてカゼがひどかった。

食欲なくクリネックスがすぐなくなった。

「強力グロンサン」「パブロン」「オロナミンC」「アルギンZ」等を次々と飲干した。

「ヨーイ、スターアート」カチン！

感ゲキしているひまはなかった。

難しいシーンだった。力也と二人新曲のキャンペーンカラオケセットに宇崎竜童、阿木燿子の力作『ワンナイト・ララバイ』！

二年前にレコーディングしたのに全然ウレナカッタ。

甲府駅前のレコード店を借りて、通行人に向って歌うほとんどの人は、一べつして通りすぎるＯＬ風一人だけ立って聞いている。

脚本ではそうなっていた。

落目のロックン・ローラーのむなしさと、この男の人間性が、一シュンにして出なければ、映画として成り立たないシーンだった。

過去にもサイン会等で五、六人しか来なかった事、フラワーズの頃甲府のジャズ喫茶、客の入らなかった事、ヒット曲皆無で20年間ROCK'N'ROLLして来た事、それ等が入り混って、現実を演じている様だった。

持っていた鼻薬のスティックをＣＯＣＡＩＮＥに見たてて、自分をふるい立たせた。左っかわに武田信玄の大きな像が俺達をにらんでいた。

ロフトでアナーキーを見て、新しい力にジェラシーと恐さを感じるシーン。

車での会話から川原にツイ落するシーン。

看ゴ婦を犯すシーン。

ジャムパンを食べたまま　シャンプーだらけで、風呂から浮き上ってくるシーン。シャンプー入りのジャムパン不思議な味だった。

全裸でケツをだしてトルコ嬢がなめて行くシーン。

新宿のクラブでメタクタにケナサレ、やけくそで与作を歌った後の乱闘シーン。自分の顔が変わっていくのが判った。

食堂での四百五十円のオムレツ定食、渡哲也サンからの差し入れとゲキ。

黒澤満サンの「ノッテル顔してるネ」と一言。

根岸吉太郎の『遠雷』への意気ゴミ。

相米慎二の角川映画との闘い。

三国連太郎の目。ゴジの半パンスガタ

30分遅れて　カントク「いい役者は遅れません」

黒田征太郎サンの吉原での熱演。

ラストシーンでの涙
ロフトでの全力投球！

前バリのイタサ……

ゴールデン街「ハバナ・ムーン」のサツエイ、石橋蓮司サンと高橋明サンにコテン・クシャンにやられるシーン。カベには、ジョンとヨーコサンのローリング・ストーン誌のふるボケタ表紙。

本番は、もっと本気で……とカントク、ヨーイ、スターアト　カチン。

ストレート・パンチ、長いいすにぶんなげられる。机の角に打ちつけられる。カウンターに5回6回、反ゲキカベギワに投げとばされる　鈍いショック、真っ暗で見えなくなった。虹がかかってきた。

石橋蓮司の足げり　左の頭もうれつな痛み、手足のしびれ、はき気
初めてのTRIPの時と何か似てるなあ
ジョーや石間の顔、トロントやNEW YORK、野球部の高校生、ウエスタン・カーニバルの沢田研二、萩原健一、田辺昭知、浅岡、村上ガン、ヤナイ、大久保、ミック・ジャガー、チャック・ペリー、石坂敬一、オリタ・テラ、深水、MOJO、三里塚、京大幻野祭、しらかば、シンガポール、キョーコ、シド・ヴィシャス、グルグルクルクル　浮いて　見えた！
スゴク気持が良くなって来た。
地球じゃないみたいだった。
死ぬみたいだった。
ウワー　いいっ　ウワー　いいっ　そんなに気持ちいいの

ウワー　いいっ！　最高んっ！
突然　蓮司の目が6つあった
目と目との間に2つあった。
鼻の横に2つあった　金色だった。
……………………
打ち上げは、同じ場所だった。
神代辰巳「あのシーンは最高だったよ」
奴にも目が六つあった……
PORNOGRAPHIC ROCK'N'ROLL MAN

※すべて原文ママ

週間
クが
が新
が俳
だ。
」の
きら

食堂にホレていた。神代組にほれていた。

…の内容は、…かなかった。

ャンペーン カラオケセットに宇崎竜童

木燿子の力作『ワンナイト・ララバイ』

人新曲

Rolling Once More Again!

アルコホーリック戦争

十階のモスキート!!&戦場のメリークリスマス

『話の特集』1988年2月号から再録
『十階のモスキート』
『戦場のメリークリスマス』

COWBELLがゴリョンと鳴って、階段を8つ位降りるとカウンターとビニールシート、ピアノとカセットデッキがある四谷三丁目の「W」。

山下洋輔氏、筒井康隆氏、坂田明氏、中村誠一氏、タモリ氏、根津甚八氏、ビートたけし氏、糸井重里氏、高平哲郎氏、荒木経惟氏、黒田征太郎氏、色川武大氏、三木のり平氏、長友啓典氏、クマサン氏等が常連でYAKUZAは来ない、ヤキウドンがメインの会員制スナックに着く。

若松孝二カントク内田栄一脚本『水のないプール』の完成パーティが新宿の「銀座アスター」で開かれ、二次会三次会と盛り上り、四次会に発展して「W」に行った。若松さん久しぶりの作品でクロロホルム暴行魔を演じた俺もゴキゲンで、気を使っていた。

大島渚氏、神代辰巳氏、長谷川和彦氏、高橋伴明氏、根岸吉太郎氏、相米慎二氏、崔洋一氏、三浦朗氏、大野

克夫氏、浅岡弘行氏、安岡力也氏、荒井晴彦氏、斎藤博氏、富山氏とに角20人は居た。何故か若松孝二氏は居なかった。アルコールはチャンポンで、HOTウィスキーになった。

映画の批判やら次回作や演出論や今後の映画界や、話は複雑になって行きアルコールはDONDONだった。

……

突然大島渚氏が俺に言った。

「君が主役やってはだめだ君は主役のタイプじゃない！」

俺「はーあっっムーゥッゥ」HOTウィスキーがズブロッカに変った。「そういう言い方はないよ時代は変ってるんだ！」と根岸吉太郎氏がはげましの言葉を放ってくれた。

それをキッカケの様に長谷川和彦氏がどなりだし、崔洋一氏が怒りだし、高橋伴明氏がとび上りだし、荒井晴彦氏は学生に戻ってわめき出し、神代辰巳氏は眠り出し、浅岡氏はとめながらなぐり出し、力也氏はとめながらつきとばしだし、相米氏は、目ガネを気にしながら説得しだしだし、俺は、アイスピックなんかカウンターから持ちだして、

「この野郎！　かかって来いっ！」と叫びだし、マネージャーの白川氏は「今やっちゃだめですーっ」と言われだし、「いつならいいんだっーっ」とわけが判らなくなりだし、誰と誰とがなぐり合いをやっているのか止めているのか、何故かママは悠然とタバコなんかすいだし、せまい店は、グラスはこわれだし最後はゆれだした。

30分位は続いて、おさまった後、「やっぱり俺が主役なんてしちゃいけないんだ。映画は、戦前からあるんだ。Rock'n Rollは戦後からなんだ。石原裕次郎さんや高倉健さん、菅原文太さんや三船敏郎さん、スクリーンで

は、あの人達が主役なんだ。40代のRock'n Rollerは主役やっちゃいけないんだ」と落ちこんで行った。

しばらくすると怒りのレピートが始まって「大島っっ!」等となっていた。

何故か武田鉄也氏や泉谷しげる氏の顔がフラッシュして「あいつらだって主演しているーっ、俺がやっちゃいけねえのか、Rock'n Rollは、フォークよりTAKOなのかーっ」

「いやっ違う。若松カントクは言ったじゃないか、アンタは芝居下手なんだから何にもしないでくれ」と……

「神代カントクは言ったじゃないか、人間がそんな事しますか」と……

「やっぱり俺は映画で主演できるタイプじゃないんだ。エレキの若大将の司会役がセイイッパイなんだ」

「いやっ違う『鳴呼!おんなたち　猥歌』を何人かほめてくれたじゃないか」「TAKOあれは、演出と脚本がよかったからだっ」「しかしーっ」「しかしもしかもないっロマンポルノ史上ケツから二番目の入りだったんだぞーっ」「クッッッッッッッッッッッッッッッッッッッッッッッッッッッッッッッッッッッッッッッソッーッ」

三日後に『十階のモスキート!!』をやると決めた。

京都で起った警察官の郵便局強盗の話、主演は俺だった。

『水のないプール』は、沢田研二氏、MIE氏、タモリ氏、黒田征太郎氏、赤塚不二夫氏のゲスト出演に助けられ、まずまずの客の入りだった。東映セントラルの鈴木ジョウショウ氏より、香港みやげのウイスキー一本と「オメデトウ」と書いた名刺を頂いて、すぐ飲み干した。

「鈴木さん!　俺すぐに次のやりたいんだよーっ、オマワリさんが出世もできずサラ金に困ってオンナもバカバカやって、デカダン人生に突入して最後は郵便局に強盗に入って金食っちゃう話なんだ5千万借して下さいよーっ」

「まあーあっロンドンから帰ってからゆっくりつめようよ、まず脚本だよ、心配しないで行って来なさい！」「うわあっーありがとうございます話が早いなあっいやどうも、それじゃ行って来ます」

　ローリング・ストーンズの日本公演の話がメインでミック・ジャガーに会いにロスアンジェルス、NEW YORK、LONDON、ロスアンジェルス、TOKYOとハード・トリップに出た。久しぶりのミックは、6年ぶりのLONDON公演で、大元気！　キース・リチャード、意外な大明るい大会！　メンバーと同じカールトン・タワーHOTELにのTOSHIBA E.M.Iの三好氏、と宿泊、BACK STAGEもありで、ウェンブレースタジアムの2日間のコウフン。

　一緒に歌いまくっていた。「やっぱりRock'n Rollだ最高！」NEW YORKで、デヴィッド・ジョハンセンのホース・レースCONCERT、ボブ・グルーエンの個展そして、ヴィレッジの200人のスモール・シアターで、『アメリカン・バッファロー』を観た。

　アル・パチーノが主演だった。「俺はスターじゃなくてアクターだ」と言ったアル・パチーノが目の前に居た！ゴッド・ファーザーのパチーノが、200人たらずの小さな場所で、全力疾走しているのを見て、スゴイ！と思った。ローリング・ストーンズと同じ感動が走った。アイスピック1000本位だった。

　L・Aでキティの多賀氏と会った。モーテルでスモールパーティに招待してくれて、レーンシュレイダーとも再会した。Rock'n Rollと映画の話だった。『十階のモスキート!!』の話もシュレイダーは、面白いと言った。期待がふくらんで成田に着いた。

崔洋一第一回カントク作品、内田栄一さんの脚本が出来ていた。熱い本だったが少し意見が違った。二稿、三稿と書いてもらった。

東映セントラルの鈴木さんと中西さん「いやーっLONDONもNEW YORKも最高だったですよ、やる気十分で帰って来たんですよ、脚本内田さんで今バッチリきめてもらってますから、具体的な話して下さいよ。これっ気分ですけどLONDONのネクタイ、いやーっ安物ですけど気分ですよほんの気分」

3ばい目のHOTウィスキー「いやーぁそれがねえ」「カタイじゃないですか何でも言って下さいよ。Rock'n Rollですよーっ」「それがねえ。結論から言うとだね、制作資金は出せないんだよ。会社もきびしくてねえっ。まあ、作って出来たものを見てから配給するかどうか決めようよ、ねっ。あー次のアポイントがあるのでこれで失礼するよ。後は中西Kunと相談してくれ給え。それじゃ」「いやーぁ、あのー鈴木さん、ちょっと」15はい位HOTウィスキーが進んで、ひっくり返ってしまった。

「よーし」「俺は一回口に出したら絶対やるぞっ！」崔さん内田さんと再ミーティング。「内田さん大変申し訳ないんですが、どうしても俺の思っているのと少し違うんです……」

どう言う訳か、俺が書く等と言ってしまった。

力也とハシゴして「W」に行った。

色川武大氏と井上陽水氏、ジャンプロの田村氏が居た。

「いやー元気ですか」会釈が返っただけで、何だか冷ややかな視線に感じた。

「おいっ、ちょっと上がってこいこの野郎っ！　ばかにしてんのか」田村氏と井上陽水氏を呼びだした俺は、「ちゃんとあいさつしてんのにしかとするのかおーっ」等とアタリチラシテいた。「一発先にこい一発！」

　阿佐田哲也氏がノソッと現れて「何トンガってるんだ！」「阿佐田さんようっ陽水と俺とどっちが付き合い古いんだようフォークの方が大事なのかようえっ、俺ヤイチャウヨヒイック」

　カンロク負けで「ヨーシ判った全員で飲み直しだ下行こう」下戸の陽水氏に無理やり飲ましたりしてうわぬったりした。

　モスキートは全然進まなかった。プロデューサーも、資金も、脚本も皆無だった。崔さんもあきらめの言葉が出かかっていた。

　根岸吉太郎氏が『遠雷』でカントク賞を取り、ボブ・マーリィが泊まったホテル・サンルートで、ＰＡＲＴＹがあり、宇崎竜童君、ジョニー大倉君、力也君とあいさつに立った。藤田敏八カントク『実録不良少女・姦』でセカンドだった男が、カントクとして成功して行く様は、本当にＴＡＫＯの頭を食べた時の様に嬉しかった！

　大島渚氏が笑って言った。「内田さんいつかの話はなかった事にして下さい」「おーい皆んな聞いといてくれよーっ大島さんメーモゥの話なかった事にしてくれよーってさっ」カンパイしてアルコールが旨くなった。焼肉の「南大門」での二次会、日本酒のチャンポンが進み荒井晴彦氏とモメダシ、長谷川和彦氏も立ち上り、主役の根岸氏が止めに入ったりして、次の日足が痛かった。

モスキート進展なし……

しばらくしてから大島氏から『戦場のメリークリスマス』参加要請があった。ディヴィット・ボウイ、ビートたけし、坂本龍一、主演。俺、収容所長憲兵少佐、2シーンだけの出演。ロケ地ニュージーランド、苦笑した。

チョットカタツケて、「一日考えさせてもらいます」等と言った。5年間あたためてきた素材、資金集め、キャスティング交渉、日英合作、大島さんの情熱がバチ、バチッと感じられた。大乱闘の原因を作った人が…度量の大きさとRockerを認めてくれた事に感謝して何も言わずに参加しようと決めた。

大島さん水割り、俺グレープ・フルーツジュースでのミーティングだった。


すごくHIGH状態になって、『十階のモスキート!!』を書きだした。それは脚本なんてものじゃなかった。強いテーマに向って二日間が過ぎた。ダイアローグが難しかった。女性のセリフは、一行目でつっかえた。おすぎとピーコ氏を思い出して何とか進んでいった。

白竜の『誰のためでもない!』がENDINGだった。

最後の一枚は手がふるえてしょうがなかった。

書き終えて崔さんに電話「明日会いましょう」

「今だよ崔さん! すぐに来てくれよ、書き終ったんだよ」夜中の1時、読み終わるまでに4、5はい飲んだ。2日ぶりのアルコール不安カクテルだった。

「面白いよ書き足します」内田栄一さんには、電話でわびた。若松のオヤジに次の日見せた。

「ウーン、このままじゃ、どこも金出してくれないよ。本にしないと。清水君、四谷の印刷所教えて上げて」横書きの原稿用紙の束、すぐに持って行った。坂なんか10秒位で走りぬけた。信濃町のガードぞいにある印刷所は、6畳一間で二階にあった。ピンクの映画の脚本がつみ上げられていた。

学生の時にやった謄写版で男の人は一字一字書いてくれた。

「あのう明日までに出来ないでしょうか」

「誤字が多いですね、あーっそれと、役が書いてないですねー」

「いやあ初めてなもんで、あのう若松孝二カントクの紹介なんですけど、明日までにあのう」

「まあ何とかやってみましょう。表紙はどうしますか」

「あのうでっかい字で『十階のモスキート』と書いて下さい。色はここで一番派手なヤツでお願いします。それと最後にビックリマーク‼2つヨロシクたのみます」

次の日、オレンジ色の表紙にビックリマーク大オーバーの本を手にして、すぐに松田優作氏宅へ行った。「で、できたんですよ」

真面目に読んでくれて一言、「面白いですね」朝までHOTウイスキー、パソコンのヒントは、優作さんとの会話からだった……

「しかし表紙が派手ですねっ」

次の日、印刷所に行った。

「あのう、シブイ色で、字も小ちゃい目で五十部スッテ下さい。ええ、五十部です」

茶色の表紙に小さな題字、文芸っぽく感じる本を持って、NCPの岡田裕氏、結城良煕氏、ATGの佐々木社長、キョードー東京内野二郎氏、次々と渡して行った。崔さんの書いた分との合作でやっと脚本らしい白い表紙の『十階のモスキート‼』ができ上がった。

資金集めも何人かの大好意で出来た。

キャスティングも電話かけまくり大会で、ゴーカメンバーがそろった。アン・ルイス、ビートたけし、横山やすし、吉行和子、小泉今日子、中村れい子、風祭ゆき、宮下順子、趙方豪、阿藤海、清水宏、下元史朗、梅津栄、小林稔侍、鶴田忍、高橋明、浅見小四郎、草薙良一、伊藤公子、安岡力也、仲野茂、佐藤慶。

キャメラマン森勝、音楽大野克夫、浅岡弘行、助カントク、磯村一路、平山秀行、福岡芳穂、東山通。

ピンク映画、ロマンポルノ、若松プロ、フリーからの強力混合軍で、カチンコがなった。秋葉原のパソコンショップでの第一声。崔洋一カントクの記念すべき「ヨーイ、スタート」。感動しているひまはなかった。大島さんとの約束、ニュージーランドロケの期日にサツエイがのびて、帰国後一週間にまたがって、クランク・UPした。

マリファナ犬にほえられて、一時間以上も足どめを食ったオークランド空港、その足でサツエイ現場、やまもと寛斎のコスチュームで「よく来てくれました」と大島渚。サツエイ終了の日に、三上寛氏と力也とオークランドの数少いフランス料理屋に招待されて飲んだシャンパン。

モーテルのカントクの部屋で一本しかないカンビールでのカンパイ。一日早めての帰国。

『戦場のメリークリスマス』が世界で成功してくれる事を！

丸坊主で崔組に帰ってからのツケカツラやぼうしでの苦闘、にっかつサツエイ所での編集ミーティングのタコエキサイティング。崔洋一の奥さんが、試写で泣いて立ち上れなかったと聞いた時、疲れや、苦労なんか、すっかり消えてしまった。

ＮＣＰの配給会社へのアプローチは、難行している。封切の日も未定のまま、ショボイ試写が行われている。

警察官が制服のまま、郵便局強盗をするという日本で初めてのケース、警官の不祥事が続々と明るみに出て来たタイミングで、映画会社も二の足をふんでいる様子だ。

ＴＶでは表現できないもの、ピンクやロマンポルノや自主作品としてこそ、人間の真実が、描かれていると確信している！

ケツは俺が持つ！　崔さん、ＮＣＰ、スタッフ、出演者、おつかれさん、深謝!!

伴明、ゴジ、『制覇』のキャメラマン鈴木達夫氏と階段を降りて「Ｗ」に行った。

「キャメラマンとRock'n Rollでヨロシク」と初対面のあいさつ。ＨＯＴウィスキーとビール、日本酒「そうですね、キャメラマン」伴明は帰った。「俺の先輩にキャメラマンとは何だ。鈴木さんと呼べ」とゴジ「何ーっ」「鈴木さんと呼べ」「（セントラルの）鈴木さんか、キャメラマンとRockerで、どこが悪いんだ。俺だって礼儀位知ってらあ」

「俺は体育部だ。先輩後輩のケジメはしっかりしてるんだー」

「何ーっ、お前と俺じゃどっちが先輩なんだーっ」

「だいたいお前なんか五本に一本位主役やってりゃいいんだーっ」

「何だとお、『十階のモスキート!!』をばかにしてんのかあっ、崔洋一をばかにするのかー、えー、ゴジこの野郎」

「大島渚の映画なんかでやがってよーおっー」「ディレカンのカントク以外は、カントクじゃねえのか、よ、おーっ」

「キャメラマンとは何だ、俺の作品は全部この人だ、寺山のも撮ってるんだぞーおーおー」

「俺もRock'n Rollだ初対面からペコペコできるかよー
この野郎！」

「何だとおー」「何だーあやるかあゴジ」

黒田征太郎さんが入って来た。

「交通刑務所に入ると思って甘やかしてりゃその気になりやがって、ビールくれビール！　誰が主役ならいいんだおーっ、モスキート見てから言え、見てから。黒田さん、アタマ来たから俺帰るよ。この野郎、本当その気になりやがってひーいっく」

　ＭＡＭＡ「いいかげんにしてちょうだい楽しくお酒飲めないの」

「又俺が悪いのかえーっ」

「もうこないでちょうだい」

「又来まーす」階段を上ると明るかった。何だかむなしくて、「ドン・キホーテ」に行った。「ＳＥＫＩーさんビール、ヒィック！」

※すべて原文ママ

いう日本で初めてのケース、警官の不祥事が
続々と明るみに出て来たタイミングで、映画

ゃどっちが先輩なんだ
ーっ」

スーパー GUNレディ ワニ分署
(1979)
発売元:日活
販売元:ハピネット
価格:3800円+税
レンタル有

赤い暴行
(1979)
発売元:日活
販売元:ハピネット
価格:3000円+税

少女娼婦 けものみち
(1980)
発売元:日活
販売元:ハピネット
価格:2800円+税
レンタル有

ヨコハマBJブルース
(1981)
発売元:東映ビデオ
販売元:東映
価格:2800円+税
レンタル有

嗚呼!おんなたち 猥歌(わいか)
(1981)
発売元:日活
販売元:ハピネット
Blu-ray、DVDあり
価格:4200円+税
(価格はBlu-rayのものです)
レンタル有

エレキの若大将
(1965)
発売・販売元:東宝
価格:4500円+税

クレージーだよ 奇想天外
(1966)
発売・販売元:東宝
価格:4500円+税
レンタル有

コント55号 世紀の大弱点
(1968)
発売・販売元:東宝
価格:4500円+税
レンタル有

不連続殺人事件
(1977)
発売・販売:キングレコード
価格:1900+税
レンタル有

ピンク・ヒップ・ガール 桃尻娘
(1978)
発売元:日活
販売元:ハピネット
価格:2800円+税
レンタル有

花園の迷宮
(1988)

発売元:東映ビデオ
販売元:東映
価格:2800円+税
レンタル有
©東映

ブラック・レイン
(1989)

発売・販売元:NBC ユニバーサル・エンターテイメントジャパン合同会社
Blu-ray、DVDあり
価格:1886円+税
(価格はBlu-rayのものです)
レンタル有
TM & Copyright ©1989 by Paramount Pictures Corporation. All Rights Reserved. TM, (R) & Copyright ©2013 by Paramount Pictures.All Rights Reserved.

魚からダイオキシン!!
(1992)

発売:Softgarage
販売:ジーダス
価格:3800円+税
レンタル有
©Softgarage・フロムファースト

エロティックな関係
(1992)

角川大映映画/ポニーキャニオン
発売:Softgarage
販売:ジーダス
価格:3800円+税
レンタル有
©Softgarage・フロムファースト

共犯者
(1999)

発売・販売元:東映ビデオ
価格:4500円+税
レンタル有
©東映・東映ビデオ・東北新社

水のないプール
(1982)

発売元:ディメンション
販売元:ハピネット(ピーエム)
価格:4800円+税
レンタル有
©若松プロダクション、スコーレ株式会社

ピンク、朱に染まれ!
『狼 RUNNING is SEX』
『さらば相棒 ROCK is SEX』
『ハーレムバレンタインデイ BLOOD is SEX』
(1966)

発売元:ディメンション
販売元:ハピネット(ピーエム)
価格:4800円+税
レンタル有
©ディレクターズカンパニー

戦場の
メリークリスマス
(1983)

発売・販売元:紀伊國屋書店
価格:4800円+税
©大島渚プロダクション

NIKKATSU COLLECTION
十階のモスキート
(1983)

発売元:日活
販売元:ハピネット
価格:2267円+税
©1983「十階のモスキート」製作委員会

NIKKATSU COLLECTION
コミック雑誌なんかいらない!
(1983)

発売元:日活
販売元:ハピネット
価格2267円+税
©1986「コミック雑誌なんかいらない!」製作委員会

JOHNEN　定の愛
（2008）

発売元：東映ビデオ
販売元：東映
価格：4700円+税
レンタル有

ロック誕生
The Movement 70's
（2008）

発売・販売元：ポリドール映像販売会社
価格：4571円+税

総長を護《まも》れ
（2010）

発売元：サテライト
販売元：オールイン エンタテインメント
価格：4700円 +税
レンタル有タル有

星くず兄弟の
新たな伝説
（2017）

発売元：キネマ旬報DD、ネオンテトラ
販売元：オデッサ・エンタテインメント
価格3800円+税

※情報は2019年6月現在のものです。

赤目四十八瀧
心中未遂
（2003）

発売元：東映ビデオ
販売元：東映
価格：1800円+税

すてごろ
（2003）

発売元：「すてごろ」製作委員会
販売元：オールイン エンタテインメント
価格：4800円+税
レンタル有

IZO
（2004）

発売元：ソフトガレージ
販売元：ジーダス
価格：4800円+税
レンタル有

THE GOLDEN CUPS
ワンモアタイム
ONE MORE TIME
（2004）

発売・販売元：ポニーキャニオン
価格：6800円+税

探偵物語
（2007）

発売元：真樹プロダクション
販売元：オールイン エンタテインメント
価格：3800円+税
レンタル有

内田裕也、スクリーン上のロックンロール

2019年6月9日　初版第1刷発行

著　　者　内田裕也
発 行 人　星野晃志
編　　集　平嶋洋一
企画協力　内田裕也オフィス　石山夕佳
デザイン　株式会社100KG　川原樹芳、大柴千尋
協　　力　寺岡裕治、平田裕介
編集協力　佐藤彩華、田中丸夏陽
発 行 所　株式会社キネマ旬報社
〒104-0061 東京都中央区銀座5-14-8 銀座ワカホビル5F
TEL 03-6268-9701　FAX 03-6268-9712

写真協力　日活株式会社、東映株式会社、東宝株式会社、
松竹株式会社、若松プロダクション、大島渚プロダクション、
株式会社Softgarage、フロムファースト

印刷・製本　三永印刷株式会社

ISBN 978-4-87376-467-2